W0227076

Erb · Kradschützen

Hasso Erb

KRADSCHÜTZEN

Die Geschichte
der schnellsten Truppe des Heeres

Motorbuch Verlag Stuttgart

Einband und Schutzumschlag Siegfried Horn

Bildquellen: Bundesarchiv (37); Entwurf ehemalige H.Dv.299/4b (52); Motorbuch Verlag (12); Munin-Verlag (23); Verfasser (59); Werkbilder Bauer & Flach, BMW, FN, Hercules, VW, Westfalia, Zündapp (51)

ISBN 3-87943-782-3

1. Auflage 1981
Copyright © by Motorbuch Verlag, Postfach 1370, 7000 Stuttgart.
Eine Abteilung des Buch- und Verlagshauses Paul Pietsch GmbH & Co. KG.
Sämtliche Rechte der Verbreitung – in jeglicher Form und Technik – sind vorbehalten.
Satz und Druck: studiodruck, 7440 Nürtingen-Raidwangen.
Bindung: Großbuchbinderei E. Riethmüller, 7000 Stuttgart.
Printed in Germany

Inhalt

Die Geschichte macht keine Sprünge ... 7

Die Soldaten entdeckten das Kraftrad 10

Im Ersten Weltkrieg waren schon über 5000 Kräder dabei 13

Vom ›Fahrzeug des kleinen Mannes‹ zum ›Fahrzeug des armen Soldaten‹ – die Anfänge der Heeresmotorisierung in den zwanziger Jahren 20

Kraftradschützen – Husaren und Dragoner des motorisierten Heeres 24

Beiwagenkräder und Sidecars – die Entwicklung der Kradschützengespanne in Deutschland und im Ausland 33
Bilderserien: Die Beiwagenkräder der Kradschützen (42) – Die Epoche der ›Kriegselefanten‹ (49)

Wesen, Aufgaben, Gliederungen, Ausrüstungen, Kampfweise, Einsatzarten der Kradschützen: der Motor ist eine Waffe! 67
Die Kraftradschützen (69) – Die Kradschützengruppe (71) – Der leichte Granatwerfer-Trupp (76) – Die schwere Maschinengewehr-Gruppe (76) – Ein Zugtrupp und ein Kompanietrupp (78) – Der Kradschützenzug (79) – Die Kradschützenkompanie (79) – Die Trosse und der Kraftfahrzeug-instandsetzungstrupp (81) – Der Kradschützenzug und die Kradschützenkompanie im Einsatz (82) – Das Kradschützenbataillon (90) – Bilderserien: Die Geländefahrausbildung (102) – Die Waffen der Kradschützen (111) – Die Kradschützen in Trupps, Gruppen, Zügen und Kompanie (120) – Fahren in jedem Gelände und bei jedem Wetter (130) – Kradschützen in Einsätzen und Kämpfen (145) – Erfassung und Instandhaltung (157) – Führungszeichen (159)

Blitzfeldzüge und Kradschützen – im Osten verloren sie den Kampf um ihre Beweglichkeit 162

Aufgestellt, aufgerieben, aufgelöst – zur Formationsgeschichte der Krad-schützen 169

Die Motorrad-Entwicklung nach dem Zweiten Weltkrieg und die Soldaten 179
Bilderserie: Beiwagenkräder sterben nicht – sowjetische und chinesische Nachbauten (185)

75 Jahre Motorräder im Heer – eine gute alte Ehe und ihre Zukunft 192
Das leichte Solo-Geländekrad (192) – Das schwere Solo-Geländekrad (193) – Das Gelände-Beiwagenkrad (195) – Bilderserie: Die Zukunft hat schon begonnen (199)

Kradschützen der Zukunft? 206

Literatur 211

Den Kradschützen gewidmet

Die Geschichte macht keine Sprünge...

Zu lange schon waren die Menschen auf Pferden durch die Jahrhunderte und Jahrtausende der Geschichte geritten, als daß sie mit Anbruch des technischen Zeitalters ihr kleines, schmales, wendiges und geländegängiges Fortbewegungs-Tier ersatzlos aufgegeben hätten. Mit den Pferden hatte man nicht nur seine privaten Angelegenheiten betrieben, sondern auch die staatlichen, die des Handels und vor allem auch die militärischen – und das waren oft genug kriegerische gewesen. Nach mehreren zweiräderigen einspurigen ›Laufmaschinen‹ baute Gottlieb Daimler 1885 das erste eigenbewegliche Motorrad mit einem stehenden Einzylinder-264 cm³-Glührohr-Viertaktmotor mit 0,5 PS (0,37 kW) Leistung und einer Geschwindigkeit bis zu 12 km/h: das ›technische Pferd‹ war geboren!

Die Soldaten zu Pferde, die Reiter – im Mittelalter die Ritter genannt – ignorierten zunächst in echt ritterlichem Stolz das neue technische Pferd. Mit dem zwanzigsten Jahrhundert aber hielten dann doch die ersten Motorräder Einzug in die damaligen Heere – in das deutsche Heer im Herbst 1904, zum Kaiser-Manöver. Die ersten Soldaten auf den damals sogenannten Krafträdern, die später fast nur noch mit der militärischen Abkürzung Kräder bezeichnet wurden, wurden als Melder eingesetzt: damit war der alte Meldereiter wieder geboren! An die schwerer und stärker werdenden Motorräder baute man an der Seite bald sogenannte Seitenwagen oder Beiwagen an, auf die man Soldaten setzte und später Maschinengewehre montierte, und fuhr mit ihnen zur Erkundung und zur Aufklärung und versuchte mit der Schnelligkeit dieser Gespanne wohl auch einmal einen ersten überfallartigen Handstreich: damit waren die alten Reiter-Patrouillen wieder geboren! Ab 1927 begann man dann im Rahmen der Heeresmotorisierung damit, die Kraftradfahrer aus den sieben Kraftfahrabteilungen der Reichswehr zu Übungseinheiten zusammenzufassen, und im Frühjahr 1929 wurde bei der Kraftfahrabteilung 6 in Münster die erste Kraftradschützenkompanie – 1. Kp.Kf. 6 bezeichnet – aufgestellt: damit waren die alten Husaren und Dragoner wieder geschaffen! Aus der ersten Kraftradschützenkompanie wurde wenige Jahre später die neue Kradschützentruppe mit in Aufklärungsabteilungen eingegliederten einzelnen Kompanien und mit ganzen selbständigen Bataillonen auf Motorrädern mit Beiwagen als Charakterfahrzeuge, mit denen sie aufgesessen und von denen sie abgesessen kämpfen konnten.

Diese Kradschützen werden in diesem Buch beschrieben: ihr Aufstieg und ihr Untergang, ihre Fahrzeuge und ihre Einsätze, die Gründe für die Aufstellung von Kradschützenbataillonen und

7

Jahrtausende hatte das zoologische Pferd dem Soldaten treu gedient, als zu Beginn des 19. Jahrhunderts ein »technisches Pferd« zuerst als Laufmaschine zur Bewegung durch den darauf sitzenden Menschen und gegen Ende des Jahrhunderts bewegt durch ein neuartiges schlagendes Herz aus Metall aufkam. Ein halbes Jahrhundert später begegneten sich auf dem Vormarsch deutscher Soldaten in Rußland die alte und die neue Zeit: ein Reiterspähtrupp trifft auf einen Kradschützenspähtrupp auf Beiwagenkrädern.

8

für ihre Auflösung. Leider konnte der Verfasser nicht mehr viel von ihnen zusammentragen, denn so schnell wie sie waren sind sie auch durch die Geschichte der dreißiger Jahre und des letzten Weltkrieges gefahren und haben nicht viele Spuren hinterlassen, und zahlreich waren sie nie – auch darin glichen sie den Reiterheeren der Geschichte. Aber wenn die Geschichte der Kradschützen und ihrer technischen Pferde, der Kräder, jetzt nicht aufgezeichnet wird, dann wird das Wenige, was man von ihnen noch weiß, bald auch in Vergessenheit geraten und damit die Grundlage für eine Wiedergeburt der Kradschützen, wenn die modernen Heere sie einmal wiederhaben wollen. In anderen Heeren hat man sie schon fast vergessen, wie der Verfasser erfahren mußte.

Die alten Pferde und die neuen Kradschützen starben mit dem letzten Weltkrieg in allen modernen Heeren, aber die Kräder kehrten nach dem Krieg bald als Fahrzeuge für die Melder wieder. Ob die alten Patrouillen als moderne Krad-Spähtrupps und die Kradschützen als moderne schnellste und vollständig ausgerüstete Infanterie auch eine zweite Wiedergeburt zu erwarten haben, weiß heute noch niemand. Das Pferd wird nie wieder in militärische Dienste treten – wie schön, daß es im Reitsport weiterlebt! –, die Motorräder, die Krafträder oder militärisch abgekürzt die Kräder, aber haben in der Gegenwart in Quantität und Qualität eine Entwicklung erlebt, die niemand mehr für möglich gehalten hätte. Ihre Zukunft aber scheint heute aus mancherlei Gründen noch größer zu werden als ihre Vergangenheit und davon können und werden die Soldaten nicht unberührt bleiben.

Die Geschichte macht keine Sprünge!

Wir sind von den Pferden abgesessen und auf die Kräder aufgesessen. Die Idee, das Prinzip des kleinen, schmalen, wendigen und geländegängigen Fortbewegungsmittels war unsterblich.

Welche Kräder die Soldaten als moderne Kavallerie, als Kradschützen, hatten, und was sie mit ihnen und auf ihnen erlebten – davon wollen wir in diesem Buch reden.

Damit soll das Buch nicht nur eine historische Reminiszenz sein, sondern auch durchaus eine kontrapunktische Überlegung und Anregung für die militärische Gegenwart und Zukunft mit ihren großen, komplizierten, komplexen und teuren Waffensystemen. Die eine Komponente der alten Kradschützentruppe, die Motorräder, sind in der Zwischenzeit zu einer kaum für möglich gehaltenen Lebendigkeit und Leistungsfähigkeit herangewachsen, und die richtigen Soldaten in ihren Sätteln müßten eines Tages auch wieder zu finden sein – das sei inzwischen unsere Hoffnung.

Die Soldaten entdeckten das Kraftrad

1899 war in Deutschland der erste Militär-Lkw und wenig später der erste Militär-Pkw gebaut worden, aber erst 1904 nahmen beim Kaiser-Manöver die ersten elf NSU-375 cm³-Krafträder mit 4 PS teil. Damit war das deutsche Heer aber noch nicht als motorisiert zu bezeichnen oder auch nur in die Motorisierungsphase eingetreten. Die von den alten Soldaten, die zum großen Teil noch von den Ereignissen des Krieges 1870/71 zehrten, mit Mißtrauen beobachteten Militär-Kraftfahrzeuge waren reine Zivil-Konstruktionen, nur in wenigen technischen Details für militärische Verwendung abgeändert, in den kaisergrauen Militärfarben lackiert und mit den notwendigen militärischen Accessoires ausgerüstet. Sie waren als die geeignetsten aus der langsam anlaufenden zivilen Kraftfahrzeugproduktion für militärische Aufgaben ausgewählt worden; aber damit waren sie nicht etwa militärische Spezialfahrzeuge im heutigen Sinne. Die wichtigsten Kriterien für damalige Militärfahrzeuge waren technische Einfachheit (denn technische Spezialisten für Reparaturen standen kaum zur Verfügung) und äußerste Robustheit. Nicht nur die Geländeverhältnisse, sondern auch die Straßen und Wege waren für die damaligen gebrechlichen Kraftfahrzeuge ein reines Abenteuer. Komplett motorisierte Verbände gab es noch nicht. Kraftfahrzeuge wurden viel-mehr bei allen Waffengattungen eingesetzt: Kräder und Pkw bei den Stäben für Melder- und Kurieraufgaben, Lkw für Transportaufgaben, Zugmaschinen für schwere Geschütze und Sanitäts-Lkw für lebensgefährlich Verwundete; Tanks (Panzer) als Beutepanzer und aus deutscher Fertigung wurden erst ab 1916 zum Einsatz gebracht.

1817 hatte man als erstes Zweirad eine sogenannte ›Schnell-Laufmaschine‹ gebaut nachdem der Herr von Drais das Zeitalter der menschlichen Selbst-Bewegung, des menschlichen auto-mobile, bereits 1815 mit seiner Draisine eingeleitet hatte. Diese Draisine – Urahne aller Motorräder – war ein Einspurgefährt mit Balken-Rückgrat und mit einem durch einen querstehenden Lenker gelenkten Vorderrad und einem Hinterrad; der Mensch saß rittlings auf dem Balken, lief mit den Beinen nebenher und stieß sich mit ihnen ab, wobei das Körpergewicht auf dem Balken lastete. Diese Laufmaschinen sind später mehrfach verbessert worden und gingen dann in das mit Tretkurbeln fortbewegte Fahrrad und in das mit einem Motor angetriebene Motorrad über.

1885 hatten Gottlieb Daimler und Wilhelm Maybach das erste Motorrad konstruiert, und 1894 bauten Alois Wolfmüller und Hans Geisenhof das Motorrad in Serie. Der erste militärische

1815 bis 1817 entstanden die ersten Vorläufer der technischen Pferde, die sogenannten Laufräder. Das bekannteste wurde das 1817 von Karl Freiherrn von Drais konstruierte Drais-ine genannte – Urahne aller später gebauten Zweiradfahrzeuge. Die Draisine war nichts anderes als ein Balken auf Rädern, auf dem der Fahrer rittlings wie auf einem Pferd saß und mit den vom Körpergewicht entlasteten Beinen nebenher lief; bergab mag das Gefährt wohl auch allein gelaufen sein. Das Vorderrad war in eine drehbare Gabel eingesetzt und wurde mit einer nach oben gebogenen Lenksäule mit Querlenkstange gesteuert. Das klingt heute alles sehr einfach, war damals aber eine bedeutende Erfindung, die dem Menschen erstmals eine auto-mobile, eine selbst-bewegende Ortsveränderung ermöglichte. Die Laufmaschinen wurden dauernd verbessert und entwickelten sich mit Tretkurbel und Antriebskette zum Fahrrad und mit einem der neuen Verbrennungsmotoren zum Motorrad. Als Motorrad machten sich in den ersten Jahren des 20. Jahrhunderts dann auch die Soldaten das neue technische Pferd zu eigen.

Draifine.

Einsatz des Motorrades aber fand erst, wie gesagt, 1904 beim Kaiser-Manöver statt, und seither sind die Kräder aus den deutschen Armeen nie mehr verschwunden. Damals, 1904, führte die Versuchsabteilung der Verkehrstruppen in Berlin diese Maschinen vor. Die elf vorgestellten Maschinen bewährten sich bei den Übungen hervorragend und hinterließen einen nachhaltigen Eindruck – sogar bei den alten Kavalleristen, die in dem neuen Einspurfahrzeug doch so etwas wie ein technisches Pferd sahen und keine Konkurrenzgefühle, sondern eher ein gewisses Mitleid mit den Fahrern empfanden, die auf so etwas aufsitzen mußten. Die Militärkräder entwickelten sich technisch schnell weiter, aber in den taktischen Einsatz-Konzeptionen blieben sie doch zunächst fast ausschließlich auf Melder- und Kurieraufgaben beschränkt.

Davon ist uns ein einmaliges Foto erhalten, auf dem einer der Fahrer dieser ersten Maschinen, der Gefreite Wilhelm Kohler aus dem Heer des Königs von Württemberg, neben seinem Fahr-

1885 bauten Gottlieb Daimler und Wilhelm Maybach die erste von einem Viertaktmotor angetriebene Laufmaschine: das »Reitrad«. Der Motor war ein stehender Einzylinder-264 cm³-Glührohrmotor mit 0,5 PS (0,37 kW) Leistung aus 264 cm³, der dieses erste Motorrad mit einer Geschwindigkeit bis zu 12 km/h antrieb – das technische Pferd war geboren und trat knapp 20 Jahre später erstmals im deutschen Heer in militärische Dienste, in einigen ausländischen Heeren sogar noch um Jahre früher.

Beim Kaisermanöver Mitte September 1904 wurden erstmals elf NSU-Motor-Fahrräder mit 375 cm³-4-PS-Motoren von der Versuchsabteilung der Verkehrstruppen des deutschen Heeres als Melderfahrzeuge mit guten Erfolgen eingesetzt. Ein Fahrer dieser Maschinen war der Gefreite Wilhelm Kohler, Jahrgang 1881, aus dem Heer des Königs von Württemberg. Er war offenbar nicht nur der erste und ein tüchtiger Kradmelder, sondern wurde später noch Oberingenieur und Prokurist bei NSU und dort Leiter der Motorenfertigung und Motorradendmontage. Er starb erst 1944 und hat mit seiner Lebenszeit die ganze Entwicklung der Militärmotorräder bis zum Ende des Zweiten Weltkriegs umfaßt. Seine Geschichte hat sein Sohn Dr. Hans Kohler aus Neckarsulm berichtet, und sie zeigt, wie jung das Motorrad im Heer eigentlich ist.

zeug steht. Beide hatten damals offenbar ihren Stil noch nicht gefunden: das 375 cm³-Motor-Fahrrad von NSU nicht und auch nicht sein Fahrer mit Ausgehuniform, Schirmmütze, Gamaschen und umgehängtem Karabiner. Wilhelm Kohler, der Fahrer, war 1881 geboren und starb 1944; er hat bei NSU in Neckarsulm gelernt und wurde nach längerem Auslandsaufenthalt dort Oberingenieur und Prokurist, ihm unterstanden bei NSU die Motorenfertigung und die Motorrad-Endmontage mit den dazugehörigen Abteilungen. Außerdem war er Mitbegründer des ADAC. 1904, auf unserem Foto, war er noch Meldefahrer – einer der ersten im deutschen Heer. Kradmelder waren eben immer schon tüchtige Män-

ner! (Wir wissen das alles übrigens von dem Sohn des Wilhelm Kohler, Herrn Dr. Hans Kohler aus Neckarsulm.) Von dem ersten Einsatz von Motorrädern im deutschen Heer ist auch noch ein Brief erhalten; das Schreiben der 26. Division im XIII. Armeekorps vom 25. September 1904 an die damaligen Neckarsulmer Fahrradwerke (NSU) lautete:

›Das dem Infanterie-Regiment Nr. 122 zur Verfügung gestellte Motor-Fahrrad wurde während der Korps-Manöver beim Divisionsstab verwendet. Rad und Fahrer haben sich in jeder Weise zuverlässig und leistungsfähig erwiesen.

gez. Herzog Albrecht von Württemberg
Generalleutnant und Divisions-Kommandeur‹

12

Im Ersten Weltkrieg waren schon über 5000 Kräder dabei

Werner Oswald hat in seinem vorzüglichen Werk über die ›Kraftfahrzeuge und Panzer der Reichswehr, Wehrmacht und Bundeswehr‹ (Motorbuch-Verlag, Stuttgart 1973) errechnet, daß Deutschland mit etwa 4000 Kraftfahrzeugen in den Ersten Weltkrieg ging und zu keinem Zeitpunkt dieses Krieges über mehr als 40 000 Kraftfahrzeuge verfügt hat; von diesen waren im Laufe des Krieges nacheinander ungefähr 5400 Kräder, 12 000 Pkw, 25 000 Lkw, 1600 Anhänger und 3200 Sanitäts-Lkw. Zum Vergleich sei erwähnt, daß im Ersten Weltkrieg allein die amerikanische Motorradfirma Indian – neben Harley Davidson – rund 60 000 schwere Motorräder an die Armee geliefert hat, die zum großen Teil mit Beiwagen als Gespanne gefahren wurden.

Die Operationen der ersten Kriegsmonate hatten erwiesen, daß das alte und trotz aller Hilfen nicht mehr zu erhöhende Angriffstempo der Infanterie nicht mehr ausreichte, um operative Erfolge zu erzielen. Die größere taktische und operative Beweglichkeit der Kavallerie aber war seit den ersten Einsätzen zu Beginn des Ersten Weltkrieges durch die modernen Feuerwaffen, vor allem durch das Maschinengewehr, durch massiertes Feuer von Granatwerfern und Artillerie schon illusorisch geworden; Ende der zwanziger Jahre war die Rolle des Pferdes auch in der Fernaufklärung und erst recht auf dem Ge-

fechtsfeld durch den Einsatz von Motoren und Maschinenwaffen endgültig vorbei. Daß Kavallerieverbände unter besonderen geographischen und taktischen Bedingungen vereinzelt noch bis zum Ende des Zweiten Weltkrieges eingesetzt wurden, widerspricht dem nicht.

Zwei Ereignis-Reihen kündigten im Ersten Weltkrieg ein neues Zeitalter der Kriegführung an: der Einsatz von Pariser Taxis und Omnibussen im Herbst 1914 zur überraschenden Verschiebung französischer Infanterie gegen den rechten Flügel der deutschen, die französische Hauptstadt Paris bedrohenden Truppen, der Paris rettete und als das ›Wunder an der Marne‹ in die Geschichte einging; und die Einsätze der damals sogenannten Tanks an der Westfront am 15. September an der Somme, am 20. November 1917 bei Cambrai, am 18. Juli 1918 bei Soisson und Chateau-Thierry und am 8. August 1918 bei Amiens (Villers-Bretonneux) durch die Alliierten.

Wenn diese Einsätze der Tanks auch nur zu relativ begrenzten Einbrüchen in die deutsche Front führten und nicht ausgeweitet und gesichert werden konnten, so lag das wohl in der Hauptsache nur am Fehlen kongenialer Infanterie auf ebenfalls gepanzerten Fahrzeugen, die das Angriffstempo der Tanks mithalten konnten und die Infanterie zur rechten Zeit hätten abset-

13

zen können. So aber gelang es der deutschen Infanterie immer wieder, die die feindlichen Tanks mühsam und langsam begleitende Infanterie und Kavallerie niederzuzwingen, von den Tanks zu trennen und diese dann zum großen Teil zu vernichten. Echte Katastrophen verhinderte hier nur das Kriegsende 1918, denn nach den 2000 englischen Tanks und 4000 französischen Tanks von 1918 hatten die Alliierten für 1918 8000 Tanks und 10 000 Schlepper mit gleislegenden Ketten für Truppentransport und Nachschub geplant. Kaum bekannt ist, daß die Engländer Anfang 1919 auch einen echten Infanterie-Tank fertiggestellt hatten, der zwar unbewaffnet war, aber 40 bewaffnete Infanteristen unter Panzerschutz und auf Ketten den angreifenden Tanks nachführen sollte; er wird hier im Bild gezeigt.

Sowohl die Rettung von Paris am Kriegsanfang als auch die Erfolge der alliierten Tanks gegen die deutschen Truppen, die sicherlich zur Kriegsentscheidung beigetragen hatten, waren

Mit Pariser Taxis (die meisten stammten von Renault und hatten Zweizylinder-Viertaktmotoren, Entwicklungsjahr 1912) und mit Pariser Omnibussen transportierten die Franzosen 1914 schnell zusammengezogene Truppen an die Marnefront, warfen sie den angreifenden deutschen Truppen entgegen und retteten so wohl ihre Hauptstadt vor einer deutschen Eroberung. Damit wurde kriegsgeschichtlich gesehen erstmals der Motor in größerem Umfange und mit entscheidender Wirkung bei Bewegungen und

Kämpfen eines Heeres eingesetzt. Eineinhalb Jahrzehnte später setzte das deutsche Heer den Motor für die Beweglichmachung erster Heeresverbände ein: leichte Aufklärungsinfanterie wurde auf Beiwagenkrafträder gesetzt und damit eine bis damals (und bis heute!) nie gekannte schnelle und wendige Truppe geschaffen, bei der der Motor später zu einer regelrechten ›Waffe der Beweglichkeit‹ wurde: die Kradschützen.

14

Während des Ersten Weltkriegs ließ die damaligen Alliierten, die Feinde der Mittelmächte, das Problem der Beweglichmachung von Infanterie, welche die Einbruchserfolge ihrer Panzer halten und ausweiten konnte, nicht mehr los. Aber erst Ende 1918 bis Anfang 1919 wurde der erste reine Infanteriepanzer fertig und deshalb nicht mehr eingesetzt. Es war der englische Infanterie-Carrier Mark IX, eine einfache, unbewaffnete Abwandlung der englischen Kampfpanzer für den Transport von 40 Infanteristen mit ihren Handwaffen und ihrer Ausrüstung. Dieser Infanteriepanzer ist der Urahn der Schützenpanzerwagen des Zweiten Weltkriegs, welche eine andere Art von Infanterie beweglich machten: die schwere Schlachten-Infanterie, welche die Angriffe der Panzer begleitete und deren Soldaten im deutschen Heer Panzergrenadiere genannt wurden.

einem Novum in der Landkriegführung zu verdanken: dem Motor. Er sollte nach dem Krieg beginnen, die Entwicklung moderner Heere entscheidend zu beeinflussen und nicht nur das Pferd als Beförderungs- und Zugmittel ersetzen, sondern auch die Kampffahrzeuge auf dem Gefechtsfeld bewegen.

Die rund fünfeinhalbtausend Militärkräder des Ersten Weltkrieges waren nicht nur Solomaschinen, sondern auch Beiwagenmaschinen. Kurz vor dem ersten großen Krieg hatte man gelernt, rechts oder links an ein Motorrad einen Beiwagen (oder Seitenwagen) anzumontieren, und wenn man dann den Soziussitz der Maschine auch noch besetzte, dann war dieses Beiwagenkrad immerhin ein dreisitziges Fahrzeug geworden. Das ließen sich die damaligen Militärs, die ja noch längst nicht gewohnt waren, bei der Heeresrüstung in den astronomischen Zahlen der späteren Luftwaffen- und Marinerüstung zu denken, natürlich nicht entgehen. Vereinzelt baute man derartige Beiwagenkräder sogar zu kleinen Gefechtsfahrzeugen aus, indem man auf den Beiwagen ein Maschinengewehr montierte.

Als leichtes Melder-Krad
konnte bei Kriegsbeginn
1914 schon das bekannte
NSU-Heeresmodell mit
Zweizylinder-3,5-PS-Motor
und Pedalstart eingesetzt
werden. Die kaisergrau
lackierte Maschine hatte
einen weit zurückgeboge-
nen Lenker zum ermü-
dungsfreien Fahren und
keinen Soziussitz. Sie
sollte für schnelle Melde-
fahrten geeignet sein. Im
ganzen war sie schon we-
sentlich moderner als die
NSU des Gefreiten Kohler
zehn Jahre früher.

Neben dem NSU-Heeres-
modell bewährte sich im
Ersten Weltkrieg vor allem
auch ein in großer Zahl gefahrenes, schon 1913 von
Wanderer entwickeltes
Heeresmodell mit einem in
Längsrichtung eingebauten
408-cm³-45°-V-Zweizylin-
dermotor mit 4 PS Lei-
stung, Zweiganggetriebe in
der Hinterradnabe und
Leerlauf. Die beiden Hee-
resmodelle von NSU und
Wanderer begründeten –
neben wenigen anderen Fa-
brikaten – den guten Ruf
der Militärmotorräder als
Melderfahrzeuge.

16

Das NSU-Heeresmodell wurde bereits 1914 auch zum Einsatzfahrzeug einer Maschinengewehr-Motor-Abteilung. Ein leichter Beiwagen wurde an die Maschine anmontiert und mit einem russischen Beute-Maschinengewehr beladen, außerdem zog das Motorrad noch einen leichten Einachsanhänger für die Munitionskisten, auf dem auch noch ein Begleitsoldat saß. Dieses wahrhaftige »Gespann« war wohl das älteste bis heute bekannte Vorläuferfahrzeug der späteren Kradschützengespanne. Der Fahrer trug Lederjacke und Schirmmütze mit Fahrerbrille, der Begleitsoldat noch eine Pickelhaube.

Auch davon gibt es noch ein einzigartiges Foto, welches hier gezeigt wird: es ist das erste Bild von dem Charakterfahrzeug der viel späteren Kradschützen und im Sinne des Themas von einmaligem historischem Wert. Dieses bewaffnete Beiwagenkrad von 1915 war sicher kein Einzelfahrzeug, aber es war mit seinesgleichen sicher auch noch nicht in einheitlichen Einheiten und Verbänden zusammengefaßt.

NSU hatte bereits vor dem Ersten Weltkrieg ein Solokrad für Melder, ein sogenanntes Heeresmodell mit Zweizylinder-3,5 PS-Motor entwickelt und gebaut, mit dem das deutsche Heer in den Krieg ging. Mitten im Krieg, im Jahre 1915, stellte NSU ein weiteres Heeresmodell fertig – eine Zweizylinder-995 cm^3-7 PS-Beiwagenmaschine mit robustem Rahmen, Hinterradschwinge mit schräggestellten Federbeinen und einem Beiwagen, den man heute Mehrzweckbeiwagen nennen würde: man konnte auf das Beiwagenfahrgestell sowohl ein Beiwagenboot aufsetzen (wie auf dem beistehenden Foto), als auch eine Pritsche mit aufmontiertem Maschinengewehr setzen (wie auf dem eben geschilderten Foto).

17

Im Jahre 1915 stellte NSU neben dem Meldermotorrad noch eine schwerere Maschine vor, die mit stärkerem Rahmen und Motor für den Anbau eines Beiwagens geeignet war.

Das kaisergrau (hellsilbergrau) lackierte NSU-Gespann hatte einen längsgestellten Zweizylinder-V-Motor mit 825-cm³ Hubraum (75 mm Bohrung und 94 mm Hub). Später bekam es einen stärkeren 995-cm³-Motor mit 80 mm Bohrung und 90 mm Hub. Die Hinterradfederung mutet schon recht modern an, aber Bodenfreiheit war kaum vorhanden, daher war das Gespann auch nur sehr bedingt geländegängig.

18

Ein im Ersten Weltkrieg auch in großen Zahlen als Solo- und Gespannmaschine gefahrenes Heereskraftrad war eine Wanderer mit in Längsrichtung eingebautem 45°-V-Zweizylindermotor mit 408 cm³ und 4 PS Leistung, Zweiganggetriebe in der Hinterradnabe und Leerlauf. Dieses Krad hatte einen Kickstarter am Rahmen links neben dem Hinterrad, von dem eine kurze Kette

torräder als spezielle Heeresmodelle entwickelt und bezeichnet, obwohl sie sich in Wirklichkeit wohl wenig von den Zivilmodellen der damaligen Zeit unterschieden. Diese Heeresmodelle waren nicht die einzigen Kräder, die im Kriege gefahren wurden, neben ihnen waren auch noch einige andere Fabrikate und Modelle im Einsatz. Aus dem Krieg kehrte das Heer jedenfalls mit ei-

Aus dem Zweizylinder-995-cm³-7 PS-NSU-Beiwagenmotorrad entwickelte das deutsche Heer schon 1915 ein erstes Kradschützengespann für drei Mann Besatzung mit Pritschenbeiwagen für ein 08/15-Maschinengewehr mit Schutzschild. Das auf dem Foto nach hinten gerichtete MG konnte auch nach vorn schießen. Damit ist bewiesen, daß das Beiwagenkrad der Kradschützen viel älter ist als selbst alte Kradschützen es wußten. Der Fahrer auf dem Foto war sogar Unteroffizier, alle drei ›Kradschützen‹ trugen noch lederne Pickelhauben mit Segeltuchüberzug, der auf dem Gefechtsfeld die spiegelnden Metallteile auf dem Helm abdecken sollte. In Wirklichkeit hat es im Ersten Weltkrieg natürlich noch gar keine Kradschützen im späteren Sinne gegeben, sondern nur kleinere Teileinheiten der Infanterie, welche für besondere Aufgaben (wie Aufklärung, Erkundung, Kolonnenbegleitung und Sicherung) auf die geeignet erscheinenden und billigen Motorradgespanne verlastet wurden. Nach der technischen und taktischen Konzeption aber waren diese ersten Gespanne im deutschen Heer die legitimen Vorfahren der späteren Kradschützen-Beiwagenkräder.

zur Hinterradnabe führte. Diese Maschine ging auf eine ähnliche, nur 67 kg schwere Zweizylinder-Konstruktion bereits aus dem Jahre 1904 zurück, die drei PS geleistet und immerhin schon 70 km/h Höchstgeschwindigkeit erreicht hatte.

NSU und Wanderer hatten die vorgestellten Mo-

nem gewissen Grundstock an Melder- und Beiwagenkrädern und mit entsprechenden Erfahrungen in die Heimat zurück. Sie bildeten die Grundlage der Kradentwicklung in den zwanziger Jahren; unter die Verbote des Versailler Vertrags fielen diese Kräder glücklicherweise nicht.

19

Vom ›Fahrzeug des kleinen Mannes‹ zum ›Fahrzeug des armen Soldaten‹ – die Anfänge der Heeresmotorisierung in den zwanziger Jahren

Nach dem Ersten Weltkrieg hatte das Motorrad im verarmten Deutschland als das ›Fahrzeug des kleinen Mannes‹ seine große Zeit. Es war ja auch ganz natürlich, daß sich jedermann nach den ersten Kontakten mit den neuen Motorfahrzeugen im Krieg nun auch ein solches Fahrzeug für sich selbst wünschte. Das in Anschaffung und Unterhaltung damals relativ billige Motorrad war wie kein anderes Motorfahrzeug in der Lage, diesen Wunsch zu erfüllen – vor allem auch und gerade in der Form des dreisitzigen Gespanns, auf dem man auch noch Gepäck mitnehmen konnte. Das Gespann wurde auch als Geschäftsfahrzeug von Handwerkern, Händlern und Gewerbetreibenden aller Art in Stadt und Land viel gefahren, wobei der Beiwagen in allen möglichen Bauformen als Laderaum genutzt wurde.

In der zivilen Fahrzeugentwicklung jedenfalls wurde das schwerere Motorrad mit Beiwagen aus technischen und wirtschaftlichen Gründen zu einem sehr forcierten Fortbewegungsmittel. Die sich dadurch ergebenden Möglichkeiten einer frühen einfachen und billigen motorisierten Beweglichmachung von ersten Heereseinheiten ließ sich die Reichswehr nicht entgehen. Nicht plötzlich, sondern allmählich wuchs in die zwan-

ziger Jahre hinein eine große Zahl verschiedenartiger, militärisch einsetzbarer Konstruktionen.

Unter diesen Konstruktionen schwerer, beiwagenfester Motorräder fiel den Militärs vor allem eine Konstruktion der Bayerischen Motorenwerke auf. Das Datum 5. Dezember 1923 trägt die Konstruktionsbezeichnung des ersten von den Bayerischen Motorenwerken gebauten Motorrads. Das mit R 32 bezeichnete Motorradmodell hatte an sich keine sensationell neuen konstruktiven Komponenten aufzuweisen – es hatte diese im einzelnen schon alle einmal im Motorradbau gegeben. Was der Konstrukteur Dr. Max Friz mit der R 32 auf dem Pariser Salon 1923 vorstellte, war aber eine noch nie dagewesene geniale und harmonische Komposition moderner technischer Stilelemente zu einem neuartigen Motorrad: quergestellter 500 cm³-Viertakt-Boxermotor mit 6,5 PS Leistung bei nur 3300 U/min, dessen verrippte Zylinder also gut im kühlenden Fahrtwind lagen, angeblocktes Getriebe, öldicht gekapselter Kardanantrieb, verwindungssteifer Doppelrohrrahmen, Steckachsen vorne und hinten und damit leichter Radausbau, 122 kg Gesamtgewicht – ein solches Motorrad war noch nie dagewesen. Das

Besondere an ihm aber war, daß die Maschine auch schon optisch wie aus einem Guß wirkte, glattflächig und ordentlich zusammengebaut war, gut in allen Teilen zugänglich und leicht zu pflegen und zu warten war und daß sie in ihren technischen Leistungen und in ihrer Betriebssicherheit auch hielt, was sie äußerlich versprach – alles gemessen am Niveau des gesamten damaligen Motorradbaus. Nicht nur Motorradnarren und Techniker, sondern auch Ästheten aller Schattierungen waren von diesem technischen Novum angetan. Der damals neue Stand der Entwicklung technischer Komponenten und deren kompromißlose Komposition zu einer technischen und funktionell harmonischen und vollendeten Gesamterscheinung beeindruckte die Soldaten bei ihren Überlegungen zur motorisierten Beweglichmachung erster Heeresverbände tief.

Nach dem Ersten Weltkrieg waren die kriegführenden Länder zunächst alle zu erschöpft, um sogleich wieder an die Modernisierung und den Ausbau ihrer Streitkräfte zu gehen. Für einige Jahre begnügten sich alle Planungen mit theoretischen Strukturen. Dabei ging es vor allem um zwei Probleme: die Motorisierung und damit Beweglichmachung des Heeres, vor allem seiner Infanterieverbände, und den Aufbau und die weitere Entwicklung gepanzerter Truppen. Führend in der international geführten Diskussion waren die späteren Generale Guderian in Deutschland, de Gaulle in Frankreich und Fuller sowie der Militärschriftsteller Liddel Hart in England.

Während bei der Entwicklung ihrer Panzertruppen alle europäischen Heere ihre eigenen Wege gingen – basierend auf verschiedenartigen taktischen Auffassungen –, ließen sich bei der Heeresmotorisierung bald gewisse Gemeinsamkeiten erkennen, die sich mehr oder weniger zwingend aus den kraftfahrzeugtechnischen Möglichkeiten ergaben. Während die Begleitinfanterie der Panzertruppe und später auch die anderen die Panzer unterstützenden Waffengattungen in Deutschland der Guderianschen Konzeption folgend meist auf gepanzerten Halbkettenfahrzeugen beweglich gemacht wurden, setzte man die einfache Infanterie zunächst nur auf Lkw – und da sitzen viele Soldaten auch in modernen Heeren noch heute.

Der Prozeß der Motorisierung der Infanterie zog sich unglaublich langsam dahin – unglaublich vor allem in Hinblick auf die rapide technische Entwicklung in anderen Waffengattungen der Heere, in den Luftwaffen vor allem und in der Marine. Um die Mitte der zwanziger Jahre begannen die Motorisierungsversuche bei der Infanterie allgemein und auch im deutschen Heer; aber die Masse der deutschen Infanteriedivisionen, die 1941 nach Rußland einmarschierten,

Die erste schwere BMW-Maschine war die 1923 herausgebrachte R 32. Ob sie in der damaligen Reichswehr schon gefahren und erprobt worden ist, kann nicht mehr mit Sicherheit gesagt werden, es ist aber zu vermuten. Auf jeden Fall war die Reichswehr bei ihren ersten Versuchen zur Motorisierung von Heereseinheiten von der konstruktiven Konzeption der BMW-R 32 sehr beeindruckt.

waren immer noch erst teilmotorisiert, das heißt also mit ihrer Masse noch ›Fußinfanterie‹. Erst als 1956 die Bundeswehr aufgestellt wurde, ging in ihrem Heer kein Infanterist mehr zu Fuß: alle fuhren.

Auch die Reichswehr als Nachfolgerin der Kaiserlichen Armee verfügte nach dem Ersten Weltkrieg nur über sehr begrenzte finanzielle Mittel und war auch, wie die damaligen Streitkräfte anderer Staaten, noch nicht gewohnt, in den vielstelligen Zahlen heutiger moderner und komplexer Waffensysteme zu denken. Vor dem Krieg war die teuerste Waffe vielleicht ein kaiserliches Schlachtschiff, die ersten Flieger flogen mit stoffbespannten Maschinen, und die Heerestechnik bestand in der Hauptsache aus Gewehren, Maschinengewehren und benagelten Stiefelsohlen der Infanterie.

Das Beiwagenkrad nun vereinigte gleich drei Vorzüge zu einer Beweglichmachung erster

Etwa 1927 wurde – nach ersten Versuchen im Ersten Weltkrieg – von den Franzosen ein Typ eines Transportfahrzeugs gebaut, der bis in unsere Tage diese Klasse beherrschen sollte: der zunächst ungepanzerte Halbkettenwagen Citroen-Kégresse auf der Basis eines Zivil-Lkw mit Kettenlaufwerk mit geschlossener Endloskette statt der Hinterräder. Das französische Heer setzte die oben offenen und erst später gepanzerten Citroen-Kégresse-Transportpanzer vor allem für den Mannschaftstransport ihrer Dragons portés ein.

Das französiche Heer war in den zwanziger Jahren nicht nur führend in der theoretischen Diskussion um Heeresmotorisierung und gepanzerte Verbände, sondern auch in praktischen Erprobungen seiner Erkenntnisse. Neben der Aufstellung von ›Dragons portés‹ auf dem berühmt gewordenen Halbkettenfahrzeug Citroen-Kégresse in den Jahren 1926/1927 – ihrer Konzeption nach eine Panzerbegleitinfanterie und damit eine Vorläuferin der späteren Panzergrenadiere – entstanden etwa um diese Zeit auch schon die ersten Kradschützenkompanien auf Beiwagenkrädern als infanteristische Komponente der Aufklärungsabteilungen. Diese Kradschützeneinheiten wurden aber später nicht weiter verfolgt, obwohl die Franzosen etwa ein Jahrzehnt später eines der ersten 3x2-Gelände-Beiwagenkräder (also mit Beiwagenantrieb) entwickelten – die Gnôme-Rhône-AX2.

leichter Infanterie in sich: juristisch unterlag es nicht den Verboten des Versailler Vertrags, wirtschaftlich schien es in Anschaffung und Unterhaltung erschwinglich, und taktisch war es mit seiner von keinem damaligen Motorfahrzeug erreichbaren Schnelligkeit und Wendigkeit gleich ein kongeniales Fahrzeug für hochbewegliche Schützeneinheiten und Schützenverbände. Das waren zu viele und zu starke Gründe für die Reichswehr, als daß sie an den Motorrädern mit Beiwagen hätte vorbeigehen können.

Kraftradschützen – Husaren und Dragoner des motorisierten Heeres

Bei der anlaufenden Heeresmotorisierung in den zwanziger Jahren wollte man in Deutschland bald von zivilen Serienfahrzeugen loskommen und regte die Industrie an, sechsrädrige schwere Pkw und Lkw mit guter Geländegängigkeit zu entwickeln – und das hieß: robuste, durchzugskräftige Motoren, einfache, starke Fahrgestelle und Aufbauten, große Bodenfreiheit und möglichst mehr als eine angetriebene Achse. Die aus der motorisierten Beweglichmachung der Infanterie sich ergebenden taktischen Konzeptionen erforderten bald als Ergänzung der größeren Massenverbände und für besondere Rahmenaufgaben ungewöhnlich schnell bewegliche, wendige, in möglichst viele kleine Einheiten aufgeteilte und nur kleine Ziele bietende Truppen. Diese schnellbeweglichen Einheiten wurden vor allem in den motorisierten Aufklärungsabteilungen zur Verdichtung der Aufklärung mit Panzerspähwagen und bei Gewinnung von Aufklärungsergebnissen durch Kampf und zur Sicherung der gesamten Aufklärung benötigt. Diese Aufgaben hatte die berittene Aufklärung durch die Kavallerie in diesem Maße und in dieser Form nicht gekannt.

Darüber hinaus erwies sich die Notwendigkeit zum Einsatz derartiger hochbeweglicher Einheiten – zu Bataillonen zusammengefaßt – in den motorisierten Infanteriedivisionen als Vorausabteilungen für schnell zupackende Aktionen, zur Sicherung von Flanken und Rücken, zum Aufnehmen und Halten von Verbindungen zu Nachbartruppenteilen, zur Aufklärung und Erkundung und für alle möglichen Aufgaben, die blitzartige Schnelligkeit, wieselhafte Wendigkeit und möglichst nur minimale, extensive technische Aufwendungen im Rahmen der neuen motorisierten Divisionen erforderten. Nach einigen Überlegungen, Untersuchungen und Erprobungen entschloß man sich für diese leichte und schnelle Infanterie zum Beiwagenkrad als idealem, billigem und kostenwirksamem Kraftfahrzeug.

Ab 1926 begann man, vorsichtig tastend aber doch ernsthaft, mit der Heeresmotorisierung. Man baute sie auf der Grundlage der sieben bestehenden Kraftfahrabteilungen der Reichswehr auf, aus denen man die zunächst sogenannte Kraftfahrkampftruppe entwickelte. Da aber diese Kraftfahrabteilungen reine Nachschubaufgaben hatten und dementsprechend im Kern nur mit Lkw ausgerüstet waren, mußten alle anderen benötigten Kraftfahrzeuge nun erst in größeren Stückzahlen angekauft werden. Da durch den Versailler Vertrag Deutschland reine Kampffahrzeuge verboten waren, wurden Attrappen von Panzerwagen und Panzern auf normale Pkw- und Lkw-Fahrgestelle montiert, damit die Truppe wenigstens mit ›originalaussehen-

Die Soldaten der ersten Kradschützenkompanien der Reichswehr trugen einen durchgehenden Motorradanzug mit übergeschnalltem Koppel mit Schultergestell und Sturzhelm mit Prallschutzstreifen. Das Foto ist nicht mehr genau datierbar, es müßte aber eine der ersten sechs nach 1930 aufgestellten Kradschützenkompanien zeigen. Die Kräder könnten Victoria-KR VI sein. Führungszeichen wurden damals mit kleinen Signalflaggen weitergegeben.

den‹ Fahrzeugen üben konnte; die Heeresmotorisierung begann also mit dem sogenannten Attrappenzeitalter. Daß die Bleche dieser Attrappen dann allmählich immer dicker und fester wurden und schließlich Panzerstärken erreichten, und daß die Formen dieser Attrappen möglichen zukünftigen Originalen immer ähnlicher wurden, und daß schließlich da, wo es kaum jemand vermuten konnte, die ersten echten deutschen Panzer in ihren Grundzügen erprobt wurden, nämlich in Sowjetrußland – das ist ein Kapitel für sich, auf das hier nicht näher eingegangen werden soll.

1927 begann man mit Plänen, aus den sieben Kraftfahrabteilungen der Reichswehr alle Kraftradfahrer und ‹gepanzerten› Mannschaftstransportwagen abzuziehen und zu sogenannten Übungseinheiten zusammenzufassen. 1929 wurden bei der Kraftfahrabteilung 6 in Münster in Westfalen die Kraftradfahrer in einer neuen sogenannten Kraftradschützenkompanie mit der militärischen Bezeichnung ‹1. Kp./Kf. 6› zusammengefaßt. Der erste Kompaniechef dieser Kompanie lebt noch: es war der damalige, von der Infanterie stammende Hauptmann Nehring, der heutige General der Panzertruppe a. D. Wal-

25

Die ruhmreiche Geschichte der BMW-Beiwagenkräder im deutschen Heer begann mit der R 52 und etwas später mit der stärkeren R 62 in den Jahren 1928/1929. Das Foto zeigt ein R 52-Gespann der Reichswehr mit auf den Beiwagen montiertem Maschinengewehr 13 im Luftzielanschlag. Die Soldaten trugen noch die großen Stahlhelme des Ersten Weltkriegs, das Nummernschild der Maschine trug die Kennbuchstaben RW (Reichswehr). Die Aufnahme wurde offenbar bei den Übungen der ersten Kradschützenkompanien gemacht; Motorradanzug und Sturzhelm (wie auf dem vorhergehenden Bild) hatte man damals wohl schon wieder aufgegeben.

ther K. Nehring, der Verfasser des Buches ›Die Geschichte der deutschen Panzerwaffe‹ im Motorbuch-Verlag, Stuttgart. Neben dem Geburtsjahr der späteren Kradschützen, nämlich 1929, muß dann auch Münster in Westfalen als deren Geburtsort festgehalten werden.

Die 2. Kompanie der Kraftfahrabteilung 6 war bereits 1927 eine Kampfwagen-Nachbildungskompanie geworden, und die 3. Kompanie wurde 1929 eine Panzerspähwagen-Nachbildungskompanie – also wurden im Geburtsjahr und in der Geburtsstadt der späteren Kradschützen auch die Panzerspähwagen-Kompanien für die erdgebundene gepanzerte Aufklärung geboren.

Aus der 1. und der 3. Kompanie wurde später in Gliederung und Konzeption die motorisierte Aufklärungsabteilung für die taktische und operative Aufklärung entwickelt. Diese Entwicklung kam also von den Kraftfahrabteilungen her, von den gering geachteten ›Kutschern‹ der Fahrtruppe.

Die Kavallerie ließ sich die Möglichkeiten, aus sich heraus eine moderne Aufklärung mit Panzerspähwagen für Spähtrupps und Beiwagenkrädern für eine infanteristische Komponente in der Aufklärung zu entwickeln, entgehen. Sie konnte – oder wollte – die neuen, im Motorfahrzeug liegenden Möglichkeiten offenbar nicht sehen, obwohl es ihr als alter, angesehener und einflußreicher Waffengattung organisatorisch und personell leicht gewesen wäre, ihre Wünsche und Absichten für eine moderne erdgebundene Aufklärung durchzusetzen.

In fast allen ausländischen Heeren ist das anders gewesen, in ihnen sind die Aufklärungsabteilungen aus der alten Kavallerie hervorgegangen und tragen zum Teil noch heute ihre Namen und Bezeichnungen.

Zwar stellte die Inspektion der Kavallerie 1929 bei der 3. Schwadron des Reiterregimentes 4 in Potsdam unter dem damaligen Kavalleristen Oberleutnant Oskar Munzel, dem späteren Panzermann und noch lebenden Generalmajor der

Bundeswehr a. D. und ehemaligen General der Kampftruppen der Bundeswehr, doch noch eine motorisierte Aufklärungs-Schwadron auf leichten Dixi-Pkw als Spähwagendarsteller auf, verfolgte aber dieses Vorhaben später nicht mehr. 1931/32 verzichtete dann der damalige Inspekteur der Kavallerie, Generalmajor Freiherr von Hirschberg, auf die Betreuung der motorisierten operativen Erdaufklärung und überließ sie der bereits seit 1929 auf dieses Gebiet umgestellten Kraftfahrtruppe. Als dann Jahre später die Masse der Kavallerie absitzen und den personellen Grundstock für die neuen motorisierten Schnellen Truppen und damit auch für die neuen Aufklärungsabteilungen bilden mußte, konnte

Bei den großen Herbstmanövern des VI. Armeekorps der Reichswehr vom 2. bis 7. September 1935 in der Lüneburger Heide wurden die Kraftradschützen zum ersten Male mit ihrer späteren Ausrüstung eingesetzt. Die Stahlhelme waren noch Weltkrieg-I-Modelle, aber die neuen Kradmäntel waren gerade eingeführt worden, die Beiwagen trugen noch keine MG-Halteaufsätze und waren seitlich noch nicht ausgeschnitten, die Rücksitzfahrer fehlten noch. Die abgebildeten Kradschützen scheinen zu einer Aufklärungsabteilung gehört zu haben, denn in der Mitte der Kolonne fährt ein leichter Panzerspähwagen mit Rahmenantenne mit. Die Kräder sind nicht genau erkennbar, es könnten zu diesem Zeitpunkt aber schon BMW-Maschinen gewesen sein.

Am 15. Oktober 1935 wurden offiziell die ersten drei Krad-schützenbataillone der Wehrmacht aufgestellt. Gegen Ende des Monats stellte sich das Kradschützenbataillon 1 auf dem Domplatz in Erfurt in Paradeaufstellung erstmals der Öffentlichkeit vor. Im März 1935 war im Deutschen Reich die allgemeine Wehrpflicht wieder eingeführt worden, damit wurde die Reichswehr als Nachfolgerin der Kaiserlichen Streitkräfte nun zur Wehrmacht des Dritten Reichs.

sie dabei nicht die Überzeugung haben, selbst aus dem Alten das Neue geboren zu haben – wie es ihr zugekommen wäre. Wehmütige Gedanken hierüber haben unsere Aufklärer noch bis in die frühen Jahre unserer Bundeswehr verfolgt.

Die Husaren waren im 18. und 19. Jahrhundert vor allem die Träger der Aufklärung, sie bildeten die Patrouillen, die Spähtrupps – kleine, schnelle, wendige, listenreiche und oft tollkühne Reiter auf kleinen, schnellen, wendigen und ausdauernden Pferden. Die schweren Kürassiere mit Brustpanzern und Säbel auf schweren, kräftigen Pferden waren die Schlachtenkavallerie – sie sind die legitimen Vorfahren der heutigen Panzertruppe, und in der Tat gibt es französische Panzerregimenter, die noch die alte Bezeichnung der Kürassiere tragen. Die Ulanen waren elegante, schlanke, schnelle, mit Lanzen bewaffnete Reiter auf schnellen Pferden für überraschende Angriffe aus allen Richtungen und auch für die Überwachung unbesetzter Räume, Erkundung und Aufklärung, heute vielleicht am ehesten den Panzergrenadieren vergleichbar. Die Dragoner waren berittene Infanteristen, die seltener als leichte Kavallerie zu Pferde als vielmehr abgesessen als Infanterie kämpften; die Pferde waren mehr ihre Transportmittel.

Wenn man bei diesen sehr groben Vergleichen die späteren Kradschützen nach ihren Aufgaben und ihrer Kampfesweise mit einer dieser Kavallerie-Arten vergleichen will, dann käme man wohl zuerst auf die Dragoner. Es ist aber merkwürdig, daß dies eigentlich nie geschehen ist. Dagegen hat man versucht, die Kradschützen als ›Husaren der Infanterie‹ zu bezeichnen, was von den Aufgaben her nur zum geringen Teil richtig war und sich auch nicht durchgesetzt hat. Man muß trotzdem daraus entnehmen, daß man die Kradschützen doch ihrer Art und Entstehung, ihren Aufgaben und ihren Einsatzarten nach eher als eine Aufklärungstruppe denn als eine infanteristische Kampftruppe empfand.

In Wirklichkeit wollten die Kradschützen selbst wohl gar keine Nachfolger irgendeiner Art von Kavallerie sein, sondern moderne leichte Infanterie auf ebenso modernen leichten, schnellen und wendigen Fahrzeugen – den Beiwagenkrädern – für Aufgaben, die sich aus Bewegung und Kampf moderner motorisierter und gepanzerter Divisionen ergaben und sowohl Aufklärung und Erkundung als auch Vorausabteilung und aufgesessener und abgesessener Kampf sein konnten: und so sollen sie in diesem Buch auch gesehen werden.

Bei den Herbstübungen 1929 der 6. Division und des Gruppenkommandos 2 zeigte die in der dargestellten Weise umgestellte Kraftfahrabteilung 6 so gute Leistungen und Ergebnisse, daß man sich im Jahr 1930 im damaligen Reichswehrministerium entschloß, auch die übrigen sechs Kraftfahrabteilungen der Reichswehr nach dem Vorbild der Kf. 6 umzustellen. Damit muß das Jahr 1930 im historischen Sinne als das offizielle Gründungsjahr der deutschen Kraftfahrkampftruppen gelten.

Wie wenig aber die Reichswehr von dieser Entwicklung innerlich durchdrungen war zeigt folgende Geschichte: 1931 mußte die Kraftradschützenkompanie des Hauptmann Nehring bei einer Manöverparade zu Fuß an Feldmarschall von Hindenburg vorbeimarschieren, weil die Paradeleitung sonst eine Gefährdung der öffentlichen Ordnung befürchtete! Die Kräder mußten weit abseits in Deckung abgestellt werden. Der Rundfunk übertrug diese Parade und der Reporter sagte: »Soeben marschiert als beste Formation des Tages die Kraftfahrabteilung 6 vorbei…!« In der Tat hatte die Kradschützenkompanie der Kraftfahrabteilung 6 mit ihren Fahr-

Bei einer der ersten Vorstellungen der jungen Kradschützentruppe in der Reichshauptstadt Berlin fuhr das Kradschützenbataillon 3 aus Freienwalde im Paradeverband
durch das Brandenburger Tor. Die Kradschützengespanne
fuhren in Kolonne mit drei Fahrzeugen in der Rotte – wohl
weil sie die für den Paradeverband erforderliche Breite ergab. In dem hervorragenden Vordermann- und Seitenrich-
tung-Fahren der Gespanne drückte sich die formale Ausbildung der damaligen Kradschützen aus. Das Bild wurde
vom Brandenburger Tor durch die Pferdebeine der Quadri-
ga hindurch aufgenommen.

Bei einer anderen Parade in Berlin wurde ein weiteres Kradschützenbataillon vorgestellt. Die Gespanne fuhren wieder in Paradeformation, die Kradschützen trugen sogar auf den Krädern ihre Paradeuniformen, die mittlere Reihe der Paradeformation führte auf Pritschenbeiwagen leichte Granatwerfer mit. Im Hintergrund ist das Brandenburger Tor zu erkennen, welches als eines der Wahrzeichen des Deutschen Reichs gern in Paradebilder miteinbezogen wurde.

zeugen und ihrer Fahrtechnik bereits einen hohen Entwicklungsstand erreicht. (General a. D. Nehring erzählt dies in seinem bereits genannten Buch auf Seite 59.) Wie gesagt, das war immerhin noch im Jahr 1931!

Aufgrund der im nächsten Jahr (1932) in Schlesien abgehaltenen Truppenübungen und ihrer guten Ergebnisse mit der motorisierten Aufklärung wurden im Herbst 1934 die ersten motorisierten Aufklärungsabteilungen mit zwei Panzerspähkompanien, einer Kradschützenkompanie und einer schweren Kompanie mit Pionier-

zug, Panzerabwehrzug und leichtem Infanteriegeschützzug aufgestellt; damit waren nun die Kraftradschützen auch offiziell aufgestellt. Ein Jahr später, am 15. Oktober 1935, wurden als Aufklärungskomponente der motorisierten Infanteriedivisionen die ersten drei Kradschützenbataillone gebildet, welche sich in ihrer Gliederung und ihren Aufgaben an die Aufklärungsabteilungen anlehnten, ebenfalls eine schwere Kompanie, dann zwei bis drei Kradschützenkompanien und später auch noch eine (geplant zwei) Panzerspähkompanien bekamen.

Insgesamt können die Gärungen jener Jahre zu motorisierten und gepanzerten Heeresverbänden hier nicht dargestellt, sondern nur die Entstehung und Entwicklung der Kradschützen herausdestilliert werden, worüber in einem späteren Kapitel noch einiges zu sagen sein wird. 1938 wurde die neue Panzertruppe, die Panzerabwehrtruppe, die Panzeraufklärungstruppe, die motorisierte Schützentruppe und die noch immer bestehende Kavallerie zu den sogenannten ›Schnellen Truppen‹ zusammengefaßt, deren Chef am 20. November 1938 Guderian unter Beförderung zum General der Panzertruppe wurde – nicht also als truppendienstlicher Vorgesetzter, sondern als Inspizient. Zu den »Schnellen Truppen« gehörten auch die jungen Kradschützen – gleichsam als eine ideale Verwirklichung dieser Bezeichnung.

Beiwagenkräder und Sidecars – die Entwicklung der Kradschützengespanne in Deutschland und im Ausland

Die schweren und stabilen BMW-Maschinen mit ihrem Doppelrohrrahmen, später Kastenrahmen, dann wieder Doppelrohrrahmen und ihren zweizylindrigen, starken und durchzugkräftigen Motoren waren auch vor allem die prädestinierten Beiwagen-Maschinen. Nach langdauernden, mannigfachen Versuchen mit allen möglichen Motorradmodellen, die aber immer nur in kleinen Stückzahlen angekauft wurden, stellte die Reichswehr 1928 als STAN-Normausstattung (STAN = *St*ärke und *A*usrüstungs-*N*achweisung, in der alles Personal und Material aufgeführt war, welches zu einer Einheit gehörte) die BMW R 52 mit Zweizylinder-500 cm³-12 PS-Motor in ihren Dienst. Damit wurde nicht einmal wieder eine kleinere Zahl dieser Maschinen zur Erprobung beschafft, sondern es wurde festgeschrieben, daß dieses BMW-Modell ab sofort zu einer bestimmten Kompanie einer bestimmten Waffengattung gehörte. Kurz darauf folgte die noch stärkere BMW R 62 mit Zweizylinder-750 cm³-18 PS-Motor. Beide Modelle wurden selten als Solomaschinen, sondern hauptsächlich als Gespanne, also mit Beiwagen, gefahren. Als Beiwagen wurden besonders geräumige und stabile Modelle der beiden Spezialfirmen Steib in Nürnberg und Stoye in Leipzig ausgewählt. Diese Beiwagen wurden an die Motorradfirma geliefert und dort gleich anmontiert; erst bei den

schweren Geländegespannen mit Beiwagenantrieb, BMW R 75 und Zündapp KS 750, im Zweiten Weltkrieg wurden auch die Beiwagen zum Teil gleich bei den Motorradfirmen gebaut, weil sie in besonderer Weise mit ihrem Beiwagenantrieb und den Anschlüssen zu diesen Krädern gehörten. Den beiden ersten BMW-Gespannen folgten dann im Laufe der Jahre folgende Modelle:

1929–1934 BMW R 11 Zweizylinder-750 cm³-18 PS

1935–1941 BMW R 12 Zweizylinder-750 cm³-18 PS

1938–1941 BMW R 61 Zweizylinder-600 cm³-18 PS

1938–1941 BMW R 71 Zweizylinder-750 cm³-22 PS

1941–1945 BMW R 75 Zweizylinder-750 cm³-26 PS (Geländegespann mit Beiwagenantrieb).

Neben dieser Standard-Ausstattung mit BMW-Maschinen wurden in diesen Jahren auch andere Fabrikate in kleineren Stückzahlen in Dienst gestellt, so vor allem die Zündapp-Maschinen

1934–1939 Zündapp-K 500 Zweizylinder-500 cm³-16 PS

1934–1938 Zündapp-K 800 Vierzylinder-800 cm³-22 PS

1937–1940 Zündapp-KS 600 Zweizylinder-600 cm³-28 PS

1940–1944 Zündapp-KS 750 Zweizylinder-750 cm³-26 PS (Geländegespann mit Beiwagenantrieb),
die nach den gleichen konstruktiven Grundsätzen konstruiert waren wie die BMW-Maschinen.

An weiteren schweren Maschinen, die fast immer mit Beiwagen gefahren wurden, sind dann noch als Beispiele zu erwähnen die
1927–1932 Victoria K.R. VI Zweizylinder-600 cm³-18 PS
1933–1938 Victoria KR 6 Bergmeister Zweizylinder-600 cm³-20 PS
1936–1937 Victoria KR 9 Zweizylinder-500 cm³-15 PS
1938–1939 NSU 601 OSL Einzylinder-560 cm³-20 PS.

Durch Einstellung der jeweils neuesten Modelle der Motorradindustrie blieb die Reichswehr und später die Wehrmacht immer mit den technisch modernsten und leistungsfähigsten Maschinen ausgerüstet; die Jahreszahlen geben die Baujahre der einzelnen Modelle an, die Maschinen wurden natürlich über diese Jahre hinaus gefahren, zumal da sich die Herstellerwerke verpflichten mußten, für einen längeren Zeitraum passende Ersatzteile herzustellen und zu liefern. Bei dieser Aufstellung bleibt durchaus offen, daß auch noch andere geeignete Modelle schwerer Kräder mit oder ohne Beiwagen in kleineren Stückzahlen angekauft und unter irgendwelchen Gesichtspunkten erprobt wurden. Solomaschinen bleiben hier unerwähnt, weil sie keine Charakter-Fahrzeuge der Kradschützen waren, aber trotzdem bei ihnen wie bei jeder anderen Waffengattung eingesetzt waren. Sie waren meist einzylindrig, hatten aber sehr stabile Rahmen, Doppelrohr- oder Kastenrahmen, durchzugkräftige Viertakt-, seltener Zweitaktmotoren und waren bewußt einfach, robust und dauerhaft ausgelegt und wurden vor allem für Melder-, Ku-

rier-, Erkundungs- und Marschbegleitungsaufgaben auf Straßen und auch im Gelände eingesetzt. Diese Maschinen waren zunächst in der Normausstattung auch überwiegend BMW-Kräder, vor allem die
1932–1936 BMW R 4 Einzylinder-400 cm³-12 PS
1937–1940 BMW R 35 Einzylinder-350 cm³-14 PS
und eine ganze Reihe anderer Fabrikate, die in kleineren Stückzahlen eingestellt wurden, teils zur Erprobung, teils aber auch, weil die Kapazität einer einzelnen Firma oft nicht ausreichte und weil aus volkswirtschaftlichen Gründen auch andere Firmen mit Staatsaufträgen bedacht werden mußten.

Für das gesamte Thema der Motorrad-Fabrikate und -Modelle in der Reichswehr und Wehrmacht gilt jedenfalls, daß eine sehr große und heute nicht mehr feststellbare Zahl von Modellen – wenn auch in kleineren Stückzahlen – gefahren wurde: wenn sich also ein alter Soldat heute noch erinnert, daß er aber doch diese oder jene Maschine gefahren habe, dann kann ihm nicht widersprochen werden; Fabrikate und Modelle der Normausstattung wurden davon aber nicht berührt. Zwei wichtige Momente der deutschen militärischen Krad-Geschichte müssen aber der Klarheit halber festgehalten und betont werden:
– Alle Motorräder, von denen bisher die Rede war, waren keine militärisch aufgezäumten Spezial-Geländemaschinen, sondern normale Serienmaschinen, die der laufenden zivilen Produktion entnommen, militärgrau gespritzt und militärisch ausgerüstet wurden; spezialkonstruierte Geländemaschinen gab es im zivilen Bereich überhaupt erst seit Mitte der fünfziger Jahre.
– Mit Beginn des Zweiten Weltkriegs wurden in umfangreichem Maße alle möglichen privaten

Motorräder – vom leichten Solokrad bis zur schweren Beiwagenmaschine – wie ihre Besitzer – zur Wehrmacht eingezogen, militärgrau gespritzt und den Wehrmachtseinheiten zum Kriegsdienst zugeteilt. Diese Maschinen verwirrten das Typen-Bild der militärischen Krad-Ausstattung bis zur Unkenntlichkeit. Gerade diese Typen-Vielfalt aber wurde bald der Grund für das Erliegen dieser Kräder im Einsatz, weil es sich bald als unmöglich herausstellte, alle verschiedenartigen Fabrikate und Modelle noch rechtzeitig und ausreichend mit den erforderlichen Spezial-Ersatzteilen zu versorgen. (Diese Erschwernisse, die geographischen und klimatischen Verhältnisse besonders des östlichen Kriegsschauplatzes und die zunehmende Härte des Krieges schufen einen Typ des pflichtbewußten, zähen, aber auch listigen und immer erfindungsreichen Kradfahrers, besonders des nur auf sich gestellten Kradmelders aller Waffengattungen, für den man vielleicht noch am ehesten das in anderem Zusammenhang geprägte übertriebene Wort abgewandelt benutzen könnte, daß kein Land der Erde ihn uns gleich gemacht hat.)

Ende der zwanziger und in den beginnenden dreißiger Jahren hatten die Konstruktionen schwerer Gespanne in den motorradbauenden Ländern einen derartigen Grad von technischer Perfektion und betriebstechnischer Zuverlässigkeit erreicht – vor allem in Deutschland, Frankreich, Belgien und den USA –, daß man in den modernen Heeren allgemein mit der Aufstellung erster reinrassig auf gleichartigen Beiwagenkrädern aufgesessener Infanterie-Einheiten begann. Die mittel- und westeuropäischen Heere, welche das schwere Gespann als Transportfahrzeug für ihre leichte und schnelle Infanterie geschaffen hatten, hatten dabei vorwiegend an Einsätze entlang von Straßen und Wegen und allenfalls einmal an kurze Abschnitte leichten Geländes gedacht. Nur hier konnten die zivilen Straßenfahrzeuge ihre volle Schnelligkeit und Wendigkeit vorteilhaft entfalten. Es wäre auch widersinnig gewesen, diese schnellste Truppe, deren letztlicher taktischer Effekt die Überraschung war, sich durch schweres Gelände quälen zu lassen.

Das deutsche Heer faßte die Gespanne seiner Kradschützen bald nicht nur als Transportfahrzeuge auf, welche die aufgesessenen Schützen bis an das Gefechtsfeld oder an andere Brennpunkte überraschender Aktionen brachten, sondern man montierte leichte Maschinengewehre auf die Beiwagen und nahm mit ihnen Erd- und Luftziele im Stand unter Feuer, die ersten oft auch ungezielt während rasender Fahrten, um den Feind zumindest in Deckung zu zwingen. Aber man ging noch weiter. Wenn nach schneller Annäherung zum abgesessenen, infanteristischen Kampf übergegangen werden sollte, dann mußte das entsprechend der taktischen Konzeption der Kradschützen in vielen Fällen schnell und unmittelbar geschehen, es war dann also kein normales Absitzen mehr. Dann fuhren die mit drei Mann, Waffen, Munition und Gepäck beladenen Gespanne wie Gefechtsfahrzeuge in den Stellungsraum, fuhren mit einer Geschwindigkeit, die das jeweilige Gespann gerade noch zuließ, bei grundsätzlich rechts angebautem Beiwagen eine sogenannte Stellungskurve nach links, in deren Scheitelpunkt sich die Schützen mit ihren Waffen und Munition vom Rücksitz und aus dem Beiwagen vom Gespann fallen ließen, augenblicklich in Feindrichtung in Stellung gingen und unverzüglich den Feuerkampf aufnahmen und infanteristisch weiter vorgingen. Die Gespanne mit ihren Fahrern jagten unter dem Feuerschutz ihrer abgesessenen Kameraden zurück in Deckung, aus der sie mit Fortschreiten oder nach Abschluß des Gefechtes zur Aufnahme ihrer Schützen und deren weiterer Beförderung dann wieder vorgezogen wurden.

Das hatte natürlich etwas von einer alten Kavallerie-Attacke an sich und konnte auch nur auf freiem Feld und in großer Schnelligkeit gelingen. Diese friedensmäßig geübten Einsätze wurden dann im Krieg unter dem scharfen Schuß und wegen starker Verluste allmählich aufgegeben und die wertvollen Beiwagenkräder schonend zurückgehalten. Die Trennung von Schützen und Kradstaffeln bei infanteristischen Einsätzen blieb aber die Regel. Im Kapitel über die Kampfweise und Einsatzarten der Kradschützen wird auf diese Einsätze noch ausführlicher eingegangen werden.

Diese deutschen Einsatz-Konzeptionen der Kradschützen und ihrer Beiwagenkräder bis auf das Gefechtsfeld blieben natürlich im Ausland nicht unbekannt, wurden zum Teil übernommen und geübt. Lange vor dem Zweiten Weltkrieg aber erkannte man bei uns und in ausländischen Heeren, daß bei den geschilderten Einsatzarten, aber auch bei Märschen auf schlechteren Wegen und bei Durchfahren von Geländeabschnitten – besonders bei erschwerenden Wetterverhältnissen – die ja für reinen Straßenbetrieb ausgelegten Gespanne aus zivilen Serienproduktionen nicht ausreichten. Man begann mit dem Bau spezieller Geländegespanne. Bei ihnen versuchte man zunächst, die Vortriebskraft des Motors dadurch besser an den Boden zu bringen, daß man das Seitenwagenrad mit antrieb. Das geschah dadurch, daß man die Achse des Seitenwagenrades durchzog und in etwa auf die Höhe der Hinterachse des Krades brachte, sie bis zu dieser hin verlängerte und sie mit ihr in abschaltbaren Eingriff brachte. Sodann baute man für die sich in diesen Ge-

spannen ergebenden wesentlich höheren Kräfte stärkere Rahmen für Krad und Beiwagen. Dann erhöhte man erheblich die Bodenfreiheit des ganzen Gespannes, rüstete es mit stark profilierten breiten Geländereifen aus, dichtete die Motoren und die elektrische Anlage noch besser gegen Staub und Feuchtigkeit ab, verlegte die Luftansaugung und die gesamte Auspuffanlage möglichst weit nach oben, verbesserte mit den letztgenannten Maßnahmen entscheidend die Watfähigkeit der Gespanne und tat auch sonst noch manches für ihre bessere Geländegängigkeit.

Es muß festgehalten werden, daß diese Konstruktionen die ersten spezialisierten Geländemotorräder der Motorradgeschichte überhaupt waren – hier war der Krieg wirklich wieder einmal der Vater aller Dinge.

Die ersten zivilen Geländemaschinen erschienen dann bekanntlich erst um die Mitte der fünfziger Jahre mit den Geländesportmaschinen, die seither ihrerseits zu technischen Schrittmachern der heutigen Military-Kräder geworden sind. Sie alle sind aber heute reine Solomaschinen, an deren schwerere Modelle die Bastler für Geländefahrten und Moto Cross leichte Sportseitenwagen angebaut haben. Die als einheitliche Gesamtkonstruktionen konzipierten Spezial-Geländegespanne der Zeiten kurz vor und zu Anfang des Zweiten Weltkriegs sind bis jetzt nicht wiedergekommen. Es ist wenig bekannt, daß vor allen anderen die Belgier mit ihren FN-, Saroléa- und Gillet- und die Franzosen mit ihren Gnôme & Rhône-Geländegespannen die Ersten auf diesem Gebiet waren. Aber es gab auch noch derartige Entwicklungen in anderen motorradbauenden Ländern: in England haben Norton und BSA ein seitenwagenangetriebenes Geländegespann gebaut, in Italien Moto-Guzzi und Gilera, in den USA Harley-Davidson und in Schweden Monark-Nymans. Leider ist heute nicht mehr mit Sicherheit herauszufinden, ob diese Konstruktionen nur in einem oder einigen Prototypen oder in kleinen Serien gebaut worden sind, ob man nur einmal die Funktionsfähigkeit einer Reißbrett-Konstruktion erleben oder eine kleine Prototypen-Serie wirklich im Gelände erproben wollte; lediglich der englischen Norton-Konstruktion sagt man eine größere Stückzahl (1000?) nach und sogar einen Kriegseinsatz bei Dünkirchen. Heute noch nachweisbar sind lediglich die belgischen, französischen und deutschen Konstruktionen. Die belgischen und französischen Gespanne sind nicht in größeren Stückzahlen gebaut worden; von dem belgischen FN-M-12-Gespann ist bekannt, daß rund 1000 Exemplare von ihm gebaut worden sind, und von einer Weiterentwicklung, einem echten Dreirad-Krad mit der Bezeichnung ›Tricar‹ sollen es genau 331 Exemplare gewesen sein. Die Produktionszahlen der anderen Modelle waren bis heute noch nicht feststellbar. Viele der belgischen und französischen Gespanne fielen beim Westfeldzug der deutschen Wehrmacht in die Hände und wurden von ihr eingesetzt; von den Gnôme & Rhône-AX-2-Gespannen muß es wohl eine größere Stückzahl gewesen sein, denn die Betriebsanleitung für dieses Gespann wurde sogar in die deutsche Sprache übersetzt, damit die deutschen Fahrer besser mit ihnen fertig werden und sie länger fahrbereit halten konnten.

Das war ja das Problem des Einsatzes von Beutefahrzeugen, daß die eigenen Fahrer die fremden Fahrzeuge zu wenig kannten und sie unsachgemäß behandelten. Ein weiteres Problem war die Bereitstellung von Ersatzteilen für Beutefahrzeuge. Wenn die Herstellerwerke nicht im besetzten Feindgebiet lagen und weiterarbeiten oder größere vorhandene Ersatzteiläger gefunden werden konnten, war den Beutefahrzeugen meist kein langes Leben mehr beschieden. So ist wohl auch die deutsche Wehrmacht mit den erbeuteten schweren Geländegespannen mit Seitenwagenantrieb auf die Dauer nicht glücklich geworden – so sehr auch die neuen, ungewöhnlichen Konstruktionen imponierten. Ein großer Nachteil der belgischen und französischen Gespanne mit Seitenwagenantrieb war außerdem, daß die Seitenwagenantriebe kein Differential besaßen – außer der Saroléa, die man deshalb in motorradhistorischer Hinsicht als das erste seitenwagenangetriebene Gespann mit Differential bezeichnen kann. Der Seitenwagenantrieb mußte deshalb bei den anderen Gespannen ausrückbar sein und er war es auch, weil man sonst mit ihnen keine Kurven hätte fahren können: die beiden angetriebenen Räder hätten das Gespann unwiderstehlich geradeaus getrieben.

Die ersten Spezialgeländemaschinen für die Wehrmacht kamen mit Masse um die Mitte des Zweiten Weltkriegs in die Truppe; es waren die berühmt gewordenen schweren Gespanne BMW R 75 und Zündapp KS 750. Sie sahen sehr klobig und doch technisch-elegant aus, hatten Zweizylinder-Viertaktmotoren, Straßen- und Geländegänge, Rückwärtsgang gegen das Festfahren, besonders starken Rahmen, hochgelegten Motor und Auspuff, angetriebenes Seitenwagenrad mit Differential, besonders große Geländeprofilreifen und eine ganze Reihe technischer Finessen, die auf einen harten, pflegearmen Dauerbetrieb im Gelände abgestellt waren und erstmals im Serienbau angewandt wurden. (Über beide Gespanne sind im Motorbuch-Verlag Monographien erschienen, so daß hier zugunsten des Themas auf weitere technische Einzelheiten nicht eingegangen wird.) Die beiden neuen Modelle waren mit dieser konstruktiven Auslegung wahre Wunder an Geländegängigkeit (die als Oldtimer erhaltenen sind es noch heute) und haben sich im Einsatz hervorragend bewährt.

Diese Tüchtigkeit war natürlich mit viel teurer Technik erkauft worden, die ihren Preis hatte und eingearbeitete Werkstattdienste für die Instandsetzung und einen möglichst reibungslosen Fluß von Spezialersatzteilen erforderte. Ein derartiges Gespann kostete in der Herstellung fast das Doppelte eines VW-Kübelwagens. Der noch heute gegen diese beiden Gespanne vorgebrachte Einwand, sie seien zu kompliziert gewesen, ist aber nur bedingt richtig. Für ein solches Gespann im Einsatz bei einem Kradschützenbataillon blieb so gut wie keine Zeit für die Pflege und die Wartung, diese aber brauchten die Gespanne schon zur Vermeidung von Frühschäden, die bei weiterer pausenloser Beanspruchung dann eben zu Ausfällen führen konnten. Es soll hier jedenfalls festgehalten werden, daß in der Motorradgeschichte die BMW R 75 und die Zündapp KS 750 nach ihrer konstruktiven Reife und Bewährung und nach den gebauten Stückzahlen (BMW R 75 16 500, Zündapp KS 750 18 635) in der Klasse der schweren seitenwagenangetriebenen Geländegespanne weitaus an der Spitze lagen.

Dieses motorradtechnische Kapitel soll mit einigen notwendigen Bemerkungen abgerundet werden. Da die technischen Beschreibungen und Angaben über die Kräder hier nur als eine der Grundlagen des Themas gebracht werden können, sind sie in die Bildunterschriften einbezogen.

Die zahlenmäßigen Dimensionen, in denen sich die geschilderte Entwicklung und Fertigung der Militärmotorräder vollzogen, können nur durch einige bruchstückartig erhaltene Zahlen angedeutet werden. Die gesamte Motorradproduktion des Großdeutschen Reiches lag 1938 bei

rund 200 000 Maschinen, sie sank bis 1944 auf rund 33 000 Maschinen. Die Firma Zündapp lieferte 1938 25 656, 1939 22 766, 1940 11 475 und 1941 7449 Kräder an die Wehrmacht; darin war das hubraumgrößte Wehrmacht-Gespann, die vierzylindrige K 800, mit rund 5000 Maschinen enthalten. Die Kradmelder-Maschine Victoria KR 35, von 1938 bis 1945 gebaut, soll mit rund 10 000 Exemplaren an die Wehrmacht geliefert worden sein, und das Victoria KR 6-Bergmeister-Gespann, von 1933 bis 1938 gebaut, mit rund 3000 Maschinen. Die Zahlen des damaligen Hauptlieferanten BMW sind nicht enthalten, sie dürften um ein Mehrfaches über den genannten Zahlen liegen. Es bedarf dabei wohl keiner Erwähnung, daß dies Gesamtzahlen waren, die das Heer mit allen Waffengattungen, die Luftwaffe, die Marine und viele andere Organisationen aufnahm und nicht etwa nur die im Vergleich dazu doch kleine Kradschützentruppe. (Die hier genannten Zahlen sind dem schon erwähnten Buch von Oswald entnommen.)

Die Beiwagenkräder sind hier als kleine, leichte, schnelle und wendige Fahrzeuge bewertet worden, die in kongenialer Weise die Kradschützen als leichte und schnelle Infanterie in idealer Weise beweglich machen konnten. Diese Qualifikation soll mit einigen charakteristischen technischen Daten belegt werden. Das von 1935 bis 1941 gebaute Beiwagenkrad BMW R 12, welches ohne Zweifel mit der weitaus größten Stückzahl in der Wehrmacht gefahren wurde, war 2,52 m lang, 1,61 m breit und 1 m hoch, es hatte ein zulässiges Gesamtgewicht von 560 kg, fuhr 85 km/h schnell und mit einer Tankfüllung 230 km weit, hatte einen Spurkreis von links 4,50 m Durchmesser und rechts (um den Beiwagen herum) von 3,60 m, eine Bodenfreiheit von 12 cm unter der Maschine und 24,5 cm unter dem Beiwagen und eine Watfähigkeit von

25 cm. Die BMW R 75 war 2,40 m lang, 1,73 m breit und 1 m hoch, sie hatte ein zulässiges Gesamtgewicht von 670 kg (420 kg + 250 kg), fuhr 92 km/h schnell und 340 km weit (Straße), hatte einen Spurkreis von links 4,70 m und rechts 3,60 m, eine Bodenfreiheit von 15 cm unter der Maschine und 27,5 cm unter dem Beiwagen und eine Watfähigkeit von 35 cm. Die gleichartige Zündapp KS 750 war 2,38 m lang, 1,65 m breit und 1,01 m hoch, hatte ein zulässiges Gesamtgewicht von 670 kg (400 kg + 270 kg), fuhr 95 km/h schnell und 330 km weit (Straße), hatte einen Spurkreis von links 5,60 m und rechts von 4,10 m, eine Bodenfreiheit unter der Maschine von 16 cm und 27,5 cm unter dem Beiwagen und eine Watfähigkeit von 40 cm. Man ersieht aus den Daten, daß die Geländefähigkeiten der R 75 und der KS 750 im Vergleich zu der reinen Straßenmaschine R 12 noch nicht sehr entwickelt waren.

Die wertvollste taktische Konsequenz aus diesen Daten war die, daß die Kradschützen mit diesen Gespannen in der Lage waren, auf jeder Straße und auf breiteren Wegen zu wenden, relativ schnell sein zu können und auch tagsüber mit einer Betankung auskommen zu können (Auftanken bei Nacht!) und schließlich ein festgefahrenes Gespann mit seinem Motor, mit der Muskelkraft der Besatzung und einfachen Hilfsmitteln wieder flott machen zu können. Das taktisch Wichtigste, was ein Kradschützengespann können mußte, war bei Auftreffen auf Feind das ›Sofort-herunter-von-der-Straße!‹ und das ›Sofort-auf-der-Straße-kehrt!‹ für die nachfolgenden Gespanne – und das konnten die Beiwagenkräder besser als jedes andere Kraftfahrzeug der damaligen Zeit.

Ein wesentliches Kriterium für den Einsatzwert der Kradschützen war immer die durch eigene Bemühungen der Soldaten erreichte Höhe des Klarstandes der Beiwagenkräder, und diese Höhe übertraf die der Fahrzeuge aller anderen Waffengattungen bei weitem. Der Grund hierfür ist offensichtlich in den leichten Reparaturmöglichkeiten der Kräder und in der relativ schnell erreichbaren Befähigung der Kradschützen selbst zu den meisten Instandsetzungsarbeiten zu sehen. Sicher war es so, daß auch ein so kleines Ziel wie ein Beiwagenkrad leicht durch Beschuß verletzt und fahrunfähig gemacht werden konnte; aber wenn nicht die Detonation einer Handgranate oder eines Granatwerfergeschosses ein Gespann flächenhaft durchsiebte, dann waren ein durchschossener Reifen, ein durchschossener Kraftstofftank, ein beschädigter Vergaser, einige zerfetzte Radspeichen oder ein Einschuß im Beiwagenboot – um nur einige Beispiele zu nennen – relativ schnell und leicht zu reparieren oder auszuwechseln; schwierig waren nur Durchschüsse des Motorblocks, der Zylinder, des Getriebes und des Kardanantriebes zu heilen – hier half meist nur das Auswechseln des ganzen Teils, es mußte nur zur Verfügung stehen oder in den nächsten Stunden nach vorn gelangen können! Daran scheiterte aber eben mit den zunehmenden Schwierigkeiten im Nachschub und der Ersatzteilfertigung in der Heimat manche Instandsetzung eines Beiwagenkrades, das dann bei den beginnenden Rückzügen im Osten gesprengt werden mußte, wenn man es nicht noch rechtzeitig auf einen Lkw verladen und nach hinten schaffen konnte; aber das war immer seltener möglich. Beschädigungen des Rahmens bzw. Fahrgestells konnten oft gerichtet und geschweißt werden. Das Geländegespann BMW R 75 war für Rahmenreparaturen sehr gut vorbereitet, denn sein Rahmen war aus Einzelteilen zusammengeschraubt, und beschädigte Einzelteile konnten leicht herausgenommen und gleiche neue Teile eingesetzt werden. Das sparte Zeit und Geld, und man sollte sich diesen zusammengeschraubten Rahmen merken, wenn es jemals wieder Beiwagenkräder für Kradschützen im Heer geben sollte. Wenn auch je nach dem Schwierigkeitsgrad und Umfang der notwendigen Reparatur der I-Trupp der Kompanie, die Instandsetzungsstaffel des Bataillons oder die Werkstattkompanie der Division eingeschaltet wurden, so lag doch die überwiegende Zahl kleiner und mittlerer Reparaturen (militärischer Ausdruck: Instandsetzungen) bei den Kradschützen selbst, die im Laufe der Zeit eine so intime Kenntnis ihrer Beiwagenkräder gewonnen hatten, daß beinahe jeder von ihnen als Kradmechaniker angesehen werden konnte. Nachteilig war, daß manche Frühschäden oder auch nur manche fällige Pflege und Wartung an den Krädern aus Zeit- und Gelegenheitsmangel von den pausenlos im Gefecht stehenden Gespann-Besatzungen oft nicht behoben und durchgeführt werden konnten und sich dann häufig in wenigen Stunden zu ernsten und nachhaltigen Schäden auswuchsen.

Am Ende dieses kradtechnischen Kapitels müßte noch über die anderen, die späteren Fahrzeuge der Kradschützen und ihrer letzten Einheiten und Verbände – den VW-Kübel, den VW-Schwimmwagen und den leichten Schützenpanzerwagen – gesprochen werden. Alle drei waren in ihrer Art hervorragende Konstruktionen, aber es waren keine Kräder, die den Kradschützen ja schließlich aus guten Gründen ihren Namen gegeben hatten. Die Kradschützen wurden mit ihnen ausgerüstet, weil man ihnen als leichte, aufklärende Infanterie bei den geographischen Verhältnissen Osteuropas ihre Beweglichkeit erhalten wollte, aber als Kradschützen hörten sie damit auf zu existieren – sie verloren mit den Beiwagenkrädern ihre leichte, schnelle und wendige Beweglichkeit und damit

ihr Wesen, ihre Eigenart und ihre Stärken. Motorisierte leichte Infanterie war sicher auch anders denkbar als auf Beiwagenkrädern, aber dann waren es eben keine Kradschützen mehr. Mit dem VW-Schwimmwagen wurden sie sogar amphibisch, man nannte ihn deshalb sogar ›Kradschützenwagen‹, und mit diesem Wortgebilde wurde schon der Widersinn einer solchen Maßnahme – oder fairer ausgedrückt: die Hilflosigkeit – zur Erhaltung der Kradschützen ausgedrückt. Daß man bei den relativ wenigen übriggebliebenen Kradschützen-Einheiten und -Verbänden die Bezeichnung Kradschützen beibehielt, hatte sicher vor allem organisatorische Gründe oder enthielt die Hoffnung, bei Besserung der Kriegslage wieder zu den Beiwagenkrädern zurückzukehren; lange bestanden diese Kradschützen-Einheiten dann ohnehin nicht mehr, sie gingen in einfachen Infanterie-Einheiten auf oder in den auch immer weniger werdenden Panzergrenadier-Einheiten; das Kriegsende jedenfalls erlebte keine Kradschützenkompanie mehr. Aus diesen Gründen sollen die Ersatz- oder Nachfolge-Motorisierungen der Kradschützen mit dem VW-Kübel und VW-Schwimmwagen und dem leichten Schützenpanzerwagen hier nicht mehr vorgestellt werden.

Ein Fahrzeug muß an dieser Stelle noch erwähnt werden, welches seiner Bezeichnung nach in dieses kradtechnische Kapitel zu gehören scheint – das sogenannte Kettenkrad, welches aber in Wirklichkeit gar kein Krad, sondern eine kleine Zugmaschine mit Krad-Vorderradlenkung sein sollte. Um keine weitere Verwirrung zu schaffen wird die Technik des Kettenkrades trotzdem hier im Zusammenhang mit den Krädern mit Bild und Wort vorgestellt; auf seine Bedeutung und seine Einsatzkonzeptionen wird im Kapitel über die Nachfolgefahrzeuge der Beiwagenkräder dann näher eingegangen.

Mit den besprochenen Krädern waren auch kleinere Teileinheiten anderer Waffengattungen ausgerüstet, wie zum Beispiel die Erkunderzüge der Panzer- und Panzergrenadier-Verbände, Zugtrupps, Kompanietrupps, Melder und Kuriere aller Waffengattungen des Heeres, aber auch die Wehrmachtteile Luftwaffe und Marine, bei der Luftwaffe vor allem die Fallschirmjäger, die damals nicht zum Heer gehörten. In Darstellungen und Bildunterschriften militärischer Laien wurden und werden immer wieder Soldaten auf Solokrädern und Beiwagenkrädern als Kradschützen bezeichnet – das ist falsch! Echte Kradschützen waren nur diejenigen, die das taktische Zeichen der Kradschützen an ihren Fahrzeugen trugen: das stilisierte Rad mit dem stilisierten Lenker. Dieses taktische Zeichen trugen aber auch Panzerspähwagen, Infanteriegeschützfahrzeuge, Panzerjägerfahrzeuge und Pionierfahrzeuge – sie gehörten dann eben zur Panzerspähkompanie oder zur schweren Kompanie eines Kradschützenbataillons, obwohl ihre Soldaten strenggenommen keine Kradschützen waren. Umgekehrt trugen die Fahrzeuge von Kradschützenkompanien oder Kradschützenschwadronen aus motSchützenregimentern und Aufklärungsabteilungen wieder deren taktische Zeichen, und der Fachmann konnte bei ihnen dann aus der Zahl der Kompanie entnehmen, daß es sich um Fahrzeuge aus der Kradschützenkompanie oder -schwadron (eine Bezeich-

nung für eine Kompanie aus der alten Kavallerie) dieser Verbände handelte. Das ist für Außenstehende sicher nicht ohne weiteres verständlich gewesen, ist es wohl auch heute noch nicht und sollte deshalb hier einmal klar gemacht werden.

Ähnlich und nicht ohne weiteres verständlich verhält es sich mit den Waffenfarben der Kradschützen, also den farbigen Paspelierungen am Kragen und an den Schulterklappen und Schulterstücken und den Unterlagen der Kragenspiegel. Die selbständigen Kradschützenbataillone trugen sie normalerweise in grüner Farbe; Kradschützenkompanien in Aufklärungsabteilungen trugen deren goldgelbe Waffenfarbe; da einzelne Aufklärungsabteilungen in den ersten Jahren des Aufbaus der Wehrmacht und möglicherweise auch noch später braune oder panzerrosa Waffenfarben trugen ist nicht auszuschließen, daß die hier eingegliederten Kradschützenkompanien auch diese Waffenfarben trugen; einzelne Kradschützenkompanien in Infanterieregimentern trugen deren weiße Waffenfarbe, in motSchützenregimentern deren grüne oder rosa Waffenfarben; die Kradschützenzüge in den Panzergrenadierregimentern trugen deren grüne oder rosa Waffenfarben – hier standen sie ja bis zum Kriegsende jedenfalls in den Gliederungen als letzte Kradschützenteileinheiten noch auf dem Papier.

41

Die Beiwagenkräder der Kradschützen

Unter anderen war eine der ersten Maschinen, welche die Reichswehr in der Vorphase der beginnenden Heeresmotorisierung erprobte, die Victoria KR II von 1926 mit längs eingebautem 500-cm³-12 PS-Zweizylinder-Boxermotor, der die KR III mit stärkerem gleichartigem 600-cm³-14 PS-Motor folgte. Beide Maschine wurden solo und im Gespann gefahren, der unten doppeltgeführte Rohrrahmen hielt das aus. Die freiliegende Schwungscheibe, der Gummi-Antriebskeilriemen und der zurückgebogene Lenker drückten aber immer noch die frühe konstruktive Konzeption der Maschine aus. Spätere Militär-Victorias waren in geringen Stückzahlen die KR VI (1927-1932), die berühmte und gerühmte KR 6 Bergmeister (1933), von der sogar 3000 Stück eingestellt wurden, die KR 8 (1934) und die vollverkleidete KR 9 Fahrmeister (1936); die drei letzteren Modelle hatten schon eine vollgekapselte Hinterradkette.

1933 folgte die Victoria KR 6 Bergmeister, die auch schon äußerlich ein modernes Motorrad mit Rahmentank und angeblocktem Getriebe war und später sogar eine Vollkapselung der Hinterradantriebskette bekam. Diese sehr bekannt gewordene Maschine wurde erstmals in größerer Stückzahl neben den BMW- und Zündapp-Maschinen mit etwa 3 000 Exemplaren in die Reichswehr (als Beiwagen-, weniger als Solomaschine) eingestellt. Ihre wichtigsten technischen Daten waren: 600-cm³-Zweizylinder-Viertakt-Boxermotor, 20 PS bei 4 000 U/min, Doppel-Rollenkettenantrieb, handgeschaltetes Vierganggetriebe, Doppelrohrrahmen, Gewicht 160 kg, Zuladung 200 kg, Geschwindigkeit Solo 100, als Gespann 85 km/h, 15-Liter-Tank für im Solobetrieb 300 km, im Gespannbetrieb 250 km Fahrbereich.

Die KR VI von Victoria unterschied sich schon erheblich von den frühen KR II und KR III. Sie wurde von 1927 bis 1932 gebaut und hatte bereits Einfach-Rollenkettenantrieb. Ihr ebenfalls längsliegender Zweizylinder-Viertakt-Boxermotor mit 600 cm^3/18 PS verbrauchte im Solobetrieb 4,5 Liter und im Gespannbetrieb 5,5 Liter/100 km, er brachte die Solomaschine auf 95 km/h und das Gespann auf 80 km/h; der Zwölfliter-Tank ermöglichte Fahrbereiche von 260 km/Solo und 210 km/Gespann. Das alles waren für eine erste Beweglichmachung von Infanteristen für die damaligen Soldaten imponierende Zahlen. Den querlaufenden Boxermotor hatte Max Friz, der geniale Konstrukteur der ersten BMW von 1923, als alter Flugmotorenkonstrukteur schon 1922 entwickelt. Den ersten Boxermotor, den M2B15, bauten sowohl die Victoria-Motorradwerke in Nürnberg als auch die BMW-Flugzeugwerke in ihr Helios-Motorrad – allerdings längsliegend – ein; das Prinzip der Boxermotoren hat sich bis heute bei den BMW-Motorrädern erhalten.

In wesentlich geringerer Stückzahl wurden dann die ab 1934 gebaute KR 8 und die ab 1936 gebaute KR 9 Fahrmeister (dieses Foto) von Victoria an die Reichswehr und Wehrmacht geliefert. Beide Maschinen hatten einen nach vorn geneigten 500-cm^3-15 PS-Viertakt-Twin und wirkten mit den Kettenkapselungen und den seitlichen Motorverkleidungen, von denen man sich auch eine gute Schutzwirkung für den Motor versprach, sehr modern. Unter der modernen Form litt der Tank, der hier nur 10 Liter faßte, mit denen das Gespann bei 5,5 Liter Verbrauch nur 180 km weit kam (die Solomaschine bei 4,5 Liter Verbrauch 220 km); als Solomaschine kam die KR 9 auf 100, als Gespann auf 85 km/h.

1928 stellte die Reichswehr mit der 500-cm^3-12 PS-Zweizylinder-R 52 das erste BMW-Krad als STAN-mäßige (Stärke- und Ausrüstungs-Nachweisung) Normausstattung ein. Etwa sechs weitere Zweizylindermodelle, vorwiegend als Kradschützengespanne, und zwei Einzylindermodelle, vorwiegend als Kradmeldermaschinen, wurden bis zum Ende des letzten Krieges von BMW der Reichswehr und später der Wehrmacht als Normausstattung geliefert. Die R 52 wog als Solomaschine 152 kg und lief 100 km/h. In den Jahren 1928 bis 1929 wurden von diesem Modell rund 9 000 Maschinen gebaut (Gesamtproduktion). Die zivile R 52 kostete damals 1 510,– Reichsmark.

43

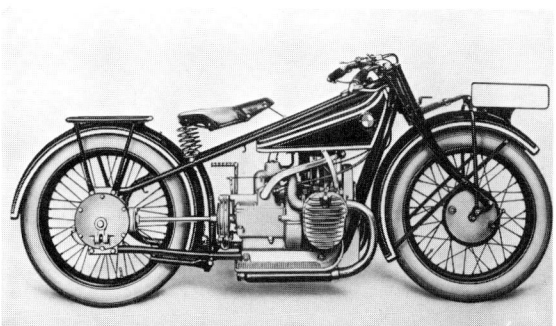

Noch im Jahr 1928 führte die Reichswehr die BMW R 62 ein, die als erste BMW-Maschine einen 750-cm3-Motor hatte und mit ihren 18 PS bei 3 400 U/min nur drei kg mehr wog als die R 52 und damit als Gespannmaschine noch besser geeignet war. Die stärkere R 62 wog als Solomaschine 155 kg und kam auf 115 km/h. Sie wurde ebenfalls 1928 und 1929 gebaut, allerdings nur mit 4000 Maschinen, die jede 1 450,– Reichsmark kosteten.

Die wohl zahlreichste, bekannteste und in der Truppe beliebteste BMW-Maschine war diese R 12 von 1935 mit 746-cm3-18 PS-Zweizylinder-Viertaktmotor und mit stabilem Kastenrahmen mit zulässigem Gespanngewicht von 560 kg bei 85 km/h Höchstgeschwindigkeit und 230 km Fahrbereich.
Die R 12 war im Gespann 2,52 m lang, 1,61 m breit und 1 m hoch, hatte 1,40 m Radstand und 1,07 m Spurweite im Gespann, die Bodenfreiheit der Maschine betrug nur 12 cm, die des Beiwagens 24,5 cm, die Watfähigkeit lag bei 25 cm, der Wendekreis betrug linksherum 4,50 m und rechtsherum (um den Beiwagen) 3,60 m. Aus dem 14-Liter-Tank verbrauchte das Gespann rund 6 Liter auf 100 km und lief als Solomaschine immerhin 110 km/h. Motorradgeschichtlich ist zu vermerken, daß die R 12 das erste BMW-Modell mit Vierganggetriebe und mit einer Teleskopgabel mit hydraulischen Stoßdämpfern war. Die von 1935 bis 1938 gebaute R 12 stand am Beginn der Aufrüstungsphase der Wehrmacht als Nachfolgerin der Reichswehr und der Wiedereinführung der allgemeinen Wehrpflicht und schließlich an der Wiege der im Oktober 1935 offiziell aufgestellten Kradschützentruppe. Das erklärt die Produktionszahl von rund 36000 Maschinen dieses Modells, die fast ausschließlich an die Truppe gingen. Der Zivilpreis der R 12 betrug damals 1 630,– Reichsmark für die Solomaschine. Die Fotos zeigen die Militärausführung der R 12, die von dieser fast ausschließlich an die Wehrmacht gelieferten Maschine noch vorhanden waren.

Die BMW R 11 wurde von 1929 bis 1934 in die Reichswehr eingestellt. Sie hatte einen 750-cm3-Zweizylinder-Boxermotor mit 18 PS Leistung bei 3400 U/min. Die Maschine wog nackt etwa 162 kg und hatte rund 210 kg Tragfähigkeit, war 2,10 m lang, 0,90 m breit und 0,94 m hoch, hatte einen 14-Liter-Tank, verbrauchte als Solomaschine 4 Liter auf 100 km und lief 95 km/h. Die R 11 war die erste BMW-Maschine mit dem stabilen Kastenrahmen, der sich im rauhen Truppengebrauch vor allem beim Einsatz als Beiwagenmaschine sehr gut bewährte. Die R 11 wurde von 1929 bis 1934 in fünf Serien gebaut, die jeweils eine Steigerung der technischen Qualität und Leistung brachten. Dieses Modell hat im eigentlichen Sinne in den entscheidenden Vorjahren der späteren Heeresmotorisierung vom Wert eines Gespannes überzeugt und ihm in der Truppe zum Durchbruch verholfen.

Neben der Stabilität des Kastenrahmens aus Preßstahl imponierten den Soldaten an dieser Maschine vor allem die erstmals verwendeten Steckachsen, die eine große Erleichterung beim Radausbau waren, und schließlich auch der erstmals obenliegende Tank, der dem Krad immerhin ein moderneres Aussehen gab. In der fünfjährigen Produktionszeit wurden von der R 11 8 300 Maschinen zum Preise von je 1630,– Reichsmark gebaut. Es ist leider (wie bei den R 52 und R 62) nicht mehr feststellbar, wieviele Kräder des Modells R 11 die Reichswehr damals einstellte. Alle drei Modelle wurden in Jahren schlechter wirtschaftlicher Verhältnisse gebaut, das mag auch ihre relativ niedrigen Produktionszahlen erklären.

Bei der BMW-R 61 war man vom starren Kastenrahmen zum elastischeren Doppelrohrrahmen übergegangen. Die 600-cm3-Maschine hatte als erstes Wehrmachtsmodell Hinterradfederung, leistete 18 PS und lief mit Beiwagen rund 100 km/h; sie wog ohne Beiwagen 184 kg und konnte als Gespann mit über 300 kg belastet werden. Die R 61 wurde von 1938 bis 1941 an die Wehrmacht geliefert und hier als Gespannmaschine zusammen mit der stärkeren R 71 durch ihre Leistungen auf allen Schauplätzen des letzten Krieges bekannter und berühmter als alle Militärmaschinen vor ihr. Beide Modelle wurden bis vor wenigen Jahren von BMW in dieser Grundkonzeption – immer wieder zu neuen Ausführungen verbessert – gebaut und prägten in aller Welt den klassischen BMW-Stil. Die sowjetischen und chinesischen Nachbauten der alten deutschen Beiwagenkräder, die am Ende dieses Buches vorgestellt werden, scheinen auf den ersten Blick einigermaßen naturgetreue Nachbauten dieser BMW R 61 und R 71 zu sein.

Von der R 61 wurden 4300 Maschinen gebaut, die jede 1420,– Reichsmark kosteten und schon seit kurz vor dem Krieg fast ausschließlich an die Wehrmacht geliefert wurden.

Die BMW R 71 war mit ihrem 750-cm3-22-PS-Motor stärker als die R 61 und damit für den Beiwagenbetrieb noch besser geeignet. In allen anderen technischen Details stimmte sie mit der R 61 überein. Die R 71 kam 1938 heraus und war das letzte Modell einer schweren Beiwagenmaschine vor dem Krieg, sie beendete eine Epoche im militärischen Motorradbau. Von diesem Modell wurden 3 500 Maschinen gebaut und vorwiegend an die Wehrmacht geliefert. Die R 71 kostete damals 1595,– Reichsmark.

1940/1941 wurde, etwa gleichzeitig mit dem Parallelmo-
dell von Zündapp, der KS 750, das erste geländegängige
Beiwagenkrad mit Antrieb des Beiwagenrades fertig und
im Frühjahr 1941 vorgestellt: die BMW R 75. Die heutigen
Kriterien einer Geländemaschine darf man bei ihr freilich
noch nicht anlegen. Das Gespann wog 420 kg und 420 kg
konnte man auf den verschraubten Rohrrahmen zuladen.
Der 750-cm³-26-PS-Zweizylindermotor brachte seine Kraft
über fünf Straßengänge einschließlich Rückwärtsgang und
fünf Geländegänge einschließlich Rückwärtsgang an das
angetriebene Hinterrad und das angetriebene Beiwagenrad; an der Hinterachse erkennt man den Anschluß der An-
triebswelle bei rechts angeschlossenem Beiwagen. Auf der
Straße verbrauchte das Gespann 6,3, im Gelände 8,5 Liter. Mit ihrem 24-Liter-Tank hatte die R 75 einen durchschnittlichen Fahrbereich von 380 km. Die Entwicklung der
beiden schweren Geländegespanne von BMW und Zündapp wurde durch eine Forderung des Heereswaffenam-
tes (HWA) nach einem überschweren Krad mit organisch
angebautem Beiwagen zur Ablösung bisheriger Gespanne
lange vor dem Zweiten Weltkrieg ausgelöst. Man ließ BMW
und Zündapp zunächst in konstruktiven Einzelheiten freie
Hand, führte dann aber später eine nie richtig gelungene,
weil nun gar nicht mehr mögliche Konstruktionsanpassung
mit dem Ziel der Vereinheitlichung von Einzelteilen, Baugruppen und der Instandhaltung durch.
So alt wie beide Gespanne ist die Diskussion darüber, welches das ›bessere‹ Gespann war – eine Einigung wurde darüber nie erzielt. Beim Einsatz im scharfen Schuß zeigte die
R 75 einen offensichtlichen Vorteil: ihr Rahmen war aus
Einzelteilen zusammengeschraubt, die man nach einer Be-
schädigung leicht auswechseln konnte.

46

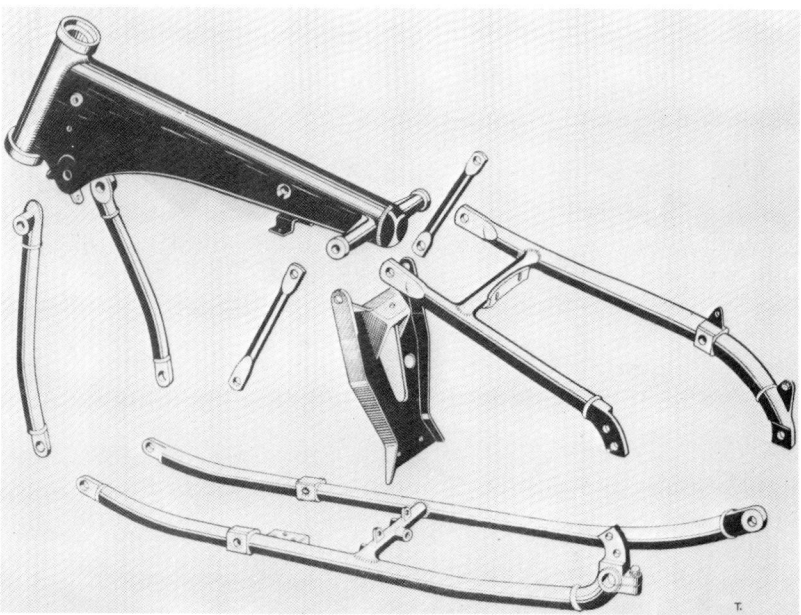

Neben der Normausstattung mit schweren BMW-Gespannen wurden in der Reichswehr und späteren Wehrmacht auch die technisch gleichartig konzipierten schweren Maschinen von Zündapp gefahren. Auch sie hatten einen stabilen Preßstahl-Kastenrahmen, den quer im Fahrtwindstrom stehenden Boxermotor und den fast wartungsfreien Kardanantrieb und waren damit für den rauhen militärischen Einsatz im Gespann prädestiniert. In der 1935 anlaufenden Aufrüstung der Wehrmacht war die Einstellung weiterer Fabrikate zwar eine Abweichung von der aus logistischen Gründen angestrebten Typeneinheit, aber auch eine Frage industrieller Kapazitäten, bis dann im Zweiten Weltkrieg alle aus Zivilbesitz greifbaren Fabrikate und ausländische Beutemaschinen der ersten Kriegsjahre in die Truppe genommen werden mußten. Mit der hier abgebildeten Zündapp K 500 kam 1934 die erste schwere Zündapp-Maschine ins Heer. Die K 500 hatte einen 500-cm^3-16-PS-Zweizylinder-Viertakt-Boxermotor, Kastenrahmen, Kardanantrieb und als Gespann ein zulässiges Gesamtgewicht von rund 550 kg. Damit lief das Gespann bis 85 km/h schnell und bei 6 Liter Verbrauch aus dem 12,5-Liter-Tank rund 200 km weit.

Noch 1934 wurde bei Zündapp eine nach gleichen konstruktiven Grundsätzen wie die K 500 gebaute K 800 fertig und als Gespannmaschine in die Truppe eingestellt. Sie hatte einen 800-cm^3-22-PS-Vierzylinder-Viertakt-Boxermotor, wog als Gespann voll beladen 580 kg, erreichte 95 km/h und verbrauchte aus dem 15-Liter-Tank 7,5 Liter/100 km, womit sie also rund 200 km weit kam. Die K 800 war der einzige Vierzylinder unter den schweren Beiwagenkrädern der Vorkriegs- und Kriegszeit, machte aber bei Vollastbetrieb Schwierigkeiten mit der Kühlung der beiden in Fahrtrichtung gesehen hinteren Zylinder.

1937 kam mit der K 600 die ausgereifteste der schweren Zündappmaschinen in die Truppe. Sie hatte einen 600-cm³-28-PS-Viertakt-Boxermotor und war sonst ebenso aufgebaut wie die K 500 und die K 800. Sie erreichte als 570 kg schweres Gespann schon 100 km/h und fuhr mit einer 15-Liter-Tankfüllung rund 230 km weit. Die Zusammenhänge von Tankinhalt, Verbrauch und Fahrbereich erwiesen sich erst im Krieg in ihrer vollen Bedeutung, als die Kradschützen oft tagelang im Kampf standen und kaum Zeit zum Nachtanken fanden – von den Schwierigkeiten des Betriebsstoffnachschubes bei immer weiter ausgedehnten Versorgungswegen ganz abgesehen. Die Bodenfreiheit aller dieser Maschinen, die ja noch gar keine speziellen Geländemaschinen, sondern zivile Straßenmaschinen waren, lag zwischen 11 und 12,5 cm. Die bisher gezeigten Fotos stellen fast ausnahmslos die Zivilversionen vor, weil derartig instruktive Abbildungen der Militärausführungen nicht mehr greifbar sind; sie unterschieden sich ohnehin nur durch die wehrmachtgraue Lackierung, Tarnscheinwerfer, Packtaschen und ähnliche Kleinausrüstung von den Zivilausführungen.

Im November 1937 fanden beim Oberkommando des Heeres die ersten Besprechungen über die schweren Geländegespanne von BMW und Zündapp statt, im Dezember 1937 gingen beide Firmen an die Entwicklungsarbeit, im Frühjahr 1941 wurden beide Modelle kurz hintereinander vorgestellt, und in den folgenden Monaten wurde die Serienfertigung vorbereitet und lief an. Bis zum Kriegsende wurden dann 16 500 BMW R 75 und 18 635 Zündapp KS 750 gebaut, einige Dutzend davon laufen heute noch, von Liebhabern gepflegt (nach privaten Zählungen rund 150 R 75 und 20 KS 750). 1978 brachten die Autowerke Minsk mit der Dnjepr-M 12 wieder ein schweres Beiwagenkrad mit Beiwagenradantrieb heraus – allerdings ist dieses Gespann nicht für das Gelände ausgelegt.

Vorgänger der BMW R 75 und der hier abgebildeten Zündapp KS 750 waren die französischen und belgischen Konstruktionen derartiger 3×2-Geländegespanne aus den Jahren 1938 und 1939. Die Bezeichnung Kriegselefanten für die Familie dieser schweren Militärgespanne stammt übrigens nicht aus der damaligen Zeit, sondern wurde von dem ›Grünen Elefanten‹, dem Zündapp-KS 601-Gespann der fünfziger Jahre, in die Vorkriegs- und Kriegsjahre zurückprojiziert. Wie die R 75 hatte auch die KS 750 eine funktional bestimmte Form, wirkte aber wohl etwas geschlossener und harmonischer. In der Leistung und Dauerhaftigkeit waren beide Modelle Meisterleistungen deutschen Motorradbaues, sie haben dies nicht nur im Krieg, sondern bis heute als Military-Oldtimer bewiesen.

Die Epoche der ›Kriegselefanten‹

1938 erschien in Frankreich die später berühmt gewordene Gnôme-Rhône Typ AX 2. Dieses Gespann, welches heute nur noch in sehr wenigen Exemplaren läuft, hatte einen Zweizylinder-Viertakt-Boxermotor mit 800 cm³, welcher bei 4 000 U/min 18,2 PS leistete und seine Kraft über ein handgeschaltetes Getriebe mit vier Vorwärts- und einem Rückwärtsgang über Kardanwelle auf das Hinter- und das Beiwagenrad übertrug. Da die Maschine kein Differential hatte, war der Beiwagenantrieb durch eine Fußschaltung auf Straßen und vor Kurven abschaltbar. Der starke Preßstahlrahmen konnte bei einem Eigengewicht des Gespanns von 430 kg mit 230 kg beladen werden. Der mit zwei Federstäben abgefederte Beiwagen hatte eine eigene Seilzugbremse, die Vorderrad-Preßstahlgabel hatte Gummizugbänder als Federn. Das 2,70 m lange, 1,65 m breite und 1 m hohe Gespann hatte 1,484 m Radstand, 1,17 m Spurweite, 18 cm Bodenfreiheit der Maschine und 30 cm Bauchfreiheit des Beiwagens. Bei 85 km/h Höchstgeschwindigkeit verbrauchte die AX 2 auf der Straße 8, im Gelände 11 Liter, mit ihrem 15-Liter-Tank kam sie damit auf der Straße 180, im Gelände 130 km weit; ein am Gespann mitgeführter 20-Liter-Kanister erweiterte diese Fahrbereiche auf über das Zweieinhalbfache.

Mit den ›Kriegselefanten‹, wie man die schweren Geländegespanne mit Beiwagenantrieb in späteren Jahren genannt hat, kündigte sich motorradgeschichtlich der Zweite Weltkrieg an. Die Franzosen und Belgier waren die ersten, die die schnelle Beweglichkeit ihrer leichten Infanterie im Gelände mit speziellen Beiwagenkrädern perfektionieren wollten. Kurz nach der Gnôme-Rhône erschien 1938 die belgische FN (b) Typ 12a S.M. der auch heute noch existierenden berühmten belgischen Waffenfabrik Fabrique Nationale in Herstal bei Lüttich. Die FN war ein klobiges und robustes Gespann mit 1000-cm³-Zweizylinder-Viertakt-Boxermotor, Rohrrahmen mit Parallelogramm-Vordergabel, 12 x 45er Reifen und außer drei Mann Besatzung noch 300 kg Nutzlast. Die Kraft des Motors ging über ein Getriebe mit vier Vorwärts- und einem Rückwärtsgang und Kardanwelle auf das Hinterrad und das Beiwagenrad. Beim Kurvenfahren wurde auch hier der Beiwagenantrieb abgeschaltet, weil kein ausgleichendes Differential vorhanden war. Das Gespann lief 90 km/h und fuhr mit seinem 19-Liter-Tank auf der Straße bei rund 10 Litern/100 km Verbrauch etwa 190 km weit, im Gelände bei 12,5 Liter Verbrauch rund 150 km weit. Die FN wurde bis 1940 gebaut und hat sich sehr gut bewährt. Wie die Gnôme-Rhône wurde sie auch in der Wehrmacht als Beutemaschine gefahren und stand Zündapp als Anschauungsmodell für die Entwicklung der KS 750 zur Verfügung. Als das vielseitigste Modell der 3x2-Militärgespanne wird sie hier mit einigen Versionen vorgestellt. Nach den beiden Rechts-Links-Fotos des Normalgespanns zeigt das nächste Foto die 12 M mit Pritschen- oder Geräte-Beiwagen.

49

Von vorn bot die FN-Maschine selbst kein großes Ziel, aber der sehr geräumige und tragfähige Beiwagen nahm eine große Frontfläche ein.

50

Von allen schweren 3x2-Geländegespannen war das von FN in der konzeptionellen Auslegung sicher das ausgereifteste und vielseitigste, und deshalb wird es auch hier aus verschiedenen Perspektiven und mit seinen verschiedenen Versionen vorgestellt. Der Rücksitzfahrer dieses Gespannes hatte einen Haltegriff mit Kniestützen, der ihm beim Fahren auf der Straße und im Gelände festen Halt gab. An der Rückseite des Beiwagens waren zwei Trittstufen angebracht, auf welche sich ein Soldat der Kradbesatzung im Gelände stellen konnte, um die beiden Antriebsräder zu belasten und dadurch deren Bodenhaftung zu verbessern, vor allem auf starken Steigungen und bei weichem Fahrboden.

Diese Schutzschild-Version der FN hat sich nicht durchgesetzt. Bei ihr waren der Oberkörper und die Unterschenkel des Fahrers und der im Beiwagen sitzende MG-Schütze durch dünnes Stahlblech geschützt. Der Fahrer konnte wie bei einem Panzerfahrzeug für die Fahrt seine Sichtklappe öffnen, bei Beschuß mußte er die Klappe schließen und konnte dann nur durch einen Sehschlitz das vor ihm liegende Gelände sehen. Der MG-Schütze konnte ein leichtes Maschinengewehr in den Schutzschild vor dem Beiwagenboot zum Schießen einsetzen. Grundsätzlich wäre ein Schutz der ungeschützten Kradschützen auf ihren Gespannen schon angebracht gewesen – sie konnten ihn ja immer nur durch ihr kleines Ziel und schnelle Bewegungen ersetzen –, aber das abgebildete FN-Gespann wäre im Einsatz dann doch wohl etwas zu unbeholfen gewesen.

Der hochlappbare MG-Halteaufsatz für Flugzielbeschuß auf dem Beiwagenboot des FN-Gespanns machte dagegen einen guten Eindruck. Einen derartigen Aufsatz hatten die deutschen Kradschützen nicht, sondern nur eine Dreibeinstütze für Flugzielbeschuß mit MG in jeder Gruppe. Die große Zahl von Maschinengewehren bei den Kradschützen hätte nach der Wahrscheinlichkeitsrechnung eben doch im zusammengefaßten Feuer manchen Treffer auf einem tieffliegenden Feindflugzeug anbringen können.

Die interessanteste Version des belgischen FN-Gespanns war diese mit einem Satz Funkgeräten und einer Antenne auf dem Beiwagen. Der Funker saß etwas unglücklich mit dem Rücken zur Fahrtrichtung, was aber belanglos war, solange doch nur im Stand gesendet und empfangen wurde. Fehlende Funkverbindungen waren sicherlich die größte Schwäche der deutschen Kradschützen und die Führung der vielen Beiwagenkräder ihre größte Schwierigkeit.

52

Größe und Höhe des FN-Gespannes und die Größe seiner Räder ergaben bei Gewässerdurchfahrten eine für damalige Verhältnisse unwahrscheinliche Watfähigkeit.

Der Motor der FN war ein sehr glattflächig und robust ausgeführter Zweizylinder-Viertakt-Boxer mit 90 mm Bohrung, 78 mm Hub und 992 cm³ Hubraum. Damit war er der größte Motor der damaligen Kriegselefanten. Mit ihren Maßen und einer Nutzlast von 300 kg war die FN auch die größte und schwerste Maschine ihrer Art. Das Getriebe war angeblockt, die Glattflächigkeit des Motors hatte eine gute Splitter- und Geschosse-abweisende Wirkung ohne eigentliche Fangstellen.

Eine logische Weiterentwicklung des unsymmetrischen Dreiradfahrzeugs Beiwagenkrad von 1938 war das FN-Tricar (Dreirad) von 1939 unter weitestgehender Verwendung von FN M 12-Teilen. Es hat sich aber nicht durchgesetzt; nur etwa 330 Tricars sind gebaut worden – mit verschiedenen Karossierungen, von denen zwei nachstehend im Bild gezeigt werden. Die weltberühmte Waffenfabrik FN hat von 1905 bis 1960 20 Motorradmodelle gebaut, darunter außer dem Tricar M 12 noch ein Tricar F.N.T.8 mit Linkslenkradlenkung und 1960 das leichte Fallschirmjäger-Tricar A.S.24 – aber alle diese Tricars haben sich nicht durchgesetzt.

Eine eigene Kradschützentruppe hat die belgische Armee nicht gekannt, aber eine Reihe von Infanterie-Einheiten, die auf FN-Gespannen verlastet waren. Die Chasseurs d'Ardennes – die Ardennenjäger, eine Elitetruppe, deren Tradition noch heute fortgeführt wird – waren ganz mit FN-Gespannen ausgerüstet. Auf dem Foto holt eine Kompanie der Ardennenjäger ihre neuen FN-Gespanne bei der Fabrique Nationale d'Armes de Guerre, heute kurz FN genannt, in Herstal bei Lüttich ab. FN war ursprünglich und ist heute wieder eine reine Waffenfabrik von Weltruf. Das Fabriktor

in Herstal sieht heute noch so aus wie auf dem Foto von damals. Als der Verfasser 1976 in Herstal ein FN-Gespann suchte, da gab es dort nur noch zwei alte Werkmeister, welche diese Gespanne kannten. Die Hilfe der Belgier aber war beeindruckend: die beiden alten Mitarbeiter wurden in den Keller geschickt, und auf der Bundeswehr-Sonderschau der IFMA 1976 konnte ein Original-FN-Gespann gezeigt werden; die Reifen waren allerdings porös, und deshalb wurde das Gespann auf Holzklötze gestellt.

Ebenfalls in den Jahren 1938/1940 baute die belgische Motorradfirma Gillet ihre Gillet Typ 750, ein Gespann mit Seitenwagenradantrieb, welches in konstruktiven Details andere Wege ging. So hatte das Gillet-Gespann einen querstehenden Zweitakt-Twin-Motor mit 728 cm³, der seine Kraft über eine Mehrscheiben-Trockenkupplung und ein fußgeschaltetes Fünfganggetriebe (vier Vorwärts- und ein Rückwärtsgang) mit einer Kette auf das Hinterrad und Beiwagenrad übertrug, dessen Antrieb nicht differentialisiert und deshalb handabschaltbar war. Mit 18-Liter-Tank fuhr das Gespann bei 10 Liter Straßenverbrauch 180, im Gelände bei 12,5 Liter Verbrauch rund 140 km; die Höchstgeschwindigkeit lag bei 85 km/h. Die Gillet war das im belgischen Heer meistgefahrene Gespann. Bei ihm waren wie bei allen anderen hier vorgestellten schweren Geländegespannen mit Beiwagenradantrieb alle Räder untereinander austauschbar.

Die früher sehr bekannte belgische Motorradfirma Saroléa brachte 1939 ihren Typ 1000 heraus, der aber nur bis 1940 gebaut wurde. Die Saroléa war das erste Gespann in der Motorradgeschichte, dessen Beiwagenradantrieb ein Differential hatte und mit dem man also auch auf Straßen und um Kurven eingeschaltet fahren konnte. Sein Zweizylinder-1000-cm^3-Viertakt-Boxermotor trieb das Gespann mit einer Kardanwelle über ein handgeschaltetes Fünfganggetriebe (mit vier Vorwärts- und einem Rückwärtsgang). Das Rohrrahmengespann mit den 12 x 45er Reifen hatte mit 55 cm Beiwagenbauchfreiheit das größte derartige Maß dieser Fahrzeugklasse der »Tout Terrain«-Gespanne (wie man sie in Belgien nannte). Auch der 22-Liter-Tank war der größte dieser Maschinen und gab dem Gespann bei 82 km/h Höchstgeschwindigkeit und 10 Liter Straßenverbrauch 220 km Straßenfahrbereich und bei 12,5 Liter Geländeverbrauch 170 km Geländefahrbereich.

Unter den beiwagenrad-
angetriebenen Gespannen
hat das Motorrad-Land En-
gland nicht gefehlt. Von
der Norton 633 Big Four
sollen rund 1 000 Exem-
plare gebaut und sogar im
Zweiten Weltkrieg bei Dünkirchen eingesetzt wor-
den sein. Der Verfasser hat
aber nichts Genaueres darüber erfahren können. Vielleicht kann ein englischer
Leser dieses Buches die
Geschichte der Militär-
motorräder an dieser Stelle ergänzen. Auch BSA
soll eine 3x2-Military entwickelt haben, aber davon
gibt es nicht einmal mehr
ein Foto.

Die berühmte italienische Spezialfirma für schwere Motorräder, Moto Guzzi in Mandello del Lario am
Comer See, entwickelte bis 1943
ein Military-Gespann ›Trialce‹ mit
liegend eingebautem Einzylinder-
Viertakt-18-PS-Motor, welches
aus dem Solokrad Alce und
einem Dreiradfahrzeug Trialce abgeleitet worden war. Dabei war
das Trialce-Gespann eigentlich
nichts anderes als das Vorderteil
des Dreiradfahrzeuges mit Hinterrad und angetriebenem Beiwagen.
Über den Prototyp, der übrigens
schon eine einarmige Hinterrad-
aufhängung wie die BMW R 80
G/S von 1980 hatte, kam das
Trialce-Gespann nicht hinaus. Interessant waren bei diesem Gespann die lenkerartigen Halte-
griffe des Rücksitzfahrers.

Auch die italienische Firma Moto Guzzi hat sich vom unsymmetrischen Dreiradfahrzeug zum symmetrischen verführen lassen und entwickelte für die Gebirgstruppen den sogenannten Mulo Meccanico (den technischen Muli), der sich aber wie die Tricars der belgischen Firma FN über eine begrenzte Anfangsserie hinaus nicht durchsetzte. Für die Hinterräder gab es Zusatzausrüstungen, die den Vortrieb der Mulos auch unter schwersten Bodenverhältnissen, bei Schnee, Sumpf und Morast, verbessern sollten.

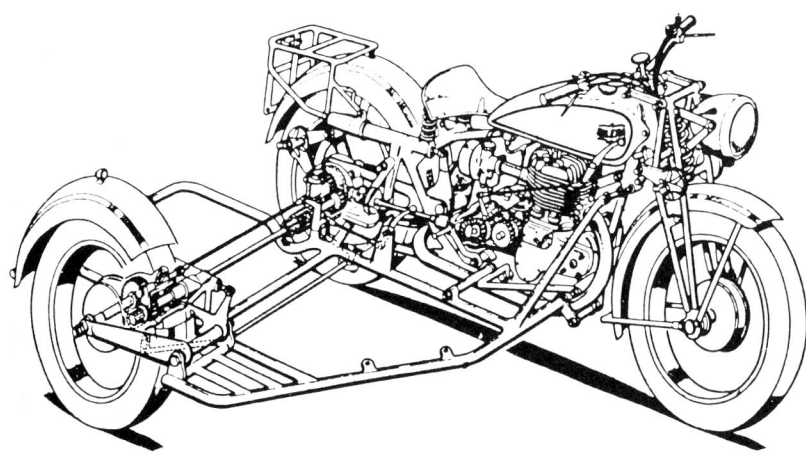

Anfang der vierziger Jahre hatte auch die italienische Motorradfirma Gilera in Arcore bei Monza (heute zum Piaggio/Vespa-Konzern gehörend) ein Military-Gespann ›Marte‹ mit Allradfederung, 500-cm^3-Einzylinder-12-PS-Motor, Vierganggetriebe ohne Rückwärtsgang, Kardanantrieb und einem fahrfertigen Gewicht unter 300 kg entwickelt, welches von anderen italienischen Motorradfirmen nachgebaut werden sollte – wozu es dann mit dem fortschreitenden Krieg nicht mehr kam.

60

Die schwedische Motorradfirma Monark-Nijmans entwickelte eine 3x2-Military mit obengesteuertem 1000-cm^3-V-Zweizylindermotor, der längs in den Rahmen gestellt war, mit Teleskopgabel und Kardanantrieb; der Kraftabtrieb zum Beiwagen ist gut zu erkennen. Das Gespann wurde 1943 fertig – dann hörte man nichts mehr von ihm. Wie die Saurier im Erdzeit-Mittelalter verhältnismäßig plötzlich ausstarben, so überlebten die Kriegselefanten fast alle das Jahr 1943 nicht – war das ein Zufall oder eine zwangsläufige Folge ihrer Überentwicklung? Die Erklärung, daß zu diesem Zeitpunkt die leichten Geländewagen, die Jeeps, ihre Überlegenheit über die schweren Gespanne bewiesen hatten kann deshalb nicht ausreichen, weil die Gespanne ihrer taktisch-technischen Konzeption nach anders geartet waren als die Jeeps. Symptomatisch scheint aber zu sein, daß das Jahr 1943 auch das Todesjahr der deutschen Kradschützentruppe war.

Die europäische Welle der schweren Geländegespanne mit Beiwagenrad-Antrieb zur Beweglichmachung leichter und aufklärender Infanterie erreichte sogar Amerika. 1941 stellte die amerikanische Spezialfirma für schwere Motorräder Harley-Davidson zwei Prototypen einer 3x2-Military mit seitengesteuertem 750-cm^3-Boxermotor und Gerade-weg-Hinterradfederung fertig – eine Entwicklung, die in den USA nie wieder aufgenommen wurde. 1941 gingen in den USA die Jeeps in die Serienfertigung, von denen dann allein im Krieg über eine halbe Million gebaut werden sollten und die eine Assoziation schufen, nach der die reichen Amerikaner mit ihren angenehmen Jeeps auf die unangenehmen schweren Beiwagenkräder verzichten konnten – eine Assoziation, die in den westlichen Streitkräften bis heute nachwirkt. – Bei allem Verständnis für das Aussterben der schweren beiwagenradgetriebenen Geländegespanne gibt doch die Gleichzeitigkeit von taktisch und konstruktiv gleichartigen Entwicklungen in vielen Ländern Anlaß zu der Frage, ob es für derartige Fahrzeuge in einer enger und ärmer gewordenen und mit großen und teueren Waffensystemen ausgerüsteten Welt keine Zukunft mehr geben wird? Der oft vorgebrachte Einwand, daß sich der angenehmere und billigere Jeep dem unangenehmen, komplizierten und teueren 3x2-Gespann als überlegen erwiesen habe ignoriert die Unterschiede zwischen damaligen Großserien- und Kleinserienfertigungen und die Unterschiede in den taktisch-technischen Qualifikationen.

Das deutsche sogenannte ›Kettenkrad‹ von NSU hat mit seiner sehr eigenartigen Konstruktion immer wieder beeindruckt und verwirrt. Dieses Fahrzeug war in Wirklichkeit eine Halbtonner-Kleinzugmaschine aus dem großen Zugmaschinenprogramm der Wehrmacht, welches Halbkettenkonstruktionen bis 18 t umfaßte. Der kleinen Halbtonner-Zugmaschine hatte man aus Gründen der Ausmaße und Gewichte keine Lenkeinrichtung mit zwei Vorderrädern mitgegeben, sondern vorn einen Motorradlenker angebaut. Wenn das Kettenkrad in diesem Sinne auch kein Krad war und auch nicht zur Beweglichmachung ganzer Kradschützeneinheiten eingesetzt worden ist, so soll es doch zur Schaffung klarer Vorstellungen am Ende dieses kradtechnischen Kapitels in einigen instruktiven Abbildungen erläutert werden.

Das nur 3 m lange, 1 m breite und 1,20 m hohe Kettenkrad wog 1280 kg + 325 kg Nutzlast und konnte 450 kg ziehen. Ein 1,5-Liter-Reihenvierzylinder-Viertaktmotor des Vorkriegs-Zivil-Pkw Opel Olympia, der 36 PS bei 3400 U/min leistete, trieb das Kettenkrad über eine Einscheibentrockenkupplung und ein Getriebe mit drei Straßen- und drei Geländegängen auf 70 km/h und verbrauchte dabei aus zwei seitlichen 21-Liter-Benzintanks (links und rechts neben dem Fahrer) 16 Liter Normalbenzin für 100 km Straßenfahrt und 22 Liter für 100 km gemischte Geländefahrt; das ergab Fahrbereiche von rund 260 km auf der Straße und von rund 190 km im Gelände.

Das Kettenkrad war auf einem soliden Stahlblechrahmen aufgebaut und war ein in jeder Beziehung tüchtiges Fahrzeug, lediglich die Spurweite von 81,6 cm der 17 cm breiten gepolsterten Ketten ließ das Fahrzeug mit seinem relativ hochliegenden Schwerpunkt im Gelände beim Traversieren leicht umkippen. Mit seinen geländewichtigen Daten wie 23 cm Bodenfreiheit, 44 cm Watfähigkeit und 4,50 m Wendekreis war es den 3×2-Geländegespannen annähernd gleich. Das ursprünglich als Halbtonner-Kleinzugmaschine zum Beispiel für Pak, leichte Geschütze und ähnliche leichtere Anhängelasten besonders auch für die Fallschirmtruppe entwickelte Fahrzeug – woran immer noch

eine an der linken Flanke angeklemmte Zugstange erinnerte – wurde bei den ständig größer werdenden Geländeschwierigkeiten an der Ostfront bald zum ›Mädchen für alles‹ und galt bald als das einzige unbedingt geländegängige leichte Melder-, Kurier- und Erkundungsfahrzeug, von dem von Juni 1941 bis 1944 bei NSU und ab 1943 auch bei Stoewer in Stettin (eine frühere deutsche Automobilfirma) insgesamt 8345 Stück gebaut wurden. Entwickelt, aber nicht mehr gebaut wurde neben dem HK 101, welches hier vorgestellt wird, auch ein großes fünfsitziges Kettenkrad HK 102. Die in der Fertigung und Instandhaltung komplizierten und teueren Kettenkräder sind entgegen anderen Vorstellungen nie zur Normausstattung von Kradschützeneinheiten geworden.

Die Triebräder der sich über die ganze Länge der Karosse erstreckenden Kettenlaufwerke waren die vorderen, dann kamen auf jeder Seite vier verschachtelt eingebaute Laufräder und hinten die Leiträder – eine Anordnung, die alle alten deutschen Voll- und Halbkettenfahrzeuge besaßen. Das 3,50-19-bereifte Vorderrad saß in einer Parallelogramm-Federgabel. Der Radstand von ihm bis zur Mitte der Kette betrug 1,35 m, die 4,80 m lange Kette hatte eine Auflagenlänge von 82 cm. Diese Zahlen belegen die geringe Größe des Kettenkrades.

Dieses Durchsichtsbild zeigt den inneren Aufbau des Kettenkrades. Der 1,5-L-Opel-Olympia-Motor war in Fahrtrichtung gesehen verkehrt auf den Stahlblechrahmen des Fahrzeuges aufgesetzt. Hinten lag der Kühler mit Gebläse (die Aufnahme des vorderen Fahrtwindes ermöglichte die Konstruktion nicht), dann kamen der Motor und vorn das Getriebe mit den Wellen zu den Triebrädern. Das Cletrac-Getriebe war mit der Vorderradgabel gekoppelt und bremste bei Lenkeinschlägen über 5° die jeweils kurveninnen liegende Kette entsprechend ab. Für Einsätze unter extrem niedrigen Temperaturen hatte das Fahrzeug eine Hand-Andrehkurbel zusätzlich, die auf der Rückseite eingesetzt wurde.

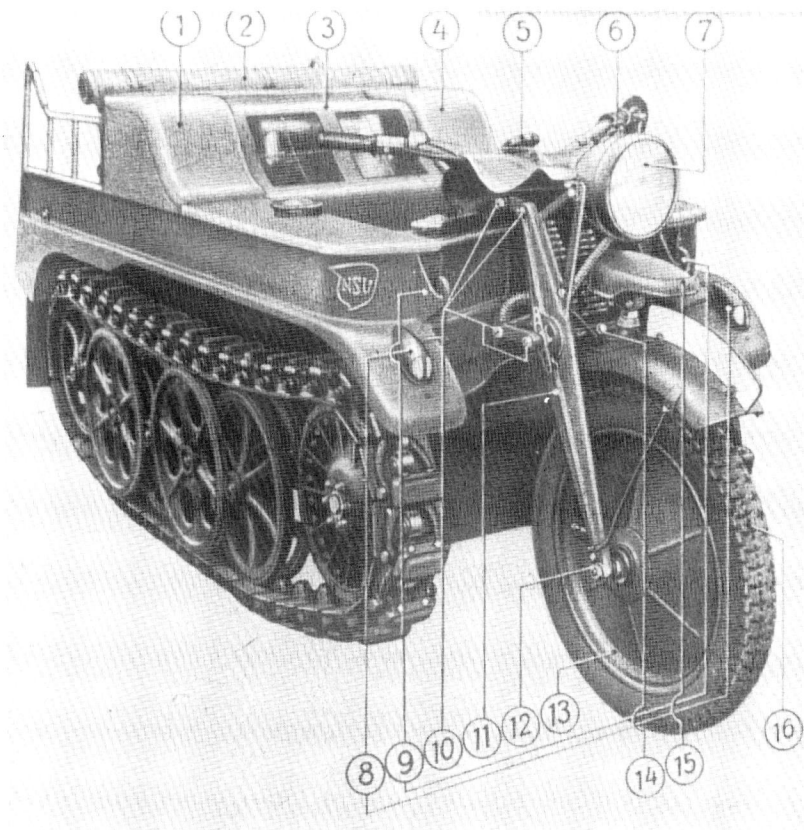

1 Behälter für Sammler,
  Sicherungsdose und
  Zubehör
2 Schutzdecke
3 Motorhaube
4 Behälter für Zubehör
  und Drucksachen
5 Drehknopf des Lenkungs-
  dämpfers
6 Schaltgriff im Scheinwerfer
7 Scheinwerfer
8 Seitenleuchten
9 Abschlepphaken
10 Federgabelbolzen
11 Vordergabel
12 Vorderradachse
13 Vorderrad
14 Druckschmierkopf
  an der Federgabel
15 Tarnscheinwerfer
16 Vorderradbereifung

1 Äußeres Laufrad
2 Druckschmierkopf für
  äußeres Laufrad
3 Rücksitz mit Lehne
4 Anhänge-Vorrichtung
5 Steckdose für
  Anhänger-Schlußleuchte
6 Halt-Schlußleuchte und
  Abstandsrücklicht
7 Rückblickspiegel
8 Antriebsrad
9 Inneres Laufrad
10 Druckschmierkopf
  für inneres Laufrad
11 Druckschmierkopf
  für Leitrad
12 Leitrad
13 Schmutzlappen
  am Fahrzeugende
14 Schwenkbare Rückwand
15 Schlußleuchte

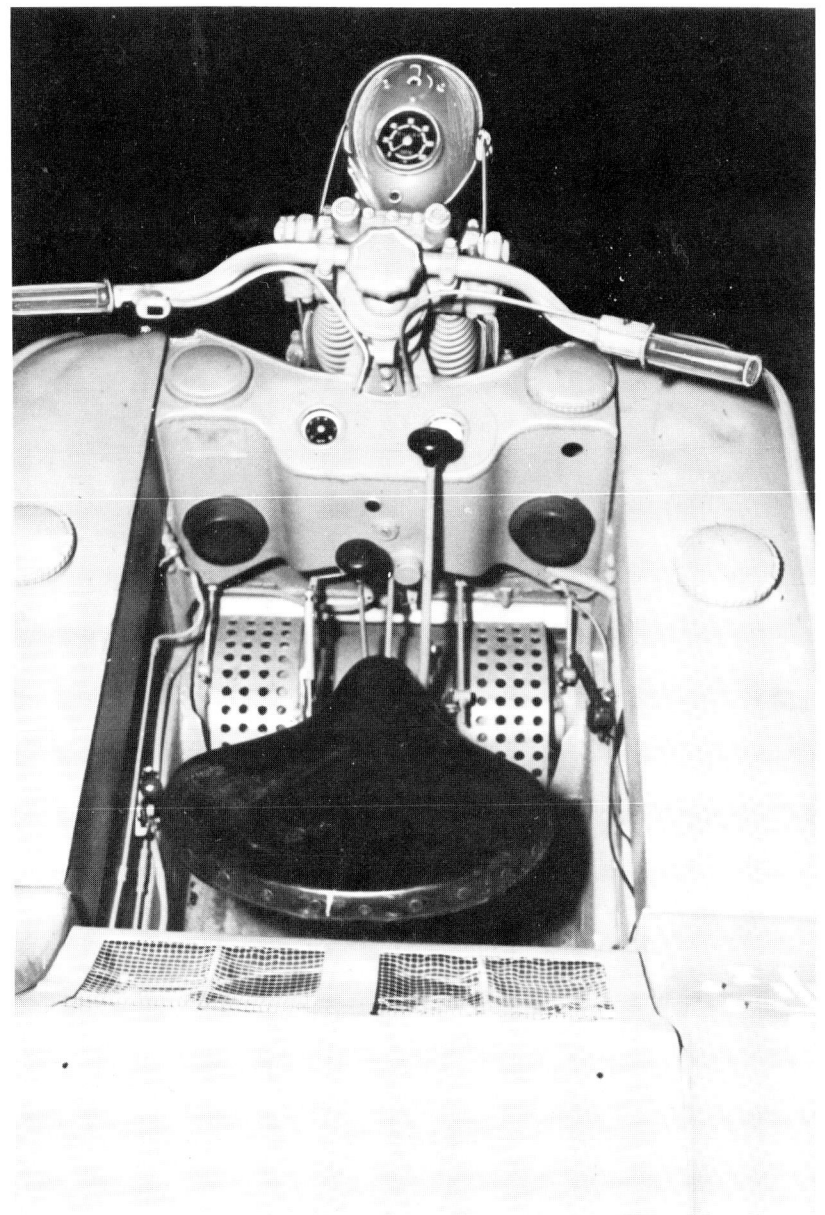

Das Cockpit des Kettenkrades zeigt von oben gesehen den Motorradsattel für den Fahrer, dahinter den Lufteintritt für den Motor, rechts unten das Fußbremspedal, links unten das Kupplungspedal, zwischen den Pedalen den Getriebeschalthebel und den kürzeren Schalthebel für das Vorgelege der Straßengänge sowie links davon die Feststellbremse. Gas gegeben wurde mit dem Gasdrehgriff am rechten Lenkerende, der dazugehörige Bowdenzug ist gut zu erkennen. Damit waren eigentlich nur noch Gabel mit Vorderrad, Lenker, Drehgas und Sattel ›kradeigentümlich‹.

Wesen, Aufgaben, Gliederungen, Ausrüstungen, Kampfweise, Einsatzarten der Kradschützen: der Motor ist eine Waffe!

Die Kradschützen als leichte, schnelle Infanterie – vornehmlich konzipiert, aber später im Kriege leider nicht nur eingesetzt für Aufklärungs-, Erkundungs-, Voraus-, Flanken-, Verbindungs-, Nachhut- und Handstreichaufgaben aller Art – waren von General Guderian einmal als ›schnellste erdgebundene Waffe‹ bezeichnet worden. Andere haben sie, um dem besonderen infanteristischen Charakter der Kradschützen gerecht zu werden – und vielleicht auch, um ihnen in etwa den Feudalcharakter der ehemaligen nun abgesessenen Kavallerie zu erhalten – als ›Husaren der Infanterie‹ zu bezeichnen versucht, aber das hat sich nicht durchgesetzt. Im fünften Kapitel wurde ja schon über die ›legitimen Vorfahren‹ gesprochen.

Guderian, der eigentliche Schöpfer der deutschen Panzertruppe – wohl nicht als alleiniger Konzeptor, aber als entscheidender Realisator – hatte ein Herz für die wieselflinken Kradschützen, die er als eine unerläßliche Ergänzung der gepanzerten Kampffahrzeuge auf Rädern und Ketten ansah. Der spätere Generaloberst gab ihnen das Wort und die Überzeugung mit: »Der Motor ist eine Waffe!« und auf diesem Wort wurden die leichtfüßigen Kradschützen auch gegründet und aufgebaut – es machte letztlich ihr

ganzes Wesen aus. Das wird durch nichts besser belegt als durch die Vorschriften für die Kradschützenkompanie und das Kradschützenbataillon, deren wesentlichste Inhalte auch den Kern dieses Buches bilden sollen.

Man hat es sich offenbar mit diesen beiden Ausbildungsvorschriften nicht leicht gemacht, denn sie erschienen erst sehr spät: die für die Kradschützenkompanie wurde erst am 16. März 1941 vom Oberbefehlshaber des Heeres (Unterschrift von Brauchitsch) herausgegeben, die für das Kradschützenbataillon sogar erst am 28. Dezember 1941 vom Oberkommando des Heeres (Unterschrift Halder). Gedruckt wurden sie noch später. Beide Vorschriften tragen den Aufdruck ›Entwurf‹, sie wurden also offenbar zum Zeitpunkt ihrer Genehmigung und Herausgabe noch nicht als endgültig angesehen, sicherlich sollten in den endgültigen Vorschriften noch wesentliche Kriegserfahrungen verwertet werden, und ebenso sicher dürfte auch sein, daß beide Vorschriften deshalb so spät herauskamen, weil man in sie noch möglichst viele verwertbare Kriegserfahrungen hineinnehmen wollte und deshalb mit der Herausgabe absichtlich so lange wie möglich gewartet hat. Im Oberkommando des Heeres war die herausgebende Stelle für beide Vorschriften der Generalstab des Heeres und in diesem der General der Schnellen Truppen.

Das kann natürlich nicht bedeuten, daß die Kradschützen bis zu diesem Zeitpunkt ohne jede Vorschriften ausgebildet und geführt worden sind. Für die rein infanteristischen Einsätze galt die Ausbildungsvorschrift für die Infanterie H.Dv. 130/2a (= Heeresdienstvorschrift 130/2a) und für die kradschützenspezifische Ausbildung und Führung gab es einige Ausbildungshinweise und Umdrucke, die aber zum großen Teil nicht mehr erhalten sind und auch hier als Vorläufer und Zwischenhilfen nicht zugrundegelegt werden sollen. Beide Vorschriften erschienen zu einem Zeitpunkt, an dem die junge Kradschützentruppe schon ihren Höhepunkt überschritten hatte und sich nach den ungeheuren personellen und materiellen Beanspruchungen der Blitzfeldzüge der ersten Kriegsjahre in Polen, Frankreich, Rußland und Nordafrika in einer beginnenden Abwärtsentwicklung befand.

Der Grundbaustein der Kradschützentruppe war die Kradschützenkompanie (die beiden genannten Vorschriften bezeichnen die Kradschützen immer noch sehr korrekt als Kraftradschützen). Sie gehörte entweder als einzelne Kompanie in eine Aufklärungsabteilung oder in ein Schützenregiment oder mit drei Kradschützenkompanien, einer Panzerspähkompanie (für später war eine zweite Panzerspähkompanie vorgesehen – wozu es aber nicht mehr oder nur vereinzelt gekommen zu sein scheint), einer schweren Kompanie mit leichtem Infanteriegeschütz-Zug, Panzerjägerzug und Pionierzug, einem Stab mit Nachrichtenzug und den sogenannten Trossen (Gefechtstroß I mit Nachschubstaffel und Gefechtstroß II mit Instandsetzungsstaffel, Gepäcktroß und Verpflegungstroß) zu einem selbständigen Kradschützenbataillon.

Die Kradschützenkompanie als Grundbaustein der gesamten Waffengattung Kradschützentruppe soll hier eingehend dargestellt werden, weil nur ihr Wesen, ihre Aufgaben, ihre Gliederung, ihre Ausbildung, ihre Gruppen, ihre leichten Granatwerfer-Trupps, ihre schwere Maschinengewehr-Gruppe, ihre Züge, ihr Verhalten im Gefecht, ihre Führung, ihr Einsatz auf dem Marsch und in der Unterkunft, bei der Entfaltung, bei der Gefechtsfeldaufklärung und beim Kampf ihre Eigenart im Sinne einer Dokumentation verständlich machen und für die Zukunft festhalten kann. Danach soll das Zusammenwirken der drei Kradschützenkompanien im Kradschützenbataillon mit dem Stab mit Nachrichtenzug, mit der Panzerspähkompanie (mit leichten und schweren Panzerspähwagen), mit der schweren Kompanie (mit leichtem Infanteriegeschütz-Zug, mit Panzerjägerzug und mit Pionierzug), mit dem Gefechtstroß I (mit Nachschubstaffel), mit dem Gefechtstroß II (mit Instandsetzungsstaffel und mit dem Gepäcktroß und mit dem Verpflegungstroß) dargestellt werden.

Hierzu müssen – auch um Mißverständnissen vorzubeugen – folgende Bemerkungen gemacht werden:

1. Die Darstellung der Kradschützenkompanie und des Kradschützenbataillons beruht auf den letzten – also neuesten – Ausbildungsvorschriften für die Schnellen Truppen vom März 1941 (für die Kradschützenkompanie) und vom Dezember 1942 (für das Kradschützenbataillon), die beide erst 1942 als übliche DIN A 6-Taschenbücher herauskamen.

2. Dem entsprechen auch die taktischen Begriffe und sonstigen Bezeichnungen, welche dieser Darstellung hier zugrundegelegt sind.

3. Die Gliederungen und Ausrüstungen der Kradschützenkompanien und der Kradschützenbataillone wurden bei dem schnellen Auf-

stellungstempo nach Wiedereinführung der allgemeinen Wehrpflicht 1935 und nach dem Frankreichfeldzug 1940 immer wieder geändert – entweder um neue Konzeptionen zu erproben oder um in den Turbulenzen der letzten Friedensjahre und ersten Kriegsjahre mit knapper werdenden Fahrzeugen, Waffen, Ausrüstungen und vor allem auch als Kradschützen ausgebildeten Soldaten auszukommen. So gab es allein drei verschiedene Typen von Kradschützenbataillonen! In den Panzeraufklärungsabteilungen der Panzerdivisionen und den Aufklärungsabteilungen der motorisierten Infanteriedivisionen war die Kradschützenkompanie nach zwei Panzerspähkompanien meist die dritte Kompanie vor der schweren Kompanie als vierter Kompanie. Dies alles wurde nun den sich aus der Kriegslage ergebenden Neuaufstellungen oder Auflösungen von Verbänden entsprechend umgegliedert, eingegliedert, ausgegliedert, zusammengelegt, aufgelöst. Es würde viel zu weit führen – und wäre bei nicht mehr vorhandenen Unterlagen auch gar nicht mehr möglich –, dies alles darzustellen; außerdem könnte durch Darstellung dieser verworrenen Entwicklungen das hier angestrebte Wissen und Verständnis um und für die Kradschützen auch kaum noch vervollkommnet werden. Auch in dieser Beziehung wurden also die neuesten, oben genannten Vorschriften als Anhalt genommen.

4. Vom Kradschützenbataillon wurden unter den Gesichtspunkten des Themas dieses Buches nur die Kradschützenkompanien selbst und ihr Zusammenwirken mit der Panzerspähkompanie und der schweren Kompanie und dem Stab mit Nachrichtenzug dargestellt, nicht aber allgemeine Themen und Probleme der Bataillonsführung und

der Panzerspäh- und schweren Kompanie.

5. Eine Reihe von Themen der Kradschützenkompanie wurden auch beim Kradschützenbataillon erörtert, aber hier dann auf einer anderen Ebene und aus anderen Perspektiven.

DIE KRAFTRADSCHÜTZEN

meist kurz Kradschützen genannt, charakterisierten sich durch eine Vereinigung von Schnelligkeit, Wendigkeit und hoher Feuerkraft und der Fähigkeit, sich bei günstigen Bodenverhältnissen auch abseits von Wegen und Straßen in freiem Gelände mit ihren Fahrzeugen bewegen zu können. Das wesentlichste Kennzeichen ihrer Gefechtsführung war der schnelle Wechsel zwischen schneller Bewegung auf Beiwagenkrädern und dem abgesessenen Kampf zu Fuß. Mit ihren Fahrzeugen, den Beiwagenkrädern, ihrer Bewaffnung und Ausrüstung und ihrer Ausbildung waren die Kradschützen zu folgenden taktischen Aufgaben besonders befähigt:
– Schnelle Inbesitznahme wichtigen Geländes.
– Offenhalten und Sperren von Engen vor dem Feind oder im Kampf gegen schwachen Feind.
– Überraschender Angriff gegen Flanken und Rücken des Feindes.
– Verfolgung.
– Sicherung und Verschleierung von Bewegungen motorisierter Kräfte.
Kradschützenkompanien kämpften im Verband von Kradschützenbataillonen, von Panzeraufklärungsabteilungen und motorisierten Aufklärungsabteilungen. In den Aufklärungsabteilungen hatten sie häufig die Aufgabe, in geschlossenen Einsätzen Aufklärungsergebnisse durch Kampf zu gewinnen; Teile der Kradschützenkompanie wurden hier oft zur Verstärkung und Verdichtung der Aufklärung eingesetzt. Die große Zahl ihrer Maschinenwaffen und ihre Aus-

stattung mit Steilfeuerwaffen (Granatwerfer) befähigten sie auch zur selbständigen Durchführung von Kampfaufgaben; meist wurden sie aber dabei durch schwere und panzerbrechende Waffen aus den schweren Kompanien unterstützt.

Die Einzelausbildung der Kradschützen war entsprechend der fast universellen Einsetzbarkeit der Kradschützenkompanien und -bataillone umfassend. Sie wurden an den Waffen Gewehr, leichtes Maschinengewehr, Pistole, Maschinenpistole, Handgranate, Panzerbüchse (ein überlanges, überschweres Gewehr mit dem Kaliber 7,92 mm zur Bekämpfung gepanzerter Ziele) und zum Teil schweres Maschinengewehr (MG auf Lafette) ausgebildet; sie machten die normale Gefechtsausbildung der Infanterie mit; sie bekamen – vor allem wegen ihres häufigen Einsatzes in der Aufklärung und in Vorausabteilungen – eine ziemlich umfassende Pionierausbildung im Anlegen und Beseitigen von Straßensperren, im Übersetzen mit Behelfsgerät, Floßsäcken, Fähren, im Bauen von Behelfsbrücken und Kradschützenstegen (Floßsäcke mit in Spurweite der Beiwagenkräder aufgelegten Brettern zum Befahren), im Überwinden von Hindernissen, im Überwinden von Sumpf- und Trichtergelände mit Faschinen und Knüppelteppichen, im Durchfahren von Furten, im Überfahren von Eisdecken, im Anlegen von Feldbefestigungen und im Anbringen von Sprengladungen an Eisenbahnschienen, Sperren, Geschützen und dergleichen. Als vollmotorisierte Truppe wurden die Kradschützen trotzdem körperlich sehr intensiv leichtathletisch (Laufen, Springen, Werfen) durchtrainiert und zu Härte und Ausdauer erzogen – bis zu einem 40 km-Fußmarsch unter kriegsmäßigen Verhältnissen bei Tag und Nacht. In der Kraftfahrausbildung wurden mindestens 70 % der Soldaten zu Fahrern der Beiwagenkräder ausgebildet, damit sie bei längeren Einsätzen die Fahrer ablösen oder bei Ausfällen ersetzen konnten; meist konnten alle Soldaten der Kompanie die Beiwagenkräder fahren. Die Fahrausbildung war bewußt sehr hart, hat aber gerade deshalb später im Einsatz Blut gespart; alle Kradschützen – und übrigens auch die Kradmelder aller Waffengattungen – haben das immer wieder zugegeben. Es wurde auch ausgebildet im Fahren bei Dunkelheit, mit abgedunkelter Beleuchtung (mit sogenannten Tarnscheinwerfern) und gänzlich ohne Licht, bei Nebel, Schlechtwetter, Frost, Schnee und Glatteis und mit verschiedener Beleuchtung. Einer der Schwerpunkte in der Fahrausbildung war das Fahren im Gelände auf Sandboden, felsigem und weichem Boden, an Hängen, über Gräben, durch dichten Wald und dergleichen.

Die beistehenden Originalfotos aus der Vorschrift (wenn auch nur schlecht wiederzugeben) vermitteln eine Vorstellung davon und lassen erkennen, daß das Gespannfahren zu einer wahren Kunstfertigkeit erhoben wurde. An motorsportlichen Wettbewerben, wie Geländefahrten und Zuverlässigkeitsfahrten, nahmen Soldaten in weitem Maße teil.

In der Fahrausbildung war das wichtigste Ziel, die Kradschützen mit ihrem Charakterfahrzeug, dem Beiwagenkrad, vertraut zu machen und sie mit ihm zu ›verschweißen‹. Technische Mängel und Fehler mußten die Soldaten immer selbst erkennen und nach Möglichkeit auch selbst beheben können.

Bei den Einsätzen der Kradschützen oft tief in den Feind hinein mußten sie sogar in der Lage sein, ihre Beiwagenkräder selbst zu zerstören, und es mag technisch interessant sein, welche Maßnahmen hierzu gelehrt wurden: die Sprengung des ganzen Beiwagenkrades mit einer Handgranate, wenn keine Möglichkeit der Ret-

70

tung des Fahrzeuges bestand; das zeitweise Unbrauchbarmachen des Beiwagenkrades für eine Benutzung durch den Feind (in der Hoffnung, das Krad später bergen und möglichst schnell wieder fahrbereit machen zu können) durch Ausbauen und Wegwerfen der Hinterachse, Abbrechen des Vergasers oder der Kraftstoffleitung, Zerschlagen der Zündkerzen, der Batterie oder der Zündspule, Durchschneiden oder Herausreißen von Kabeln, Durchschießen des Kraftstofftanks, Zerschneiden der Reifen, Unbrauchbarmachen des Kraftstoffs durch Sand oder Zucker. Bei den Pkw oder Lkw der Kradschützen: sinngemäß die Maßnahmen wie bei den Krädern, darüber hinaus noch Bruch von Getriebe oder Kardanwelle durch Einlegen des Rückwärtsgangs während der Vorwärtsfahrt, Einschlagen des Kühlers, Zerstören des Verteilerkopfs, Entfernen des Verteilerfingers und schließlich auch die Sprengung des ganzen Fahrzeugs.

Nach der Fahrausbildung begann unverzüglich die Ausbildung in Zusammenarbeit zwischen Fahrer und Beifahrern im Beiwagen und auf dem Rücksitz (Soziussitz) mit dem Ziel, aus dieser Dreimannbesatzung eine aufeinander eingespielte, sich in jeder Lage unterstützende Kampfgemeinschaft zu machen. Beide Beifahrer unterstützten den Fahrer bei der Beobachtung der Fahrbahn, insbesondere der Beiwagenfahrer, der den Fahrboden ja unmittelbar vor sich hatte. In Kurven und im Gelände verlagerten die Beifahrer ihr Körpergewicht entsprechend der Lage des Beiwagenkrades; vor einem drohenden Steckenbleiben sprangen sie rechtzeitig noch in der Fahrt ab und unterstützen den Vortrieb des Beiwagenkrades durch Schieben – wobei der Rücksitzfahrer oft auch sitzenblieb, um das angetriebene Hinterrad zu belasten. Die Beifahrer unterstützten den Fahrer auch beim Fahrbereitmachen des Beiwagenkrades, beim schnellen Freimachen der Straße, beim Erkunden und Einfahren in eine Fliegerdeckung und beim Tarnen des Gespanns.

Der Fahrer hatte im Gefecht so zu fahren und zu halten, daß seine Beifahrer nach Möglichkeit in Deckung ab- und wieder aufsitzen konnten, er mußte schnell feindliches Feuer und Feindeinsicht erkennen, mußte die Kräfte seiner Schützen schonen und Verluste vermeiden. Das Schießen vom stehenden und fahrenden Beiwagenkrad mit dem auf dem Halteaufsatz des Beiwagens aufgesetzten leichten Maschinengewehr mit Gurttrommel wurde besonders intensiv geübt – es war ja auch schließlich eine der großen charakteristischen Stärken der Kradschützen, auf der sich ihre Erfolge in großem Maße mit gründeten. Wenn der MG-Schütze im Beiwagen schießen wollte, rief er dem Fahrer zu »Ich schieße!« Der Fahrer hatte sich dann zu bemühen, das Gespann auf ruhigem Kurs zu halten, die glatteste Fahrspur zu suchen und Richtungsänderungen zu vermeiden. Gute Trefferergebnisse hingen dabei nicht nur vom MG-Schützen ab, sondern ebenso von der Fahrweise des Fahrers. Dem widerspricht nicht, daß der MG-Schütze bei schnellster Fahrt meist kaum ruhig zielen konnte, sondern nur den Feind in Deckung zwingen wollte.

Die gesamte Gespann-Besatzung wurde außerdem bei jeder Gelegenheit im schnellen Orientieren nach Karte und Kompaß im Gelände geschult – eine weitere der wichtigsten Aufgaben für erfolgreiche Einsätze der Kradschützen.

DIE KRADSCHÜTZENGRUPPE

war die allgemeine und kleinste Teileinheit der Kradschützenkompanie. Sie bestand aus einem

Gruppenführer (normalerweise ein Unteroffizier), sieben Schützen (davon zwei mit leichtem Maschinengewehr), vier Fahrern und vier Beiwagenkrädern, auf die sich die Kradschützengruppe folgendermaßen aufteilte:

1. Beiwagenkrad: Fahrer mit Gewehr, Schütze mit Gewehr auf dem Rücksitz, Gruppenführer mit Maschinenpistole im Beiwagen.

2. Beiwagenkrad: Fahrer mit Gewehr, MG-Schütze mit Pistole auf dem Rücksitz, MG-Richtschütze mit Pistole im Beiwagen, leichtes MG mit 50-Schuß-Gurttrommel im Halteaufsatz auf dem Beiwagen.

3. Beiwagenkrad: wie 2. Beiwagenkrad.

4. Beiwagenkrad: Fahrer mit Gewehr, Schütze mit Gewehr auf dem Rücksitz, stellvertretender Gruppenführer mit Gewehr im Beiwagen, Dreibein für MG in Befestigungsvorrichtung am Beiwagen.

Einer der Fahrer war zugleich Kradstaffelführer seiner Gruppe.

Der Kradschützenzug hatte drei Kradschützengruppen und die Kompanie mit drei Kradschützenzügen also neun Kradschützengruppen mit je vier Beiwagenkrädern und je zwei leichten MG, zusammen also 36 Beiwagenkräder und 18 leichte Maschinengewehre. Die Formationen der aufgesessenen Gruppe waren die ›Linie‹, bei der die Gespanne mit doppelter Fahrzeugbreite nebeneinander standen und die ›Marschordnung‹, bei der die Gespanne mit Tachometerabständen (Geschwindigkeit in Metern, also z. B. 40 km/h = 40 m) hintereinander fuhren. Aus der ›Linie‹ wurde auf das Zeichen ›Anfahren!‹ (Arm mit flacher Hand mehrmals hochstoßen) durch ›Abbrechen‹

vom rechten Flügel die ›Marschordnung‹ eingenommen und aus dieser auf das Zeichen ›Aufmarschieren!‹ nach links die Linie wieder eingenommen. Es mußte viel mit Zeichen geführt werden, weil bei den großen Längen der Marschbänder der Kradschützen mit ihren vielen Fahrzeugen und bei laufenden Motoren andere Kommandos gar nicht durchgekommen wären; diese sogenannten Führungszeichen wurden von den Unterführern aufgenommen und weitergegeben. Um eine Vorstellung davon zu geben, wie umfangreich gerade bei den Kradschützen mit Zeichen geführt wurde, sind die wichtigsten von ihnen hier abgebildet. Sie gelten übrigens in der Bundeswehr auch heute noch beinahe unverändert, zum Teil aber auch wesentlich ergänzt und differenziert.

Die Fahrer und Rücksitzfahrer (so hießen sie tatsächlich in der Sprache der Vorschriften!) hängten die Gewehre auf den Rücken, rechter Arm durchgestreckt, Kolben daher nach links unten; die Beiwagenfahrer hängten die Gewehre und Maschinenpistolen um den Hals, Lauf nach links; die Gasmasken wurden von Fahrer und Beiwagenfahrer vor der Brust getragen. Es gab auch ein regelrechtes Fahrzeugexerzieren mit den Kommandos ›An die Fahrzeuge!‹, ›Stillgestanden!‹, ›Anwerfen!‹ (– die Gruppenführer meldeten mit Hochhalten des rechten Armes, daß alle Motoren ihrer Beiwagenkräder liefen), ›Motor abstellen!‹ ›Aufsitzen!‹ (– die Gruppe saß still auf den Fahrzeugen), ›Rührt Euch!‹ (– die Gruppe setzte sich zurecht und ordnete ihr Gerät), ›Absitzen!‹.

Wie genau die Körperhaltungen bei den einzelnen Kommandos festgelegt waren sei am Beispiel des Kommandos ›Stillgesessen!‹ erläutert: die Kradbesatzung saß aufrecht still; die Fahrer hatten beide Hände an den Lenkergriffen; die Rücksitzfahrer hatten die linke Hand am Rücksitzgriff, die rechte hing ausgestreckt herunter; die Beiwagenfahrer legten die linke Hand flach auf den linken Oberschenkel, die rechte umfaßte den Beiwagenrand, die Finger waren geschlossen.

Alle Kommandos konnten auch durch Zeichen gegeben werden. Führer eines Gespannes konnte der Rücksitzfahrer oder der Beiwagenfahrer sein; er hatte Augenverbindung zum vorderen und folgenden Fahrzeug zu halten. Auf überholende Fahrzeuge achtete der Rücksitzfahrer, er gab auch die Führungszeichen weiter, weil er etwas überhöht saß und am besten sehen und gesehen werden konnte. Nach den Kommandos ›Halten!‹ und ›Absitzen!‹ stellten Fahrer und Beifahrer ihre Gewehre senkrecht an die innere Seite des Lenkers, Abzugbügel nach vorn; die Beiwagenfahrer legten ihre Gewehre in den Beiwagen.

Modernen Soldaten mögen diese Kommandos in ihrer Perfektion der Ausführung überflüssig und nutzlos erscheinen. Man muß aber berücksichtigen, daß die Kradschützen immerhin noch eine Schöpfung des Infanteriezeitalters waren, in dem man traditionsgemäß daran gewöhnt war, mit Formalien zu führen – und schließlich auch erfolgreich geführt hat –, und daß die Kradschützen unter ihren relativ wenigen Schwächemomenten als größtes das der Führung ihrer vielen Fahrzeuge in endlos erscheinenden Marschbändern hatten und diese Führung ließ sich noch am besten mit einem exakten Exerzierreglement ausüben. Die Kampfweise der Kradschützengruppe war bei den häufigsten taktischen Situationen wie Anfahren gegen den Feind, Absitzen zum Kampf, Feuerkampf, Vorarbeiten, Einbruch, Besetzen und Halten einer Stellung, Ausweichen, Spähtrupp und Spitzengruppe, Feldwache ungemein elastisch durch Einsatz ihrer schnellen und wendigen Gespanne

und den infanteristischen Kampf zu Fuß nach dem Absitzen.

Beim Anfahren gegen den Feind fuhr die Kradschützengruppe nach Möglichkeit so lange es ging auf Wegen. Mit Annäherung an den Feind mußte sie sich dann beim Vorfahren immer mehr dem Gelände anpassen, um nicht gesehen zu werden und um von seinem Feuer nicht erreicht zu werden. Die Schnelligkeit, Wendigkeit und Geländegängigkeit der Beiwagenkräder wurde dabei bis zum äußersten ausgenutzt. Bestand keine Möglichkeit mehr, auf den Beiwagenkrädern gedeckt an den Feind heranzukommen oder zwangen das Gelände und feindliches Feuer dazu, dann wurde abgesessen. Das Gerät wurde freigemacht, die Schützen machten sich gefechtsbereit und bildeten eine infanteristische Gefechtsformation, meist die Schützenreihe. Bei einem plötzlichen Zusammenstoß mit dem Feind gingen die Schützen nach dem Absitzen sofort in Stellung, um das Feuer aufnehmen zu können. Die Kradstaffel wurde nach dem Absitzen schnell in Deckung gebracht, den Platz dazu befahl der Gruppenführer durch Zuruf oder Zeigen im Gelände; wenn dies nicht möglich war, führte der Kradstaffelführer die Beiwagenkräder der Gruppe selbständig in Deckung.

Wenn im feindlichen Feuer abgesessen wurde, mußten die Beiwagenkräder mit höchstmöglicher Geschwindigkeit aus dem Feuer herausfahren. In den ersten Jahren der Kradschützentruppe und wohl auch noch anfangs des Zweiten Weltkrieges kannte man noch die schon kurz erwähnte sogenannte Stellungskurve, bei der die Beiwagenkräder auf das Gelände zufuhren, in dem die Kradschützen in Stellung gehen sollten; dort fuhren die Gespanne eine möglichst enge Linkskurve, in deren Scheitelpunkt sich Rücksitz- und Beiwagenfahrer vom Gespann herabfallen ließen, augenblicklich gegen den

Feind in Stellung gingen und mit dem sofort aufgenommenen Feuerkampf die rasende Rückfahrt ihrer Gespanne deckten.

Dieses Stellungkurve-Fahren hatte zwar etwas von dem Schneidigen einer früheren Kavallerieattacke an sich, kostete aber hohe Verluste an Soldaten und Fahrzeugen und wurde deshalb auch später aufgegeben; in den hier genannten Vorschriften von 1941 wird die Stellungskurve nicht mehr erwähnt. Sicherlich hat es im späteren Kriege noch oft Situationen gegeben, in denen derartige Stellungskurven gefahren wurden oder gefahren werden mußten, weil anders die Lage nicht in den Griff zu bekommen war. In der Kriegsliteratur wird sogar von regelrechten Attacken über das freie Feld auf feindbesetzte Ortschaften berichtet, bei denen die Kradschützen-Gespanne wie die alte Kavallerie mit ihren Pferden nebeneinander fuhren – mit den Maschinengewehren auf den Beiwagen und den Gewehren der Rücksitzfahrer feuernd, um den Feind in Deckung zu zwingen. Derartige Attacken können aber nur Ausnahmen gewesen sein. Der Feuerkampf, das Vorarbeiten, der Einbruch, das Besetzen und Halten einer Stellung und das Ausweichen erfolgten nach den bewährten Grundsätzen der infanteristischen Gefechtsführung und können hier übergangen werden, weil sie nichts Kradschützen-Eigentümliches enthielten. Zusätzlicher Kradschützen-spezifischer Grundsatz war bei diesen infanteristischen Einsätzen immer das dichte Heranhalten der Kradstaffel, damit die mit den Gespannen mögliche Beweglichkeit sofort vorteilhaft eingesetzt werden konnte.

Typische Einsätze und Idealeinsätze für die Kradschützen waren die der Kradschützengruppe als Spähtrupp und als Spitzengruppe. Die Gruppe fuhr dabei in Marschordnung, bei der als vorderstes Fahrzeug oft ein MG-Krad eingeteilt war. Der Gruppenführer fuhr stets auf dem vordersten Krad, um rasch und wendig führen zu können; meist saß er auf dem Rücksitz, von dem aus er ein besseres Blickfeld hatte als aus dem Beiwagen. Um eine unerwartete feindliche Waffenwirkung möglichst gering zu halten, wurde in der Regel mit großen Abständen, mit Sichtabständen, gefahren, die nur in Ortschaften und in unübersichtlichem Gelände verringert wurden. Zum Absetzen von Meldungen wurden der Kradschützengruppe beim Einsatz als Spähtrupp und als Spitzengruppe Kradmelder auf Solomaschinen mitgegeben. Funkgeräte wurden damals noch nicht in Beiwagenkräder eingebaut, obwohl die belgische Firma FN in Herstal bereits vor dem Krieg im Jahr 1938 einen erfolgreichen Versuch mit dem Einbau von Funkgeräten in den Beiwagen eines schweren, seitenwagenangetriebenen FN-Geländegespanns gemacht hatte; ein Foto in diesem Buch zeigt einen solchen Einbau. Wenn mit dem Einsatz der MG zu rechnen war, wurden sie feuerbereit in die Halteaufsätze der Beiwagen eingesetzt und die Gurttrommel mit dem spiralförmig in ihr aufgerollten MG-Gurt mit etwa 50 Schuß Munition auf das MG aufgesteckt; Schießen mit losen Gurten vom Beiwagen aus während der Fahrt und nur von einem Schützen ausgeführt wäre wohl kaum möglich gewesen. Vor allen gefährlichen Situationen wurden rechtzeitig die schweren gummierten Kradmäntel abgelegt, um den Kradschützen uneingeschränkte körperliche Bewegungsfreiheit zu ermöglichen.

Beim Fahren wurde besonders auf Minensperren an Engen, Brücken und Ortseingängen und auf andere Sperren geachtet; beim Auffahren auf unerwartete Sperren feuerten die Beifahrer im Beiwagen und auf dem Rücksitz sofort, um den die Sperre besetzenden Feind in Deckung zu zwingen. Oft konnten die nachfolgenden Ge-

74

spanne mit ihrem Wendekreis von rund 3,50 bis 5 m vor der Sperre wenden und mit Vollgas zurückfahren. Konnten die Sperren nicht schnell genug beseitigt werden, dann wurden sie umfahren, um keine Zeit zu verlieren; vorher aber wurden sie – falls unbesetzt – kenntlich gemacht und ihre Lage nach hinten gemeldet. Wenn die Kradschützengruppe als Spähtrupp und Spitzengruppe einem Panzerspähtrupp oder einer Panzer-Spitze unterstellt war – was heute noch im Sowjetheer praktiziert wird – fuhr sie je nach Lage hinter den Panzerfahrzeugen oder in ihrem Feuerschutz vor ihnen, vor allem dann, wenn die Kradschützen Sperren zu beseitigen oder Sprengvorbereitungen an Brücken zu suchen hatten. Oft wurden die Kradschützengruppen unter Umfahren von Sperren, Ortschaften und Wäldern zur Gelände- und Wegeerkundung angesetzt; seitlich herausgeschoben konnten sie in den Flanken aufklären; von abseits des Marschwegs liegenden übersichtlichen Geländepunkten aus konnten sie den Feind beobachten oder von hier aus die Sicherung übernehmen.

Als Spähtrupp wurde feindfreies Gelände flott durchfahren, wenn mit Feind zu rechnen war, fuhr er den Sichtverhältnissen und dem Gelände entsprechend sprungweise von Beobachtungspunkt zu Beobachtungspunkt. Wenn die Lage es erforderte, fuhren die einzelnen Fahrzeuge des Spähtrupps wechselseitig vor und gaben sich dabei gegenseitig Feuerschutz (überschlagendes Vorgehen). So lange es die Sichtverhältnisse und die Feindlage gestatteten, fuhr der Spähtrupp aufgesessen; die Notwendigkeit zu einer unbemerkten und gedeckten Annäherung an den Feind, die Beobachtung von besonderen Aussichtspunkten wie Kirchtürmen, hohen Gebäuden und hohen Bäumen, das Suchen von Sprengladungen an Brücken und Sperren oder

auch feindliche Waffenwirkung konnten das Absitzen erforderlich machen. Dabei wurden die Beiwagenkräder aber immer dicht herangehalten, damit sie durch Zeichen schnell herangeholt werden konnten. Die erste Feindberührung wurde immer sofort gemeldet, darüber hinaus waren immer Abschnitte befohlen, von denen aus gemeldet werden mußte. Beim Zusammenstoß mit dem Feind entzogen sich die Kradschützen sofort der Beobachtung durch den Feind und versuchten ihn mit ihren beweglichen Fahrzeugen zu umgehen, um weiter aufzuklären. Wenn mit der Feindberührung das Aufklärungsziel erreicht war, blieb der Kradschützen-Spähtrupp meist am Feind, mit dem die Fühlung nicht verlorengehen durfte; nachts wurde der Feind aus Deckungen wie Gehöften oder Waldstücken zu Fuß überwacht.

Als Spitzengruppe fuhren die Kradschützen mit befohlener Geschwindigkeit – zwar mit relativ großen Sichtabständen, aber doch so zusammen, daß sie jederzeit schnell und geschlossen kampfbereit waren. Wenn die Spitzengruppe auf Feind traf, saß sie sofort ab und griff ihn an; traf sie überraschend auf den Feind, so eröffnete das vordere MG-Gespann noch im Fahren das Feuer, um den anderen Gespannen für blitzartiges Absitzen, Instellunggehen und Indeckungfahren Feuerschutz zu geben. Bei Auftreffen auf Panzerfeind warnten die Kradschützen durch Kradmelder, mit Leuchtzeichen und anderen verabredeten Zeichen immer sofort die nachfolgende Truppe.

Auf Feldwache hatte die Kradschützengruppe mit ihren schnellen und wendigen Gespannen die Möglichkeit, weit von der ruhenden oder rastenden Truppe abgesetzt für die Sicherung schützende Abschnitte ausnutzen zu können. Die Gespanne blieben immer in der Nähe der sichernden Gruppe in Deckung; Ablösung und

Stellungswechsel wurden mit Beiwagenkrädern schnell durchgeführt, meist wurde der sichernden Gruppe ein Solokradmelder zugeteilt, um die Truppe schnell warnen zu können.

DER LEICHTE GRANATWERFER-TRUPP

war neben der ›reinen und eigentlichen‹ Kradschützengruppe die zweite Komponente der Kradschützenkompanie und die eine der beiden Unterstützungskomponenten, die zweite war die schwere Maschinengewehr-Gruppe, die gleich noch vorgestellt wird.

Der leichte Granatwerfer-Trupp bestand personell aus dem Truppführer, zwei Granatwerferschützen und zwei Fahrern, die sich auf zwei Gespanne aufteilten, und zwar:

1. Beiwagenkrad: Fahrer mit Gewehr, Richtschütze mit Pistole auf dem Rücksitz, Truppführer mit Gewehr im Beiwagen.
2. Beiwagenkrad: Fahrer mit Gewehr, Ladeschütze mit Pistole auf dem Rücksitz, 5 cm-Granatwerfer im Beiwagen.

Der leichte Granatwerfer war die ›schwere Waffe‹ der Kradschützen (von ihnen auch scherzhaft ›Zigeuner-Artillerie‹ genannt), mit dem sie als Steilfeuerwaffe hinter Deckungen fassen konnten und mit dem sie im Kampf gegen Feldbefestigungen und weiche Ziele das Gefecht der Kradschützen schwerpunktmäßig unterstützten. Im einzelnen waren Ausbildung und Kampfweise die gleichen wie bei allen anderen Granatwerfertrupps, das soll deshalb auch nicht besonders dargestellt werden. Kradschützentypisch war nur die Verlastung der Waffe, Zubehör, Munition und Bedienung auf zwei Beiwagenkrädern. Der leichte Granatwerfer-Trupp war

im Kradschützenzug nur einmal enthalten; bei drei Zügen in der Kradschützenkompanie besaß diese also drei leichte Granatwerfer – immerhin eine nicht zu unterschätzende Feuerkraft und diese noch auf Beiwagenkrädern verlastet!

DIE SCHWERE MASCHINENGEWEHR-GRUPPE

war die dritte Komponente der Kradschützenkompanie und ihrer Art nach neben dem leichten Granatwerfer-Trupp die zweite Unterstützungskomponente ihres infanteristischen Kampfes. Granatwerfer und schweres Maschinengewehr waren die ›schweren Waffen‹ der leichten Kradschützen, sie wurden in ihrer Wirksamkeit wesentlich erhöht durch ihre vollkommene Verlastung auf Beiwagenkrädern, was ihnen die gleiche Schnelligkeit und Wendigkeit verlieh wie den Kradschützen selbst. Die Kradschützen führten also ihre schweren Waffen gleich mit, und zwar in der für sie typischen Weise auf Beiwagenkrädern, und das machte die Kradschützen und im Zusammenwirken mit ihnen diese Waffen so gefährlich. Die schwere Maschinengewehr-Gruppe (kurz sMG-Gruppe genannt) führte nicht, wie der leichte Granatwerfer-Trupp, nur eine, sondern gleich zwei Waffen mit. Jede Halbgruppe führte ein schweres Maschinengewehr mit allem Zubehör und Munition auf jeweils vier Gespannen, dazu kamen dann noch der Gruppenführer und der sogenannte Meßmann (der Entfernungs-Messer) auf jeweils einem Beiwagenkrad, so daß die sMG-Gruppe insgesamt zwei sMG auf zehn Beiwagenkrädern besaß – das war im Hinblick auf die extensive Verlastung und die schnelle und wendige Beweglichkeit eine sehr beachtliche Feuerkraft. Deshalb war die sMG-Gruppe in der Kradschützenkompanie auch nur einmal vorhanden.

Insgesamt bestand sie also aus einem sMG-Gruppenführer (mindestens ein Unteroffizier), einem Melder, einem Meßmann, zwei sMG-Bedienungen mit je einem Gewehrführer und fünf Schützen, zehn Fahrern. Im einzelnen verteilten sich die 25 Mann – also fast ein halber Zug – in folgender Weise auf die zehn Gespanne:

1. Beiwagenkrad: Fahrer mit Gewehr (meist zugleich Kradstaffelführer der sMG-Gruppe), Melder mit Gewehr auf dem Rücksitz, Gruppenführer mit Pistole im Beiwagen.

2. Beiwagenkrad: Fahrer mit Gewehr, Entfernungsmeßmann mit Pistole und Entfernungsmesser im Beiwagen.

3. Beiwagenkrad: Fahrer mit Gewehr, MG-Schütze mit Gewehr auf dem Rücksitz, Gewehrführer mit Maschinenpistole im Beiwagen.

4. Beiwagenkrad: Fahrer mit Gewehr, MG-Schütze mit Gewehr auf dem Rücksitz, MG-Schütze (Richtschütze) mit Pistole und MG im Beiwagen.

5. Beiwagenkrad: Fahrer mit Gewehr, MG-Schütze mit Pistole auf dem Rücksitz, MG-Zubehör und -Lafette im Beiwagen.

6. Beiwagenkrad: Fahrer mit Gewehr, MG-Schütze mit Gewehr auf dem Rücksitz, MG-Zubehör und Patronenkästen im Beiwagen.

7. Beiwagenkrad: wie 3. Beiwagenkrad.
8. Beiwagenkrad: wie 4. Beiwagenkrad.
9. Beiwagenkrad: wie 5. Beiwagenkrad.
10. Beiwagenkrad: wie 6. Beiwagenkrad.

Das dritte bis sechste und das siebte bis zehnte Beiwagenkrad mit Besatzungen nannte man auch sMG-Halbgruppen.

Die sMG-Gruppe war ein wesentliches Mittel in der Hand des Kompanieführers zur Bildung von Feuerschwerpunkten und damit zur wesentlichen Beeinflussung des Kampfes. Er gab dem Gruppenführer seine Befehle, und dieser hatte dauernde Verbindung zu ihm zu halten. Die schweren Maschinengewehre waren übrigens dieselben wie die leichten Maschinengewehre der Kradschützengruppen, durch das Aufsetzen auf stabile Lafetten lagen sie aber während des Schießens viel ruhiger als die in die Schultern eingezogenen leichten Maschinengewehre und waren dadurch befähigt, gezieltes Dauerfeuer abzugeben. So bekämpften sie vor allem Ziele außerhalb der Reichweite der lMG oder von diesen noch nicht erfaßte Ziele, oder sie kämpften im Zusammenwirken mit den lMG Ziele schnell durch zusammengefaßtes Feuer nieder; zur Erhöhung der Wirkung wurden die sMG-Gruppen deshalb möglichst geschlossen eingesetzt. Auf dem Marsch wurde die sMG-Gruppe weit vorn eingegliedert, damit sie beim Beginn des Gefechts schnell eingesetzt werden konnte. Beim Angriff schossen die sMG-Gruppen durch Lücken der zu Fuß angreifenden Kradschützen, oft war auch ein Überschießen möglich, wenn überhöhende Feuerstellungen vorhanden waren.

Wenn die sMG-Gruppe nicht sofort eingesetzt wurde, folgte sie den vordersten Teilen der Kompanie dichtauf, je dichter am Feind um so dichter heranbleibend. Bis zum Einbruch kämpfte die sMG-Gruppe Ziele im Gefechtsstreifen ihrer Kompanie nieder, schaltete feindliche Flankierungen aus und konzentrierte dann ihr Feuer auf die Einbruchstelle. Nach dem Einbruch wurde die sMG-Gruppe vor allem bei feindlichen Gegenstößen, beim Ausschalten von Flankierungen, bei Bekämpfung einzelner Feindnester und beim Niederhalten oder Ausschalten von Zielen in der Tiefe des feindlichen Hauptkampffeldes eingesetzt. Bei Nacht und Nebel konnten die schweren Maschinengewehre mit Hilfe der MG-Zieleinrichtung nach Seite und Höhe gerichtetes Feuer abgeben. Beim Orts- und Waldkampf wurden die sMG vor allem an den Kreuzungen von Straßen und Schneisen eingesetzt und konnten dadurch ganze Ortsteile und Waldstücke abriegeln. Beim Überwinden von Gewässern setzte man die sMG-Gruppe dicht hinter den vordersten Teilen der Kompanie über, um am anderen Ufer sofort starke Feuerkraft zur Verfügung zu haben. Stellungswechsel mit den MG und Lafetten wurden nach Möglichkeit kraftsparend mit den Beiwagenkrädern durchgeführt, dazu mußte die Kradstaffel immer dicht herangehalten werden.

Diese Einsatzgrundsätze galten für die schweren Maschinengewehre allgemein. Bei den Kradschützen erhielten sie aber ihre besondere Eigenart durch die besonders hohe Beweglichkeit ihrer Einheiten und Verbände.

EIN ZUGTRUPP UND EIN KOMPANIETRUPP

standen dem Zugführer und dem Kompanieführer zur Seite. Der Zugtrupp bestand aus einem Zugtruppführer, einem Melder, einem Sanitäter (Krankenträger), zwei Kradmeldern und zwei Kraftfahrern, die sich auf folgende Fahrzeuge verteilten:

Mittlerer geländegängiger Pkw:	Fahrer mit Gewehr, Zugführer mit Maschinenpistole, Zugtruppführer mit Gewehr, Melder mit Gewehr; ferner wurde auf diesem Fahrzeug eine Panzerbüchse 38 oder später die verbesserte Panzerbüchse 39,

beide mit dem Kaliber 7,92 mm, mitgeführt, überlange, überschwere Gewehre zur Panzerbekämpfung – die einfachste, spezielle Panzerabwehrwaffe, die mit ihrer Durchschlagskraft die Kradschützen immerhin in die Lage versetzte, ein leichtgepanzertes Feindfahrzeug bekämpfen zu können; die Wirkung war im Vergleich zu späteren Panzerabwehr-Handwaffen gering, bedient wurde sie meist vom Kompanietruppführer.

Solokrad:	Fahrer (Kradmelder) mit Gewehr.
Solokrad:	Fahrer (Kradmelder) mit Gewehr.
Gefechtskraftwagen:	Fahrer mit Gewehr, Sanitäter mit Krankenträgertaschen, Labeflasche und Pistole zur Selbstverteidigung; dieses Fahrzeug führte einen gewissen Handvorrat an Munition, Kraftstoff, Öl, Reifen, Ersatzteilen und K-Rollen (Drahtrollen als Hindernis) mit.

Der Kompanietrupp bestand aus einem Kompanietruppführer, einem Kraftfahrzeugstaffelführer, vier Meldern (von denen einer zugleich Scherenfernrohrträger war), vier Kradmeldern, einem Sanitäter (Krankenträger), die sich auf folgende Fahrzeuge verteilten:

Mittlerer geländegängiger Pkw:	Fahrer mit Gewehr, Kompanieführer mit Pistole, Kompanietruppführer mit Maschinenpistole, Melder mit Gewehr.
Solokrad:	Fahrer (Kradmelder) mit Gewehr.

Solokrad:	Fahrer (Kradmelder) mit Gewehr.
Beiwagenkrad:	Fahrer mit Gewehr, Melder mit Gewehr im Beiwagen.
Beiwagenkrad:	Fahrer mit Gewehr, Melder mit Gewehr auf dem Rücksitz, Melder mit Pistole im Beiwagen, der zugleich das Scherenfernrohr der Kompanie mit sich führte und laufend das Gefechtsfeld beobachtete und dem Kompanieführer seine Beobachtungen meldete.
Solokrad:	Fahrer und Fahrzeugstaffelführer der Kompanie (nach dem Absitzen) mit Gewehr.
Gefechtskraftwagen:	Fahrer mit Gewehr, Sanitäter mit Krankenträgertaschen, Labeflasche und Pistole zur Selbstverteidigung; dieses Fahrzeug führte einen gewissen Handvorrat an Munition, Kraftstoff, Öl, Reifen, Ersatzteilen und K-Rollen (Drahtrollen als Hindernis) mit.

DER KRADSCHÜTZENZUG

bestand – wie sich ja aus der bisherigen Darstellung ergab – aus dem Zugführer, dem Zugtrupp, drei Kradschützengruppen, einem leichten Granatwerfer-Trupp. Für den Kradschützenzug gab es ebenfalls Exerzierformen mit und ohne Fahrzeuge, deren Wert damals unbestritten war und die sich auch voll bewährt haben. Hier sollen nur die beiden Exerzierformen mit Fahrzeugen, ›Zugkolonne‹ und ›Marschordnung‹, erwähnt werden.
Bei der Zugkolonne fuhr vorn der Zugführer-

Pkw, dahinter nebeneinander die drei Kradschützengruppen in sich hintereinander (so daß also immer drei Gespanne in einer Reihe fuhren), in der letzten Dreiergruppe fuhren die beiden Gespanne des leichten Granatwerfer-Trupps und der Gefechtskraftwagen des Zuges. Diese Zugkolonne war wegen ihrer imponierenden Breite die beliebteste Paradeformation – in Zeiten, in denen die Kradschützen noch Paraden fuhren. Die Marschordnung war sozusagen eine Zweckform im Exerzierreglement, welche der Zug auf dem Marsch automatisch einnahm, wenn nicht aus bestimmten Gründen etwas anderes befohlen war. Bei der Marschordnung des Zuges fuhr der Zugführer in seinem geländegängigen Pkw vorn, hinter ihm die beiden Kradmelder hintereinander, dann die drei Kradschützengruppen mit ihren Gespannen einzeln hintereinander, dann die beiden Gespanne des leichten Granatwerfer-Trupps und zum Schluß der Gefechtskraftwagen.

DIE KRADSCHÜTZENKOMPANIE

bestand aus dem Kompanieführer, dem Kompanietrupp, drei Kradschützenzügen, einer schweren Maschinengewehr-Gruppe, dem Gefechtstroß mit dem Kraftfahrzeug-Instandsetzungstrupp und dem Gepäcktroß. Die Exerzierformen mit Fahrzeugen waren auch hier die ›Kompaniekolonne‹ und die ›Marschordnung‹. Bei der Kompaniekolonne, die allenfalls eine Paradeaufstellung auf großen Plätzen war, konnte – mit neun Beiwagenkrädern in einer Reihe! – nur auf besonderen Paradestraßen gefahren werden. Vorn stand bei der Kompaniekolonne der Kompanieführer in seinem Geländewagen, dahinter in Reihe der Kompanietrupp, dann folgten die drei Züge in Zugkolonne nebeneinander, dann einzeln der sMG-Gruppenführer und hinter ihm die neun Gespanne seiner sMG-Gruppe, dann folgte der Hauptfeldwebel der Kompanie – der berühmt-berüchtigte ›Spieß‹ – mit fünf Lkw des Gefechtstrosses, den Kraftwagen des Kraftfahrzeuginstandsetzungstrupps (kurz I-Trupp genannt) und dem Lkw des Gepäcktrosses alle in einem Glied, also nebeneinander. Die Marschordnung war auch für die Kradschützenkompanie die normale Form für den Marsch, die ohne besonderen Befehl automatisch eingenommen wurde – wenn nicht aus bestimmten Gründen Abweichungen befohlen worden waren. Bei Marschordnung fuhr der Kompanieführer mit seinem Kompanietrupp an der Spitze, dann folgten – ebenfalls in Marschordnung – der 1., 2. und 3. Zug, dann die zehn Beiwagenkräder der sMG-Gruppe, der Gefechtstroß, der Instandsetzungstrupp und der Gepäcktroß – alle einzeln hintereinander.

An dieser Stelle muß bei der Marschordnung des Zuges und der Kompanie einmal die Länge eines Marschbandes der Kradschützen verdeutlicht werden. Das ist eine reine Rechenaufgabe: die Kradschützengruppe hatte vier Gespanne mit einer (abgerundeten) Länge von je 2 m; wenn diese Fahrzeuge mit nur 10 m Abstand fuhren, war die Gruppe also auf dem Marsch 4 × 2 m = 8 m + drei Abstände à 10 m = 38 m lang; die drei Gruppen eines Zuges waren dann auf dem Marsch bereits 114 m lang, die drei Züge der Kompanie 342 m. Dazu kamen noch in jedem Zug zwei Gespanne des leichten Granatwerfer-Trupps und vier Fahrzeuge des Zugtrupps (daß zwei davon Vierradfahrzeuge mit einer größeren Länge als 2 m waren, soll hier unberücksichtigt bleiben), also sechsmal 2 m + fünf Abstände à 10 m = 62 m × drei Züge = 186 m, die, zur Länge der Kradschützengruppen hinzuaddiert, eine Gesamtlänge der Kradschüt-

zenzüge von 528 m ergaben. Dazu kamen noch die sMG-Gruppe der Kompanie mit zehn Gespannen, der Kompanietrupp mit sieben Fahrzeugen, der Gefechtstroß mit acht Fahrzeugen, der I-Trupp mit zwei Fahrzeugen und der Gepäcktroß mit zwei Fahrzeugen – das waren zusammen noch einmal 29 Fahrzeuge à 2 m = 58 m + 28 Abstände zu 10 m = 338 m, die zur Länge der Kradschützenzüge von 528 m hinzugerechnet eine Gesamtlänge der Kradschützenkompanie von 866 m ergaben!

Nun sind in dieser veranschaulichenden Addition noch Fehler enthalten: die Kradschützen fuhren wohl nie oder nur selten mit 10 m-Abständen, meist wohl mit Kilometerabständen (Geschwindigkeitszahl in m – Abstand; also bei 40 km/h = 40 m Abstand), und es hatten auch nicht alle Fahrzeuge der Kompanie die angenommene abgerundete Gespannlänge von 2 m (in Wirklichkeit waren die Gespanne zwischen 2 und 2,50 m lang – wie das im kradtechnischen Kapitel ja schon beschrieben wurde). Nach der Vorschrift sollte die Höchstgeschwindigkeit auf dem Marsch zwischen 35 und 45 km/h liegen; daß in manchen Gefechtssituationen viel schneller und sicher auch mit geringsten Abständen gefahren wurde, soll hier einmal außer Betracht bleiben. Wenn man nun zur Länge der insgesamt 83 Fahrzeuge der Kradschützenkompanie mal 2 m = 166 m 82 Abstände von 40 m (bei einer Fahrgeschwindigkeit von 40 km/h) hinzuaddiert kam man schon auf eine Länge von 3446 m; mit der tatsächlichen Länge der 16 Vierrad- und Sechsradfahrzeuge der Kompanie von durchschnittlich zwischen 5 und 7 m (bisher wurden 2 m angesetzt) kamen noch einmal rund 50 m dazu, so daß man bei einer nach Vorschrift 40 km/h schnell fahrenden Kradschützenkompanie mit einer Marschlänge von rund und roh 3,5 km rechnen konnte. Das ist natürlich ein theoretischer Wert, der gewisse Erscheinungen der Praxis, wie Ausfall von Fahrzeugen, verschieden starke Gliederungen und dergleichen nicht enthält und mit Cirka-Zahlen errechnet wurde; es soll aber mit diesen Zahlen etwas ausgedrückt werden, was in den nächsten Sätzen noch erläutert wird.

In der Tat waren die große Zahl von Fahrzeugen und die sich daraus ergebenden Marschlängen der kritischste Punkt der gesamten Kradschützentruppe, denn dadurch waren ihre Kompanien und Bataillone nicht nur auf dem Marsch, sondern auch im Gefecht und in den kritischen Phasen des Übergangs vom einen zum anderen und vom aufgesessenen zum abgesessenen Kampf und umgekehrt sehr schwer zu führen – auch wenn die Fahrzeuge fast ausschließlich kleine, schnelle und wendige Beiwagenkräder waren. Geführt werden konnte über diese großen Marschlängen und Entfernungen im Gefecht fast nur mit Zeichen, mündliche Befehle kamen bei der großen Zahl laufender Motoren und bei Gefechtslärm einfach nicht durch, ein Funkwagen vom Nachrichtenzug des Bataillonsstabes konnte immer nur für Schwerpunktaufträge abgestellt werden und außerdem hätte eine solche Funkstelle nach unten in die Kradschützenkompanien hinein ja gar keine empfangende Gegenstelle gehabt.

Die hier errechneten Zahlen galten überdies nur für eine Kradschützenkompanie, für das Kradschützenbataillon mit zwei (oder geplanten drei) Kradschützenkompanien, einer Panzerspähkompanie, einer schweren Kompanie mit Geschützzug, Panzerjägerzug und Pionierzug und den Trossen und Staffeln ergaben sich tatsächlich nahezu erschreckende Marschlängen, die führungstechnisch nicht mehr zu beherrschen waren. Das eröffnete natürlich den Kompanieführern und Zugführern im Rahmen der damaligen Auftragstaktik (bei der nur der Auftrag und das Ziel befohlen wurden, die Einzelheiten und Art und Weise der Durchführung aber weitestgehend dem militärischen Führer überlassen waren; der Gegensatz zu diesem individualistischen und elastischen Führungsstil war die Befehlstaktik, bei der nicht nur Auftrag und Ziel, sondern auch jede Einzelheit der Durchführung befohlen wurden) alle Möglichkeiten der persönlichen Bewährung in geistiger und körperlicher Beweglichkeit und Gewandtheit, blitzschneller Entschlußkraft, Verantwortungsfreude, Kühnheit, Verwegenheit und Zähigkeit, die ja auch gerade zu den stärksten Eigenschaften der Kradschützentruppe gehörten. Die heute oft unglaublichen Erfolge der Kradschützen in den Blitzfeldzügen der ersten Jahre des letzten Weltkriegs sind in erster Linie ein Beweis des Einsatzes, der soldatischen Tugenden und des Könnens ihrer jungen Offiziere, Unteroffiziere und Soldaten, die sich nicht schonten und ungeheure Verluste erlitten.

DIE TROSSE UND DER KRAFTFAHRZEUG-INSTANDSETZUNGSTRUPP

Militärische Kampfeinheiten sind ohne eigenen Troß und einen Instandsetzungstrupp nicht längere Zeit einsatzfähig. Die kleinste Einheit mit eigenen Trossen war die Kompanie, auch bei den Kradschützen, und zu diesen müssen einige Bemerkungen gemacht werden. Der Troß, der unmittelbar den Kampfkompanien folgte und ihnen die laufenden Gefechte erst ermöglichte, war der Gefechtstroß. Er wurde von der ›Mutter der Kompanie‹, vom Hauptfeldwebel in einem Geländewagen geführt und umfaßte einen Gelände-Lkw für den Waffenmeister und zwei Gehilfen und das notwendige Gerät; einen Gelände-Lkw für den Geräte-Unteroffizier, Munition und Pioniergerät; zwei Gelände-Lkw für Betriebsstoff und einen Gelände-Lkw für zwei Feldköche und die Feldküche sowie ein Solokrad für den Kraftfahr-Unteroffizier und ein Gespann für den Sanitätsunteroffizier im Beiwagen. Insgesamt waren diese acht Fahrzeuge mit 17 Mann besetzt, welche die Aufgabe hatten, die kämpfende Kompanie materiell durch Bereithalten der Ergänzungsmittel für einige Tage einsatzbereit zu halten. Speziell für die Beweglichhaltung der Kraftfahrzeuge – und das hieß bei den Kradschützen vor allem der Beiwagenkräder – gehörte zum Troß der Instandsetzungstrupp auf einem leichten Geländewagen, der kleinere Instandsetzungen mit einem kleinen mitgeführten Ersatzteilvorrat selbst durchführen konnte. Dazu fuhr er immer am Ende der Kompanie, um liegengebliebene Fahrzeuge bei kleineren Schäden sofort selbst instandsetzen zu können oder aber für deren Abschub in eine größere Instandsetzung zu sorgen und das Nachführen instandgesetzter Fahrzeuge zur Kompanie zu veranlassen. Selbstverständlich arbeitete die gesamte Beiwagenkrad-Besatzung bei Ausfall ihres Fahrzeugs bei der Instandsetzung mit, und die alten, erfahrenen Kradschützen brauchten meist nur ein Ersatzteil, alles andere besorgten sie selbst – sie kannten schließlich ihre Beiwagenkräder in- und auswendig.

Der Gepäcktroß schließlich führte auf einem 1,5 t-Lkw Gepäck der Kradschützen und einen kleinen Vorrat an Ersatz-Bekleidung nach; auf diesem Lkw saßen auch ein Schuhmacher und ein Schneider. Der Führer dieses Gepäcktrosses war der Rechnungsführer der Kompanie auf einem Solokrad.

Wenn die taktische Lage es erforderte und die Kradschützenkompanie sich ›leichter machen‹ mußte, dann wurde ein Gefechtstroß I gebildet,

der mit der Feldküche, einem Betriebsstoff-Lkw und dem I-Trupp bei der Kompanie blieb, während die übrigen Troßfahrzeuge unter Führung des Kompaniefeldwebels zurückfuhren und weiter hinten geschlossen mit den Trossen anderer Kompanien vom Bataillon oder der Division nachgeführt wurden.

DER KRADSCHÜTZENZUG UND DIE KRADSCHÜTZENKOMPANIE IM EINSATZ

waren in jeder Beziehung geprägt von der Schnelligkeit und Wendigkeit ihrer Fahrzeuge, der Beiwagenkräder: das Krad war ein Kampfmittel der Kradschützen – sein Motor war eine Waffe! Ihre Kompanieführer und Zugführer und ihre Unterführer waren stets bestrebt, die Schnelligkeit, die Wendigkeit und die Geländegängigkeit ihrer Gespanne immer wieder vorteilhaft zum Einsatz zu bringen und voll auszunutzen. Nur wenn ein Auftrag auf den Fahrzeugen nicht zu erfüllen war, galt der Entschluß zum Absitzen als gerechtfertigt. Schnelligkeit und Wendigkeit der Züge und Kompanien verlangten von den Soldaten ein Höchstmaß an geistiger und körperlicher Beweglichkeit und Gewandtheit. Dazu mußten blitzschnelle Entschlußkraft, Verantwortungsgefühl, Verwegenheit und Zähigkeit kommen. Mit diesen Tugenden und mit Kühnheit, schnellem Denken und Handeln, mit Schwung und Tatkraft mußten die Offiziere und Unteroffiziere ihre Soldaten mitreißen, um mit ihnen und in ihnen den Willen zu entfachen, die Eigenart der Kradschützen zu verwirklichen.

Nicht jeder gute Soldat konnte ein Kradschütze sein. Nur mit ihren Fahrzeugen, ihren Waffen und den sich daraus ergebenden Einsatzgrundsätzen kongenial veranlagte Soldaten waren gute Kradschützen. Das klingt hochtrabend und anmaßend, ist aber nicht so gemeint – gemeint ist vielmehr, daß man zum Kradschützen veranlagt sein mußte. Ein allgemeines Elite-Bewußtsein haben die Kradschützen daraus aber nie abgeleitet. In diesem Sinne können die vorstehenden Sätze nur als eine Charakterisierung einer Waffengattung und als Differenzierung zu anderen Waffengattungen verstanden werden, bei denen andere Neigungen, Veranlagungen und soldatische Tugenden verlangt werden mußten.

Die bewegliche und schnelle Kampfführung der Kradschützen erlaubte fast nie eine bis in Einzelheiten gehende Befehlserteilung und eingehende Einweisung in das Gelände; es waren nur kurze mündliche Einzelbefehle möglich. Die Kradschützen wurden aber ständig – vor allem bei Rasten, Halten und Kampfpausen – über die Lage unterrichtet, damit sie in der Lage leben und auf sich gestellt auch einmal dementsprechend handeln konnten.

Der Kompaniegefechtsstand war im Gefecht immer so plaziert, daß von ihm aus eine ständige und schnelle Verbindung mit allen Teilen der Kompanie möglich war und vor allem die Fahrzeuge dicht herangehalten werden konnten, um mit fortschreitendem Gefecht möglichst schnell wieder aufsitzen zu können. Im Gefecht und in entscheidenden Situationen wurde vom Kompanieführer wie vom Zugführer nur von vorn geführt – hier war das persönliche Beispiel und Vorbild alles!

Fahren konnten die Kradschützen auf allen Straßen und Wegen, bei günstigem Wetter und guten Bodenverhältnissen auch in freiem Gelände. Vor Marschbeginn konnte meist nur der Marschweg an alle Fahrzeugbesatzungen durchgegeben werden, zu einem ausführlichen Marschbefehl war oft keine Zeit mehr. Was nicht durchgegeben werden konnte, mußte beim er-

sten Halt oder Rast übermittelt werden. Es wurde vorsichtig und nicht zu schnell gefahren, die Waffen wurden vor Verstaubung geschützt. Mit Annäherung an den Feind wurden die Windschutzscheiben der Räderfahrzeuge heruntergeklappt und Tarnbezüge übergezogen, um ein Spiegeln des Glases zu vermeiden; die Kradmäntel wurden ausgezogen, die Waffen aus den Schutzbezügen herausgenommen und geladen und an die Maschinengewehre im Halteaufsatz der Beiwagen wurden die Gurttrommeln mit 50 Schuß angesetzt und die MG feuerbereit gemacht. Wenn ein MG-Krad ausfiel, wurde das MG vom nächsten Fahrzeug übernommen, damit es auf jeden Fall im Gefecht zur Verfügung stand. Die Kradfahrer trugen zur Schonung der Augen und zur Sicherheit Schutzbrillen, die abgesetzt und um den Hals getragen wurden. Bei großer Kälte wurden öfters Halte eingelegt, damit die Kradschützen sich durch körperliche Bewegung etwas erwärmen konnten. Die seitenwagenangetriebenen schweren Geländegespanne BMW R 75 und Zündapp KS 750 hatten für den Einsatz in Rußland warmluftbeheizte Lenkergriffe und Fußrasten für den Fahrer, was wenigstens etwas half, Erfrierungen zu vermeiden. Beim Antreten zum Marsch fuhren alle Fahrzeuge gleichmäßig an, befohlene Eingliederungen und Abstände wurden im Fahren eingenommen. Ein dichtaufgeschlossenes Halten auf Straßen und Wegen wurde unter allen Umständen vermieden, weil es für Überfälle feindlicher Artillerie und Jagdbomber massierte Ziele abgegeben hätte. Die schon erwähnten großen Marschlängen der Kradschützen mit ihren vielen kleinen Fahrzeugen hatten neben den führungstechnischen Schwierigkeiten natürlich auch den großen Vorteil der Ausdünnung und Auflockerung bei feindlichen Feuerüberfällen und Luftangriffen; waren Teile der Kradschützen aber wirklich einmal auf eine Sperre aufgelaufen oder in einen Hinterhalt geraten, so konnte das bei den lang auseinandergezogenen Marschbändern immer nur wenigen vorderen Fahrzeugen passieren, die vielen nachfolgenden konnten fast immer rechtzeitig anhalten, den Feind umgehen oder in eine andere Richtung abdrehen.

Die Geschwindigkeit auf dem Marsch hing immer von den Zuständen der Wege und Straßen (Regen, Schnee, Glatteis, Steigungen, Gefälle, starke Kurven), von den Sichtverhältnissen, der Leistungsfähigkeit der Beiwagenkräder und ihrer Fahrer und schließlich von der taktischen Situation ab, nach der sie befohlen oder vom Spitzenfahrzeug gefahren wurde. Für den Marsch der Kradschützen wurde meist eine Spitzengeschwindigkeit (Höchstgeschwindigkeit des Spitzenfahrzeugs) von 35–45 km/h befohlen, obwohl fast alle Modelle der Gespanne 80–100 km/h laufen konnten; eine solche Geschwindigkeit mußte in besonderen taktischen Situationen auch hin und wieder gefahren werden. Eine durchschnittliche Tagesleistung ohne Feindeinwirkung und auf verkehrsfreien Straßen wurde mit rund 250 km angesetzt und konnte durch Fahrerwechsel noch gesteigert werden. Bei Nacht, schlechter Sicht und mit Tarnscheinwerfer sank die Marschleistung stark. Bei langen Fahrten in kleinen Gängen überhitzten sich die Motoren, erlitten dann leicht Schäden, und der Betriebsstoffverbrauch erhöhte sich wesentlich – Erscheinungen, an denen sich bis heute nichts geändert hat. Der Zusammenhang der Marschkolonne ging an unübersichtlichen Kreuzungen und Abzweigungen, in Ortschaften und bei Staubentwicklung, Nebel, Nacht und starkem Schneefall leicht verloren; rissen Teile von ihr ab, mußten sie sofort anhalten und warten, bis sie von zurückgeschickten Kradmeldern wieder herangeführt wurden – es sei denn, daß

Marschweg und Marschziel bekannt waren und die abgerissenen Teile selbständig nachfahren und aufschließen konnten, was aber beim Kriegsmarsch wohl selten der Fall war. Ein kopfloses Drauflosbrausen in irgendeiner Richtung konnte im Feindesland böse Folgen haben. Auch das hat sich bis heute nicht geändert.

Bei Halten wurde unter Benutzung des Gehsteigs scharf rechts herangefahren, dabei schlossen die Fahrzeuge nicht auf, sondern behielten ihren letzten Kilometerabstand bei oder fuhren auf höchstens 10 m auf, Deckung gegen Sicht und Flieger wurde dabei vorrangig ausgenutzt, Verkehrsposten zum Vorbeischleusen des Gegenverkehrs wurden automatisch sofort aufgestellt. Nach vier bis fünf Stunden Marsch wurde normalerweise eine Rast in Wäldern oder sonstigen Deckungen eingelegt; wenn dort verpflegt wurde, dauerte sie bis zu zwei und drei Stunden. Der Rastraum wurde vorher durch einen Erkundungstrupp aus einem Offizier und je Zug einem Kradmelder erkundet; die Kompanie wurde dann von diesen weit vor dem Rastplatz erwartet und jeder Zug von einem Kradmelder in seinen Rastraum geführt. Die Gespanne wurden dort sofort mit Zeltbahnen, Zweigen, Stroh und dergleichen dem Untergrund entsprechend getarnt.

Wenn die Kradschützenkompanie allein oder als Spitzenkompanie gegen den Feind marschierte, sicherte sie sich durch Ausscheiden einer Spitze in Zugstärke, die drei bis vier Minuten vor der Kompanie fuhr und die ihrerseits wieder eine Spitzengruppe ausschied, die eine bis zwei Minuten vor dem Zug fuhr. Wenn es nur irgend möglich war, wurde dem Spitzenzug eine panzerbrechende Waffe zugeteilt und vom Zugführer weit vorn im Spitzenzug eingesetzt; hier fuhr auch ein Pioniererkundungstrupp – wenn es die Lage erforderte und er vom Bataillon befohlen worden war. Wenn die Lage keine besondere Aufklärung erforderte und diese auch nicht befohlen war, schied eine allein marschierende Kompanie eine Kradschützengruppe als ›Spähtrupp vor der Spitze‹ aus, der dann an einen festen Abstand zur Spitze nicht gebunden war.

Die Marschfolge innerhalb der Kradschützenkompanie und die Einordnung etwa zugeteilter schwerer Waffen befahl der Kompanieführer vor jedem Marsch nach den Erfordernissen eines möglichen sofortigen Einsatzes neu; er selbst fuhr immer weit vorn, meist zwischen Spitze und Kompanie, um bei Feindberührung sofort Einblick ins Gelände zu haben und die Kompanie von vorn einsetzen zu können. Wenn die Spitze auf Feind stieß, wurde die nachfolgende Kompanie sofort in Deckung angehalten, um Aufprallen auf den Feind zu verhindern und ihr damit ihre Bewegungsfreiheit für den Einsatz zu erhalten. Zur Sicherung gegen Flankenbedrohung wurde immer in jedem Zug eine Beobachtung nach beiden Seiten eingeteilt, die Sicherung nach hinten übernahm der am Ende fahrende Kradschützenzug. Wenn keine Feindberührung zu erwarten war, wurde meist nur eine Gruppe als Sicherung vor der Kompanie eingesetzt. Alle diese Sicherungen auf dem Marsch waren nötig, weil die Kradschützen entsprechend ihren Aufträgen und ihrer Eigenart immer in exponierte Bereiche marschierten.

Die Kradschützenkompanien fuhren bis zum Eintritt in das Gefecht in Marschordnung, also alle Fahrzeuge hintereinander, um Wege und Straßen so lange wie möglich ausnutzen und dadurch schnell vorwärtskommen zu können. Wenn aber für den Kampf eine bessere Ausgangslage geschaffen werden und die Teife der Kompanie (also die Länge auf dem Marsch) verkürzt und günstigeres Gelände ausgenutzt werden sollte oder den Waffenwirkungen feindlicher

Flieger oder Artillerie entgangen werden sollte, entfaltete sich die Kradschützenkompanie mit ihren vielen Fahrzeugen, das heißt also, sie machte sich breit und schwärmte nach rechts und links von der Marschstraße aus: die Fahrzeuge, die auf dem Marsch noch hintereinander fuhren, fuhren dann nebeneinander auf. Das war natürlich meist leichter gesagt als getan, und man darf es sich auch nicht so vorstellen, daß nun die Länge der Kompanie auf der Straße in gleiche Breite im Gelände umgesetzt wurde – vielmehr suchte sich nun etwa jede Gruppe ihren Weg im Gelände, auf dem sie vorfuhr, und die vielen Gruppen der Kompanie nebeneinander ergaben dann ihre entfaltete Breite. In erster Linie diktierte das Gelände die Möglichkeiten zur Entfaltung. Steppe und Wüste boten die idealsten, durchschnittenes Gelände und engbebaute Kulturlandschaften die schlechtesten Möglichkeiten hierzu.

Feste Formen für die Entfaltung gab es nicht. Die Gliederung nach Breite und Tiefe wurde deshalb befohlen und richtete sich neben dem Gelände vor allem nach dem Feinde und der beabsichtigten Kampfführung, also etwa gruppenweise oder zugweise nebeneinander – wie bei einer früheren Kavallerieattacke. Den Zügen wurden als Ziele beim entfalteten Vorfahren Marschrichtungspunkte oder markante Punkte oder Linien im Gelände als vorläufige Ziele angegeben. Häufig erfolgte das entfaltete Vorfahren abschnittsweise, damit der Kompanieführer die Kompanie in der Hand und den Überblick über sie behielt; je unübersichtlicher das Gelände und je schlechter die Sicht wurde, desto kürzer wurden die Sprünge beim Vorfahren. Zugeteilte schwere Waffen überwachten das entfaltete Vorfahren oder wurden in der Nähe des Kompanieführers behalten, um von ihm jederzeit an entscheidender Stelle eingesetzt zu werden.

Die Schnelligkeit der Beiwagenkräder zur Vorwärtsbewegung wurde so lange ausgenutzt wie feindliches Feuer und Gelände dies zuließen; der Zeitpunkt, zu dem aus dem entfalteten Vorfahren auf Fahrzeugen in das weitere Vorgehen zu Fuß übergegangen wurde, wurde so lange wie möglich hinausgeschoben. Nur wenn unbemerkte Annäherung an den Feind angestrebt wurde, erfolgte das Absitzen früher. Nach dem Absitzen wurden die Beiwagenkräder sofort vom Fahrzeugstaffelführer in Deckung geführt. Die Gefechtsaufklärung – meist in Stärke einer Gruppe ausreichend – fuhr den vordersten Teilen der Kompanie so weit voraus, daß diese nicht unvermutet auf Feind stoßen konnte.

Schnelles und rücksichtsloses Zupacken war bei den Kradschützen immer Vorbedingung für den Erfolg und konnte oft die höhere Gefechtsbereitschaft des Feindes wettmachen; es war immer unerläßlich, wenn Überraschung des Feindes erreicht werden sollte. Unsicherheit über die Feindlage durfte die Entschlußfreudigkeit nie hemmen; meist brachte erst der Kampf endgültige Klarheit über Stärke und Ausdehnung des Feindes. Es ergab sich fast immer aus der taktischen Situation und entsprach auch dem Wesen der Kradschützen, daß sie aus der Bewegung heraus angriffen – als Spitzenkompanie erfolgte der Angriff aus der Marschkolonne heraus; unter Ausnutzung der Beweglichkeit der Beiwagenkräder wurde dabei stets die Umfassung des Feindes angestrebt. Reserven konnten dabei oft nicht ausgeschieden werden, weil zur Erzielung eines schnellen Erfolgs die gesamte Kampfkraft der Kompanie auf den Angriff konzentriert werden mußte, vor allem bei Vorhutkämpfen, unterlegenem oder erschüttertem Feind. Die Fahrzeuge wurden immer dicht herangehalten und bei fortschreitendem Angriff von Deckung zu Deckung nachgeführt, um die

Kompanie oder Teile von ihr möglichst jederzeit wieder beweglich machen zu können. Wenn die Abwehrbereitschaft des Feindes darauf schließen ließ, daß ein überraschender Angriff aus der Bewegung nicht erfolgreich sein konnte, dann stellte sich die Kompanie zum Angriff bereit. Diese Bereitstellung wurde je nach Auftrag, Feindlage und Gelände auf den Beiwagenkrädern aufgesessen oder zu Fuß eingenommen. Um wenigstens eine Überraschung des Feindes zu erreichen, wurde außer Sicht- und Hörweite des Feindes abgesessen. Wenn die Entwicklung der Lage erwarten ließ, daß bald Lücken in die feindliche Front geschlagen oder sich Gelegenheiten zur Umfassung des Feindes bieten würden, wurde eine bewegliche Reserve zurückgehalten, deren Platz so gewählt wurde, daß sie jederzeit in verschiedenen Richtungen eingesetzt werden konnte. Wenn die Kompanie aufgesessen in den Bereitstellungsraum fuhr, so wurden die Fahrzeuge nach dem Absitzen so weit in Deckung zurückgeführt, daß sie durch schwere feindliche Infanteriewaffen nicht mehr erreicht werden konnten.

Das wesentlich neue und revolutionierende taktisch-technische Element der Wehrmacht waren die Panzer, und es scheint, daß bei den großen elementaren Wesensverschiedenheiten zwischen Panzern und Kradschützen wohl kaum ein Kooperieren beider möglich gewesen sein kann. Das war nicht so. Vielmehr waren die Kradschützen mit ihrer Schnelligkeit und Wendigkeit hervorragend qualifiziert, Erfolge der Panzer schnell auszunutzen oder im engen Zusammenwirken mit Panzern oder diesen voraus wichtige und für die weitere Kampfführung entscheidende Geländepunkte und Abschnitte in Besitz zu nehmen; darüber hinaus konnten die Kradschützen die Panzer begleiten, ihnen beim Auftreffen auf Hindernisse und Sperren den

Weg bahnen und ihre Sicherung übernehmen. Wenn die Kradschützen den Panzern folgten, blieben sie aufgesessen, so lange Gelände und Feindeinwirkung das zuließen und hielten vor allem einen gebührenden Abstand von den Panzern und damit von dem auf diese gerichteten feindlichen Feuer. Dabei gliederten sich die Kradschützen nach Breite und Tiefe so, daß sie für ihre Bewegungen in Angriffsrichtung führende Wege, deckungsreiches Gelände und feuerarme Räume ausnutzen konnten; Zusammenballungen wurden vermieden. Eine Lähmung des Feindes durch das Feuer der Panzer nutzten die Kradschützen zum schnellen Vorgehen aus. Wurden die Kradschützen im Verlauf des Kampfes von den Panzern getrennt, setzten sie den Kampf aus eigener Kraft fort, versuchten aber sofort, wieder Verbindung mit den Panzern zu bekommen. Oft wurde die Kradschützenkompanie oder Teile von ihr aufgesessen bereitgehalten, um bei Nachlassen des feindlichen Widerstandes den Panzern schnell folgen zu können; die Beiwagenkräder der abgesessenen Teile der Kradschützen wurden in dieser Situation wie immer nahe herangehalten, um jederzeit schnelles Aufsitzen und Folgen zu gewährleisten. Wenn die Kradschützen die Panzer begleiten sollten, um für sie Hindernisse und Sperren zu beseitigen, so nutzten sie deren Feuerschutz aus und saßen dann rechtzeitig ab, um zu Fuß zwischen den Panzern hindurch gegen die Hindernisse und Sperren vorzugehen. Im Nebel sicherten die Kradschützen die Panzerverbände, indem sie vor ihnen und in ihren Flanken die Nahaufklärung und Nahsicherung übernahmen und zu jedem einzelnen Panzer enge Verbindung hielten, um ihn nicht überraschend auf Hindernisse, Sperren und Minen auflaufen zu lassen.

Einerseits verband die Kradschützen mit den Panzern die gemeinsame Beweglichkeit, andererseits entsprach aber trotzdem ein Kooperieren mit den schweren und langsamen Panzern nicht der schnellen und wendigen Beweglichkeit der Kradschützen. Als ideal wurde das Zusammenwirken mit den Panzern von den Kradschützen nicht empfunden. So wurden denn auch beim Kampf gegen einen abwehrbereiten Feind, gegen Panzerabwehr und gegen einen von den Panzern nicht zerschlagenen oder wieder auflebenden Feind wenn irgend möglich Panzergrenadiere auf Zusammenarbeit mit den Panzern angewiesen und die Kradschützen für artgemäßere Aufgaben geschont. Stand aber beim besten Willen keine andere Infanterie für die Unterstützung der Panzer zur Verfügung, dann mußten die Kradschützen diese Zusammenarbeit ganz zu Fuß durchführen und ihre wertvollen Gespanne in sicherer Entfernung zurückhalten.

Die Verfolgung des Feindes war dagegen eine Aufgabe für die Kradschützen, bei der sie die Beweglichkeit und Schnelligkeit ihrer Beiwagenkräder voll ausspielen konnten. Die Beiwagenkräder wurden schon herangezogen, wenn der Widerstand des Feindes nachließ; bei den ersten Absetzbewegungen des Feindes wurden bereits die ersten Teile der Kompanie zur Verfolgung angesetzt. Dabei war es vor allem das Bestreben der Kradschützen, dem Feind auf den Fersen zu bleiben, ihn seitlich zu überholen, sich ihm an geeigneten Abschnitten immer wieder vorzulegen und ihm den Rückzug abzuschneiden.

Bei der Abwehr war die Kradschützenkompanie mit ihrer hohen Beweglichkeit und ihrer starken Ausstattung mit Maschinengewehren in der Lage, sich auf breiterer Front zu verteidigen als eine einfache Infanteriekompanie. Teile der Kompanie wurden zur Verstärkung der Abwehr an einer gefährdeten Stelle, zur Sicherung einer bedrohten Flanke oder zum Gegenstoß beweglich bereitgehalten; der Platz dieser bereitgehaltenen Reserve wurde immer so gewählt, daß er Einsätze in verschiedenen Richtungen ermöglichte. Oft wurden auch Teile der Kompanie vorgeworfen, um die Annäherung des Feindes schon weit vor der Hauptkampflinie zu verzögern; dabei konnten die Kradschützen den Feind oft lange aufhalten, weil sie befähigt waren, erst im letzten Augenblick rasch aufzusitzen und schnell auf die Hauptkampflinie auszuweichen.

Selbst in schwierigsten taktischen Situationen wurden die Fahrer der Beiwagenkräder nur in seltenen Ausnahmefällen zur Verteidigung mit herangezogen. Geschah das aber, dann wurden sie in der Hauptkampflinie als Gewehrschützen eingesetzt oder zusammengefaßt zum Gegenstoß bereitgehalten. Die Beiwagenkräder wurden bei infanteristischem Einsatz ihrer Fahrer auf jeden Fall weit außerhalb des Wirkungsbereiches feindlicher schwerer Waffen und nach Möglichkeit in panzersicherem Gelände mit Zurücklassen einer Sicherung abgestellt. Insgesamt waren derartige Einsätze für die Kradschützen untypisch und wurden auch auf wenige Notfälle beschränkt.

Beim Abbrechen des Gefechts eigener Truppen wurden die Kradschützen oft als Nachtruppe eingesetzt; sie überfielen dann den Feind aus Front und Flanke mit ihrem Feuer und hielten ihn mit Gegenstößen auf. Je näher die Fahrzeugstaffel herangehalten werden konnte, desto länger konnten die Kradschützen in der Stellung verharren und sich dann schnell, sogar bei Gefechtsberührung, vom Feind absetzen. Mit der Schnelligkeit ihrer Beiwagenkräder konnten die Kradschützen auch über größere Entfernungen schnell wieder Anschluß an die sich absetzende eigene Truppe oder Zeit und Raum zur Einrichtung einer erneuten Verteidigung an anderer Stelle gewinnen. Leider standen bei den großen Absetzbewegungen der Wehrmacht in Rußland in den letzten Kriegsjahren und Kriegsmonaten keine Kradschützen mit ihrer ausgezeichneten Befähigung für derartige Aufgaben mehr zur Verfügung – sie hätten manche bedrohliche Lage sehr mildern können.

Beim Kampf um Flüsse und beim Überwinden von Gewässern wurden die Beiwagenkräder auf Floßsäcken, Floßsackfähren, mit dem Kradschützensteg (der im Abschnitt über das Kradschützenbataillon eingehend besprochen wird) und anderen behelfsmäßigen Übersetzmitteln und vorhandenen Fähren, Booten und Schiffen übergesetzt.

Ziel aller dieser Bestrebungen zur Gewässerüberwindung war immer wieder der Drang der Kradschützen, ihre Fahrzeuge überzusetzen ohne die Fertigstellung von Brücken abwarten zu müssen, die ja doch nur weiter hinten eingegliederte Pioniere relativ spät bauen konnten – was dem taktischen Stil der Kradschützen nun eben zuwiderlief.

Nach dem Übersetzen bildete die Kradschützenkompanie auf dem anderen Ufer schnell einen möglichst weit vorgeschobenen Brückenkopf. Durch Vortäuschen eines Überganges an anderer Stelle lenkten die Kradschützen oft die Aufmerksamkeit des Feindes von der eigentlichen Übersetzstelle ab. Alle Übersetzmaßnahmen erfolgten unter Zeitdruck, um dem Feind keine Zeit zum Heranführen von Abwehrkräften zu lassen. Am diesseitigen wie am jenseitigen Ufer wurden Ansammlungen eigener Fahrzeuge vermieden; der gesamte Flußübergang wurde sofort gegen Tieffliegerangriffe mit Fla-MG gesichert.

Der Kampf gegen durch ständige Kampfanlagen

verstärkte feindliche Stellungen entsprach nicht den Stärken der Kradschützen, allenfalls wurden sie hier nach dem Schlagen von Lücken und Gassen zum schnellen Durchstoßen und anschließend zum Angriff gegen den Rücken der feindlichen Stellung eingesetzt. Auch Orts- und Waldkämpfe waren keine idealen Aufgaben für die Kradschützen, sie umfuhren deshalb meist in ihrer Angriffsrichtung liegende Ortschaften und Wälder. Es konnte sich aber ergeben, daß von Panzerkräften im Angriff umfahrene Ortschaften und Wälder von Kradschützen gesäubert werden mußten, weil noch keine Infanterie heran war. Dann hatten die Kradschützen die besten Erfolge mit gleichzeitigem Angriff aus verschiedenen Richtungen, vor allem auch von rückwärts, wobei sie von ihren Beiwagenkrädern möglichst schnell und so dicht an die Ortschaften und Wälder herangebracht wurden, wie es Lage und Gelände erlaubten.

Für die Fliegerabwehr wurden meist in den Zugführerfahrzeugen auf das Dreibein montierte, sofort feuerbereite Maschinengewehre mitgeführt, die sofortige Feuereröffnung auf angreifende Tiefflieger ermöglichten. In der Ruhe wurden meist einige MG von den Beiwagen zur Tieffliegerabwehr eingeteilt. Die Gasabwehr kam im Zweiten Weltkrieg nicht zum Einsatz; bei Einsatz von Giftgas aber wären die Kradschützen fast immer vor anderen Kräften voraus kämpfend besonders gefährdet, aber mit ihren geschwinden Fahrzeugen auch in der Lage gewesen, vergiftetes Gelände schneller und damit ungefährdeter als zu Fuß marschierende Truppen zu überwinden.

Zur Panzerabwehr waren die Kradschützen nur indirekt geeignet, aber immer auf das Auftreffen auf Feindpanzer gefaßt. Beim Auftreffen auf feindliche Panzerfahrzeuge machten die Kradschützen augenblicklich die Straße frei und fuhren im Gelände beiderseits der Straße sofort in Deckung. Wenn das aus irgendeinem Grund nicht möglich war, wurde die Straße sofort mit schnell greifbaren Mitteln gesperrt und diese Sperre mit vorgezogenen Panzerabwehrwaffen und 7,92 mm-Panzerbüchsen des Zugtrupps verteidigt. Gegen die Panzerfahrzeuge gingen die Kradschützen mit geballten Ladungen (zusammengebundene Handgranaten) und Schießen mit MG auf die Sehschlitze vor; oft hatte in Rußland auch MG-Feuer auf die gegossenen Drehtürme sowjetischer Panzer den Erfolg, daß die Besatzungen das glockenartige Dröhnen im Kampfraum nicht aushielten und aus dem Panzer ausbooteten. Insgesamt waren die damaligen Panzerabwehr-Handwaffen gering entwickelt, die später so erfolgreiche Panzerfaust spielte in den Hochzeiten der Kradschützen in der ersten Kriegshälfte noch keine Rolle. Dem unmittelbaren Angriff von Feindpanzern entzogen sich die Kradschützen durch Ausweichen in Deckungen, aus denen sie den Kampf gegen die feindliche Begleitinfanterie mit dem Ziel fortführten, sie von ihren Panzern zu trennen. Speziell gegen Panzerspähwagen setzten die Kradschützen Rampensperren, Schleuderminen, Druckleistensperren, Spanndrahtsperren und Hebelsperren ein. Bei feindlichen Panzerangriffen mit Infanterieunterstützung war das Ziel der Kradschützen, die feindliche Infanterie von den Feindpanzern zu trennen, auch wenn man diese selbst zunächst nicht aufhalten oder mit eigenen Mitteln ausschalten konnte, sondern durchlassen mußte – ein Panzer ohne ihn nahschützende und unterstützende Infanterie verlor immer viel von seiner Gefährlichkeit.

Die Fahrzeugstaffel der Kradschützenkompanie, also die Zusammenfassung aller Fahrzeuge, unterteilte sich in die Fahrzeugstaffeln der Züge (Pkw, Solokräder) und die Kradstaffeln der

Gruppen (Beiwagenkräder). Als Führer der Fahrzeug- und Kradstaffeln wurden geeignete Fahrer eingeteilt, welche die Fahrzeuge der Kompanie nach Weisung des Kompanieführers führten, oft aber auch – der Lage entsprechend – selbständig handelten. Von der Zusammenarbeit der Fahrzeugstaffel mit der zum Kampf zu Fuß abgesessenen Kompanie hingen oft der bewegliche Einsatz der Kompanie und ihre wendige Gefechtsführung ab. Diese Zusammenarbeit sicherzustellen war die bevorzugte Aufgabe des Fahrzeugstaffelführers, von seiner ›Nase‹ hingen in heiklen Situationen oft genug die Erfolge der Kradschützenkompanie, ja sogar ihr Überleben in gefährlichen Lagen ab.

Nach dem Absitzen der Kompanie führte der Fahrzeugstaffelführer die Fahrzeuge in den befohlenen oder selbst erkundeten Raum und stellte sie dort, gegen Flieger- und Erdsicht und feindliche Waffenwirkung gedeckt, auf. Entsprechend den Lageentwicklungen führte er die Fahrzeuge der abgesessenen Kompanie nach. Im Abstellraum sorgte er vor allem für die Tarnung, Sicherung (durch die Fahrer), Verbindung zur Kompanie durch Beobachtung und Melder, Erkundung von Wegen zur Kompanie für erforderlich werdendes Nachführen der Fahrzeuge, Erkundung von Ausweichmöglichkeiten, Unterrichtung der Fahrer über den Gefechtsverlauf und Nachführwege, Auftanken und Beheben von Schäden an den Fahrzeugen zusammen mit dem Schirrmeister und dem Kraftfahrzeuginstandsetzungstrupp, Munitionsnachschub für die Kompanie. Auf dem Marsch fuhr der Fahrzeugstaffelführer in der Regel in der Nähe des Kompanieführers, um unmittelbarer in der Lage leben zu können und rechtzeitig seine Befehle über Führung und Verbleib der Fahrzeugstaffel zu erhalten; meist war ihm die Führung der Solokradmelder der Kompanie übertragen, abstützen

konnte er sich immer auf die Führer der Fahrzeugstaffeln der Züge und der Kradstaffeln.

Der Kraftfahrzeuginstandsetzungstrupp suchte nach Instandsetzen liegengebliebener Fahrzeuge immer unverzüglich den Platz der Fahrzeugstaffel auf, um hier erforderliche Instandsetzungsarbeiten durchführen zu können.

DAS KRADSCHÜTZENBATAILLON

offiziell Kraftradschützenbataillon genannt, war die schnellste und wendigste Truppe der Schnellen Verbände der Wehrmacht. Es war sowohl Träger der taktischen Aufklärung in den Panzerdivisionen und motorisierten Infanteriedivisionen als auch zur Lösung jeder infanteristischen Kampfaufgabe befähigt. Mit seiner großen Ausstattung mit Maschinenwaffen besaß das Kradschützenbataillon eine starke Feuerkraft, die es auf der Grundlage seiner großen Beweglichkeit auf dem Gefechtsfeld zu einem starken, schnellen und vielseitigen Kampfmittel in der Hand der Führung machte und es befähigte, Klarheit über die Feindlage durch Kampf zu erzwingen.

Das wesentlichste Merkmal seiner Kampfweise war dabei der rasche Wechsel zwischen dem Kampf zu Fuß und der Bewegung auf den Fahrzeugen. Die Ausstattung mit Beiwagenkrädern befähigte das Kradschützenbataillon zu schnellem Vorwärtskommen auf allen Wegen und Straßen und bei Trockenheit auch in fast jedem Gelände, vor allem auch im Gebirge. Bewegungen in ungünstigem Gelände (Sand, Wiesen, bei Feuchtigkeitsaufnahme aufquellende Bodenarten), bei schlechtem Wetter (Regen, Schnee, Eis), bei Dunkelheit und Nebel beanspruchten die Kradschützen und ihre Beiwagenkräder stark, verminderten ihre Leistungsfähigkeit oder lähmten sie bis zur Bewegungslosigkeit – wie in Rußland.

Die Kradschützen boten auf ihren Beiwagenkrädern nur kleine Ziele und konnten deshalb jedes Gelände optimal und schnell ausnutzen. Sie konnten aus der Bewegung von ihren Beiwagenkrädern herab feuern, waren abgesessen schnell feuerbereit, konnten sich schnell feindlicher Sicht entziehen und unter feindlichem Artilleriefeuer liegendes Gelände schnell durchfahren. Am empfindlichsten waren sie gegen gezieltes feindliches Infanteriefeuer; trotzdem muß hierzu festgestellt werden, daß sie bei der schnellen und wendigen Beweglichkeit ihrer niedrigen und kurzen Beiwagenkräder vor allem im Gelände schwer anzurichten und zu treffen waren und daß Beschädigungen an den Fahrzeugen relativ einfach und schnell durch Auswechseln von Teilen meist von den Kradschützen selbst behoben werden konnten.

Ungünstiges Gelände und feindliches Feuer schränkten die Bewegungen der Kradschützen mehr oder weniger stark ein, machten sie unmöglich und zwangen Teile des Bataillons oder das ganze Bataillon zum Absitzen – womit es vorübergehend oder auf Dauer seine Eigenart und Stärke verlor. Daraus ergab sich, daß Kradschützen keine ideale Begleitinfanterie für die Panzer waren; hierfür wurde vielmehr die Panzergrenadiertruppe auf Schützenpanzerwagen (SPw) – in der Wehrmacht Halbkettenfahrzeuge – entwickelt.

Die Hauptaufgabe des Kradschützenbataillons war die Durchführung und – zeitweise und stellenweise, oft oder meist – das Erkämpfen der taktischen Aufklärung für die Division. Dazu wurde es möglichst geschlossen eingesetzt. Oft mußten mit den Aufklärungsaufträgen Kampfaufträge verbunden werden, wenn die Feindlage oder Mangel an anderen Kräften dazu zwangen.

Besonders befähigt waren die Kradschützenbataillone aufgrund ihrer Eigenart zum Einsatz als Vorausabteilung, zu Umgehungen zum Zwecke überraschender Angriffe gegen Flanken und Rücken des Feindes, zur Verfolgung, besonders zur überholenden Verfolgung, und zur Verschleierung der Bewegungen motorisierter Kräfte und zur Sicherung der Ruhe.

In der Abwehr wurde das Bataillon gut zum Schutz offener Flanken eingesetzt, weil hier der beste Schutz meist weiträumige Aufklärung war. Als bewegliche Reserve kamen die Kradschützen nur dann in Frage, wenn auf Aufklärungsaufträge einmal verzichtet werden konnte.

Im Vergleich zu einem Infanteriebataillon hatte das Kradschützenbataillon durch seine vielen Maschinengewehre eine erheblich höhere Feuerkraft. Der Halteaufsatz für MG auf dem Bug des Beiwagens ermöglichte das Schießen vom fahrenden und stehenden Krad und stete Feuerbereitschaft gegen überraschend auftauchende Erdziele; das Schießen vom fahrenden Beiwagenkrad war natürlich ziemlich ungenau, zwang aber auf jeden Fall den Feind in Deckung und hatte immer eine moralische Wirkung. Nachteilig war, daß bei durchweg rechts anmontiertem Beiwagen nur nach vorn und nach halbrechts geschossen werden konnte.

Die Kradschützen waren mit ihren Beiwagenkrädern eng verbunden. Der stete Wechsel zwischen der Bewegung auf den Beiwagenkrädern und zu Fuß machte die Gespanne zu einem wichtigen Kampfmittel, dessen Schnelligkeit und Wendigkeit bis zum äußersten ausgenutzt wurden. Für unbemerkte Annäherung an den Feind und für Entfaltung und Bereitstellung auf den Gespannen war schwach gewelltes, bedecktes Gelände günstig. Selbst nur niedrige Bewachsung und kleine Bodenunebenheiten boten den Kradschützen mit ihren niedrigen Beiwagenkrädern ausreichende Möglichkeiten zur Deckung und Tarnung und erlaubten weit auseinandergezogene Aufstellung der Fahrzeugstaffeln und deren nahes Heranhalten an die gerade abgesessen kämpfende Truppe. Quer zur Front verlaufende, gegen Sicht gedeckte Wege ermöglichten das Absitzen von den Beiwagenkrädern zum Gefecht und die rasche Querverschiebung von beweglich gemachten Kräften. Offenes und deckungsloses Gelände und staubige Wege und Straßen wurden von den Kradschützen schnell und mit großen Abständen durchfahren. In jedem Fall war frühzeitige Orientierung über die Wege- und Wetterverhältnisse im Einsatzraum besonders wichtig, weil die Schnelligkeit der Bewegung und die Aufklärung und der Kampf des Bataillons von der Dichte und dem Zustand des Wege- und Straßennetzes und dessen Veränderung durch Wettereinflüsse abhängig waren. Zerwegung und Wegelosigkeit in den langen Regenperioden der Übergangsjahreszeiten im Osten und große Schneehöhen, Vereisung und extreme Frosttemperaturen machten den Einsatz von Kradschützen nahezu unmöglich. Man muß hier allerdings bemerken, daß für Einsätze unter osteuropäischen geographischen Bedingungen die Kradschützen von der militärischen Führung der Wehrmacht auch nicht geschaffen worden waren, erst recht nicht ihre ursprünglichen nur hinterradangetriebenen Beiwagenkräder.

Dies ist übrigens eine Feststellung, die für manche Bereiche und Ausrüstungen der Wehrmacht galt; sie sollte auch bei historischen Betrachtungen und Kritik an der Wehrmachtführung viel stärker berücksichtigt werden, als das bisher geschehen ist. Zumindest der Ostfeldzug war eine politische Intention und von der militärischen Führung durch Schaffung dort geeigneter Waffen, Fahrzeuge, Ausrüstung, Bekleidung und dergleichen nicht von langer Hand vorbereitet worden.

Die Kradschützen ließen sich nicht in unnötigen Kämpfen festlegen, die sie von ihren Aufklärungsaufträgen abhielten. Bei der Durchführung von Aufklärungsaufträgen gingen sie aber immer zum Angriff über, wenn der Feind die Aufklärung behinderte oder er selbst an seiner Aufklärung gehindert werden sollte. Die Besetzung eines Abschnitts durch starke oder schwache Kräfte oder gar nur durch Spähtrupps konnte oft nur durch Angriff festgestellt werden. Im übrigen wurden günstige Situationen zum Überfall und zur Vernichtung des Feindes immer ausgenutzt, wenn der Aufklärungsauftrag dadurch nicht in Frage gestellt wurde. Vornehmliches Ziel der Aufklärungstätigkeit der Kradschützen waren immer feindliche Panzer und Panzerabwehr und die Erkundung von Wegen, Straßen, Gelände, Sperren und Hindernissen.

An die Führer aller Ebenen der Kradschützen bis hinab zum Gruppenführer mußten besonders hohe Anforderungen gestellt werden: List, Gewandtheit, Verständnis für den Auftrag, entschlossenes Fahren in jedem Gelände, auch bei Nacht, Kaltblütigkeit, rasches und selbständiges Handeln waren unerläßliche Forderungen. Alle Führer der Kradschützen waren dafür verantwortlich, die einmal gewonnene Fühlung mit dem Feind bei Tag und Nacht nicht wieder verloren gehen zu lassen, und wenn dies geschah, sie sofort wieder herzustellen. Dabei waren die Schnelligkeit und die Beweglichkeit der Kradschützen ihre besondere Eigenart, mit der eine Überraschung des Feindes stets angestrebt wurde. Gerade die wendigen Beiwagenkräder ermöglichten wie kein anderes Fahrzeug rasches Verschieben der Kräfte des Kradschützenbataillons und deren erneuten überraschenden Einsatz an anderer Stelle auch über weite

Entfernungen und in kurzer Zeit. Einzelne Teile der Panzerspähkompanie und der schweren Kompanie des Kradschützenbataillons wurden den Kompanien auf dem Marsch, bei Kampfführung auf breiter Front, bei unübersichtlichem Gelände und bei selbständigem Einsatz oft unterstellt. Wie man noch heute aus Gefechtsschilderungen entnehmen kann, war dies immer wieder die Grundlage ihrer Erfolge.

Die Panzerspähwagen fuhren meist hinter den vordersten Kradschützengruppen und konnten ihnen mit ihren 20 mm-Bordmaschinenkanonen bei Auftreffen auf Feind sofort Feuerschutz geben, bei Auftreffen auf Feindpanzer wurden einige Panzerabwehrkanonen vorgezogen, beim Auftreffen auf feindliche Infanterie in befestigten Stellungen und Ortschaften wurden die kleinen, kongenial-wendigen leichten 7,5 cm-Infanteriegeschütze vorgezogen, und beim Auftreffen auf Hindernisse, Sperren, zerstörte Brücken und querverlaufende Gräben halfen vorgezogene Pioniere so gut sie konnten, oft durch Absprengen der Grabenkanten und damit Zuschütten der Hindernisse.

Problematisch war bei den Kradschützen immer der richtige Zeitpunkt des Absitzens von ihren Beiwagenkrädern zum Kampf zu Fuß. Zu frühes Absitzen verzögerte den infanteristischen Einsatz und verbrauchte unnötig die Kräfte der Soldaten, zu spätes Absitzen hatte meist Verluste an Beiwagenkrädern und Kradschützen durch überraschendes feindliches Feuer zur Folge. In ungeklärten Situationen saßen immer nur Teile des Bataillons ab, um die Masse sofort für andere Aufgaben einsatzbereit zu haben. Ein Absitzen von den Beiwagenkrädern erfolgte immer möglichst schnell und in vom Feind nicht einzusehenden Geländepartien; Aufklärung und Sicherung wurden dann sofort eingeteilt und die Panzerabwehr organisiert. Das Zurückfahren, das gedeckte Abstellen, das Nachführen und das mit dem zu Fuß fortschreitenden Kampf stete Heranhalten der Fahrzeugstaffeln, meist der Kradstaffeln, war Aufgabe der Kompanien. Zur Vermeidung gefährlicher Konzentrationen der Beiwagenkräder und von Behinderungen anderer Verbände wurden aber oft vom Bataillon den Kompanien Abstellräume für die Kradstaffeln zugewiesen.

Die Führer der Kradschützen befanden sich immer in den Brennpunkten des Kampfes; Funkgeräte, Kradmelder auf Solokrädern und Fußmelder standen ihnen zum Befehlen und zum Melden zur Verfügung. Leider waren zu Zeiten der Kradschützen die Funkgeräte technisch noch längst nicht so weit entwickelt wie heute, kein Beiwagenkrad war mit einem Funkgerät ausgestattet, auch nicht einmal mit kleinen Empfängern, obwohl das die Führung der vielen weit auseinandergezogenen Beiwagenkrad-Besatzungen bei ihren schnellen Bewegungen ungemein erleichtert hätte, vor allem auf dem Marsch und beim Auftreffen auf Feind.

Den Kradspähtrupps (meist in Stärke einer Kradschützengruppe) wurde ein Vorsprung von wenigstens einer Stunde vor dem Bataillon und diesem ein Vorsprung von möglichst zwei bis drei Stunden vor der Division gegeben; diese Zeiten mußten oft aus der Lage heraus erheblich gekürzt werden.

Die Breite des Aufklärungsstreifens eines Kradschützenbataillons richtete sich immer nach der Stärke des Feindes, der Zahl der Aufklärungsziele, den Wegen und Straßen und deren Zustand, dem Gelände und seiner Übersichtlichkeit und den benachbarten Verbänden. Richtmaß für die Breite waren bis zu 30 km, bei offenen eigenen Flanken aber auch mehr. Weitab vom Feind wurden meist zunächst nur wenige Kradspähtrupps aufgrund von Meldungen der

Luftaufklärung angesetzt (erste Aufklärungswelle), die den Feind aufspüren und feststellen und mit ihm Fühlung aufnehmen sollten; dazu wurden meist die wichtigen Straßen, die Verkehrslinien und die Ortschaften abgesucht und bei Feststellen des Feindes die Aufklärung verdichtet.

Die Kradspähtrupps meldeten mit Funk, und da sie keine Funkgeräte hatten, meldeten die oft mitfahrenden Panzerspähwagen oder zugeteilte Funktrupps des Nachrichtenzuges des Bataillonsstabes oder aber – und das immer bei aus taktischen Gründen befohlener Funkstille – die Kradmelder der Kompanien. Meldepflicht war immer bei Überschreiten bestimmter Linien (Meldelinien) und in bestimmten Zeitabständen. Das Mithören des Funkverkehrs von Aufklärungsflugzeugen und Nachbarspähtrupps war den Kradschützen mangels eigener dazu geeigneter Funkgeräte leider nicht möglich, nur in seltenen Fällen konnten das mitfahrende Spähwagen oder Funkwagen übernehmen. Kradspähtrupps wurden für den Einsatz nach der Reihenfolge ihres Ansatzes durchnummeriert; wenn es sich eben machen ließ, hörten die Spähtruppführer die Befehlsausgabe an die anderen Spähtruppführer mit – eine immer bewährte Information.

Kradschützen, als Spähtrupp und als Vorausabteilung immer die Ersten am Feind und im Feind, waren Meister im Gewinnen von Nachrichten über den Feind durch Einschalten in Fernsprechleitungen und durch Durchsuchen von Postämtern, Bahnhöfen, Verwaltungsgebäuden nach militärischen Schriftstücken, durch Vernehmung von Gefangenen und Befragung von Landeseinwohnern.

In Spähtrupps und Vorausabteilungen waren die Kradschützen immer die Ersten am und im Feind und deshalb auch die Ersten, die Geländevergif-

tungen aller Art feststellen konnten; ihre Spähtruppführer waren deshalb als Gasspürer ausgebildet.

Nach der ersten Meldung über Geländevergiftungen sollten durch spezielle Spähtrupps als Gasspür-Trupps die Ausdehnung der Geländevergiftungen und vorhandene Durchlässe erkundet und gemeldet werden. Neben den Panzerspähwagen hielt man die Kradschützen wegen ihrer schnellen und wendigen Beiwagenkräder und vor allem wegen ihrer Sonderbekleidung mit den sogenannten Kradmänteln aus schweren Zelttuchstoffen mit Gummibeschichtung hierzu für besonders geeignet. Leicht vergiftete Sperren sollten dann die Truppenpioniere in der schweren Kompanie des Kradschützenbataillons forträumen. So weit bekannt, ist es aber zu derartigen Einsätzen der Kradschützen nicht gekommen, weil im letzten Krieg auf beiden Seiten keine chemischen Kampfstoffe eingesetzt wurden. Heute würden bei einer wesentlich weiterentwickelten atomaren, biologischen und chemischen Kampfführung spezialisierte ABC-Spürtrupps mit Spezialgeräten eingesetzt werden. Es soll aber hier festgehalten werden, daß mögliche zukünftige Kradschützen und Beiwagenkräder mit ihren bodennahen Beiwagen für diese Aufgaben ebenfalls wieder prädestiniert wären.

Auf den Marsch, dieses wichtigste taktische Element, soll hier allgemein nicht eingegangen werden, sondern nur auf die charakteristischen Eigenarten des Marsches der Kradschützen.

Im Bataillon marschierten sie mit Abständen von zwei bis fünf Minuten von Kompanie zu Kompanie – vorn die Kradschützenkompanien des Bataillons, dann die Panzerspähkompanie und die schwere Kompanie, zum Schluß die möglicherweise unterstellten Unterstützungswaffen von außerhalb des Bataillons. Die Gefechtstrosse I

94

und II und der Gepäcktroß und der Verpflegungstroß marschierten meist zusammengefaßt am Ende des Marschbandes des Bataillons; der Gefechtstroß I marschierte auch oft bei seiner Kompanie mit, die übrigen Trosse wurden oft von dem nächsthöheren Verband geschlossen nachgeführt – wie die Feindlage es jeweils geboten erscheinen ließ; das endete immer mit dem ›Wiedersuchen‹ der Kompanien und Bataillone durch die später aufschließenden Trosse, was in ungeklärten Lagen meist schwierig und zeitraubend war und bei turbulenten Absetzbewegungen oft genug zum Verlust der Trosse führte.

Beim Marsch gegen den Feind war das Kradschützenbataillon Aufklärungsreserve, Meldesammelstelle und Rückhalt für die Spähtrupps. Es gliederte sich dann zur Sicherung des Marsches in Vorhut und Gros, an deren Spitzen je eine Panzerspitze mit Panzerspähwagen eingeteilt wurden. Etwa zehn Minuten vor der Spitze wurde nochmals ein sogenannter Spähtrupp vor der Spitze ausgeschieden. Die Stärke der Vorhut richtete sich nach Auftrag, Lage, Gelände und der Stärke des zu sichernden Gros, bestand aber meist aus einer Panzerspähkompanie und einer Kradschützenkompanie sowie Panzerjägern und Teilen des Pionierzugs aus der schweren Kompanie; Erkundungstrupps wurden weit vorn eingegliedert. Das Gros folgte der Vorhut im allgemeinen mit zehn Minuten Abstand. Das alles aber war nur ein Anhalt, eine meist eingehaltene Regel, die je nach Lage, Gelände und Witterung geändert werden konnte. Beim Bataillonskommandeur befand sich die 1. Staffel seines Stabes mit Adjutant, Ordonanzoffizier und Kradmeldern und der Nachrichtenstaffel mit den Funkstellen, die Verbindung mit den Spähtrupps nach vorn, mit der Division als vorgesetzter Stelle nach hinten, zur Luftaufklärung und innerhalb

der Marschkolonne hielten. Der Rest der Nachrichtenstaffel und die Stabsstaffel 2 wurden im Gros eingegliedert.

Marschierten die Kradschützen als Nachhut (als sich diese Aufgabe immer häufiger im letzten Kriege ergab, gab es schon fast keine Kradschützen mehr), so wurde eine Nachspitze ausgeschieden, die für voraussehbare Kampfaufgaben durch schwere Waffen und Pioniere verstärkt wurde.

Gegen feindliche Luftangriffe waren die Kradschützen durch ihre Aufteilung auf viele, mit höchstens drei Mann besetzte kleine Beiwagenkräder schon konzeptionell weitgehend gesichert, was auch durch noch weitergehende Auflockerung gesteigert werden konnte. Mit der aktiven Fliegerabwehr war es aber von der Ausrüstung her nicht sehr gut bestellt – wie schon bei der Vorstellung der Kradschützenkompanie erwähnt. Der Einsatz einzelner Beiwagen-MG gegen Tiefflieger konnte nicht viel mehr als Zufallstreffer erwarten lassen, erst das zusammengefaßte Feuer eines Zuges oder einer Kompanie hatte hier schon eher Erfolge nach den Regeln der Wahrscheinlichkeitsrechnung. Das MG auf Dreibeinlafette zum Flugzielbeschuß beim Zugtrupp konnte hieran allein nicht viel ändern. Auch die Panzerspähwagen des Kradschützenbataillons waren zur Fliegerabwehr nicht wesentlich besser geeignet, nur auf das lange Marschband der Kradschützen verteilte Flakeinheiten konnten einigermaßen wirksamen Schutz gegen feindliche Tiefflieger geben.

Auch hier muß indessen festgestellt werden, daß es auf dem Höhepunkt feindlicher Tiefflieger-Aktivität 1944 in Frankreich kaum Kradschützen gab, die gegen die angreifenden feindlichen Jabos die geringen Maße und die schnelle und wendige Beweglichkeit ihrer Beiwagenkräder hätten ausspielen können; es war aber doch kennzeichnend, daß die Beiwagenkräder und auch Solomaschinen mit ihrer höchst passiven Fliegerabwehr der geringen Größe und hohen Beweglichkeit die einzigen mit einiger Sicherheit einsetzbaren einzeln fahrenden Kraftfahrzeuge waren. Gegen feindliche Panzerfahrzeuge wurden die Panzerabwehrwaffen des Kradschützenbataillons auf das Marschband verteilt, mit geringerem Erfolg wurden hierzu auch die Panzerspähwagen des Bataillons eingesetzt.

Offensichtlich vom Feind zu Stützpunkten ausgebaute Ortschaften an der Vormarschstraße wurden von den Kradschützen zunächst umgangen, ihre Bekämpfung blieb den kampfkräftigeren Verbänden der Division vorbehalten – wenn nicht der Auftrag der Kradschützen das Öffnen der Vormarschstraße vorschrieb.

Schnelligkeit und Wendigkeit der Beiwagenkräder befähigten die Kradschützen zur schnellsten Entfaltung aus der Marschordnung, für die es feste Formen nach Breite und Tiefe an sich nicht gab. Lage, Gelände, vorhandene Wege und die beabsichtigte Kampfführung waren vielmehr maßgebend für die Formen der Entfaltung des Bataillons. Kompanien und Bataillon behielten meist schmale, tiefe Formen bei, um Geländehindernisse leichter überwinden und sich feindlicher Beobachtung leichter entziehen zu können. Bei ungeklärter Lage wurde das Bataillon oft abschnittsweise vorgeführt. Kleine Kampfgruppen in Zugstärke mit Panzerspähwagen, schweren Maschinengewehren und Granatwerfern wurden oft zur Inbesitznahme wichtiger Geländepunkte angesetzt, um günstige Voraussetzungen für die Entfaltung des Bataillons und dessen Angriff zu schaffen. Wenn Feindeinwirkung oder das Gelände Bewegungen auf den Beiwagenkrädern unmöglich machten, entfalteten sich die Kradschützen zu Fuß.

Schnelligkeit und Wendigkeit der Beiwagenkräder befähigten die Kradschützen, bei Einleitung des Gefechts die für den Kampf entscheidenden Geländepunkte schnell in Besitz zu nehmen und damit schon günstige Voraussetzungen für den Kampf zu gewinnen. Rasches, rücksichtsloses Zupacken und damit eine Überraschung des Feindes waren immer wieder erfolgreich, unter Ausnutzung der beweglichen und kleinen Beiwagenkräder wurde meist eine Umfassung des Feindes angestrebt. Aufgesessene und damit beweglich gehaltene Teile des Bataillons oder durch Heranziehen der Kradstaffel wieder beweglich gemachte Teile konnten immer sofort an entscheidender Stelle eingesetzt werden. Nachstoßen der Kradschützen in die Tiefe des feindlichen Hauptkampffeldes und zur Verfolgung des weichenden Feindes steigerte den errungenen Erfolg. Hierbei unterstützten Panzerspähwagen und Panzerjäger die Kradschützenkompanien.

Dem Wesen der Kradschützen entsprach am meisten der Angriff aus der Bewegung gegen einen unvorbereiteten oder nur unvollkommen abwehrbereiten Feind, weil sie hierbei Schnelligkeit und Wendigkeit am wirksamsten entwickeln konnten. Die Unterstützung mit schweren Waffen war dabei besonders wertvoll, aber schnelle und rechtzeitige Feuerbereitschaft war hierbei nur mit der Anwendung einfachster Richtverfahren gewährleistet. Die Kradstaffeln wurden bei fortschreitendem Angriff von Deckung zu Deckung nachgeführt, sie wurden immer dicht an die abgesessenen Kradschützen herangehalten, um sie durch Aufsitzen auf die Beiwagenkräder schnell wieder beweglich machen zu können. Beim Angriff auf einen als abwehrbereit erkannten Gegner wurden die Kradschützen so weit wie möglich auf Fahrzeugen in den Bereitstellungsraum vorgeführt, um Zeit zu sparen und

Kräfte zu schonen. Die im niedrigen Gang mit wenig Gas sehr leisen Viertakt-Boxermotoren der Beiwagenkräder erlaubten hier sehr weites Vorfahren; trotzdem wurde oft eine Linie befohlen, die mit Fahrzeugen nicht überfahren werden durfte. Die Kradstaffeln wurden dann außerhalb eines beobachteten feindlichen Feuers abgestellt.

Eine der beeindruckendsten Eignungen der Kradschützen war die zur Verfolgung eines geschlagenen Feindes. Hierbei konnten sie so recht die Schnelligkeit ihrer Beiwagenkräder dazu ausnutzen, den geschlagenen und weichenden Feind nicht zur Ruhe kommen zu lassen, durch vor bestimmten Abschnitten Sich-Vorlegen ihm den Rückzug abzuschneiden, ihn zu vernichten oder zur Auflösung zu bringen. Hierzu forderten die Kradschützen von sich und ihren Beiwagenkrädern rücksichtslosen Einsatz. Wenn sie absaßen, wurden die Gespanne immer dicht herangehalten, um beim Nachlassen des feindlichen Widerstandes sofort wieder aufsitzen und die Verfolgung wieder aufnehmen zu können. Schwächeren Feindwiderstand ließen sie für die nachfolgenden Truppen liegen, überholende Verfolgung unter Ausnutzung aller in die Verfolgungsrichtung führenden Wege und Straßen führte meist zu großen Erfolgen. Bei Verfolgung tief in den Feind hinein mußte die Betriebsstoffversorgung unter Verwendung von Beutekraftstoff gewährleistet werden – und das war oft gar nicht so einfach. Bei Rasten und bei Nacht durfte nie die Sicherung gegen Feuerüberfälle und Gegenstöße des Feindes vergessen werden, oft igelten sich die Kradschützen ein.

In der Verteidigung fiel den Kradschützen oft die Aufgabe zu, die beim Kampf der schnellen Verbände häufig entstehenden tiefen Flanken und breiten Lücken zu schützen und das von Pan-

zerverbänden eroberte Gelände zu sichern. Dazu mußte oft ein Gelände von großer Breite mit ihrer Beweglichkeit und starken Feuerkraft verteidigt werden. Konnte das wegen zu großer Breite des Geländes nicht lückenlos geschehen, so wurden die Kradschützen hierzu gruppenweise eingesetzt. Eine bewegliche Reserve mußte an einem Platz im Gelände bereitgehalten werden, von dem aus sie in verschiedene Richtungen eingesetzt werden konnte. Beim Abbrechen des Gefechts ermöglichten die nahe herangehaltenen Beiwagenkräder den Kradschützen rasches Loslösen und schnelles Absetzen vom Feind und das Gewinnen eines großen Abstandes von ihm in kurzer Zeit und damit Zeit für die Vorbereitung neuer Einsätze an anderer Stelle. Dunkelheit und Nebel erleichterten spätes Loslösen der zuletzt am Feind verbliebenen Kräfte und verschleierten Zeitpunkt und Richtung des Ausweichens. Wurden die Kradschützen als Nachhut eingesetzt, so besetzten sie mit ihren schnellen Beiwagenkrädern Geländepunkte oder Abschnitte, welche die Abwehr begünstigten. Der nachdrängende Feind wurde in Front und Flanken in Gegenstößen mit begrenztem Ziel überfallen und aufgehalten. Zum Kampf gegen durch ständige Kampfanlagen verstärkte Stellungen des Feindes waren die schnellen und wendigen Kradschützen zunächst nicht geeignet; hier wurden sie erst zum schnellen Durchstoßen der von anderen Truppen geschlagenen Lücken eingesetzt, um den Erfolg auszuweiten und frühzeitig kampfkräftige Aufklärung in die Tiefe des feindlichen Raumes vorzutreiben.

Beim Kampf um Flüsse brachten die Kradschützen mit Überraschung und Kühnheit Übergänge unzerstört in ihre Hand, was sie an Nebenübergängen meist leichter erreichten als an den stärker verteidigten Hauptübergängen. Oft griffen abseits der Brückenstelle überraschend übergesetzte Kradschützen mit großem Erfolg eine angestrebte Brückenstelle von rückwärts an.

Bei handstreichartig durchgeführten Übergängen wurden die Beiwagenkräder auf Floßsäcke, Floßsackfähren, Kradschützenstegen und allen möglichen behelfsmäßigen Übersetzmitteln über das Gewässer gebracht und am anderen Ufer ein Brückenkopf gebildet. Der Kradschützensteg bestand lediglich aus Holz- oder Metallplanken, die mit der Spurweite der Gespanne nebeneinander auf im Gewässer verankerte Schlauchboote gelegt wurden und über die dann ganze Bataillone das jenseitige Ufer erreichten – auch Solomaschinen, deren Fahrer die Beine zur Balance-Unterstützung weit abgespreizt hatten. Die Planken und Schlauchboote wurden auf zwei oder drei Lkw des Pionierzugs mitgeführt und beim Auftreffen auf Gewässer nach vorn gebracht. Dieses in der Schilderung so einfache Verfahren war in der Tat ungemein wirkungsvoll – aber in dieser Form wohl nur für die relativ leichten Gespanne passend. Der Erfinder dieses Kradschützenstegs war der später bekanntgewordene Major Gorn – wo dieser Kradschützen-Major abgeblieben ist, war bisher nicht zu erfahren.

Zu Flußübergängen und der Bildung von Brückenköpfen am jenseitigen Ufer – zu allen Zeiten eine der schwierigsten militärischen Aufgaben – waren die leichten, feuerstarken Kradschützen ohne Zweifel noch besser geeignet als alle anderen Waffengattungen. Die schweren Waffen des Kradschützenbataillons unterstützten den Angriff der Kradschützen zunächst nur durch Feuer vom diesseitigen Ufer aus und hielten damit den Feind auf dem gegenüberliegenden Ufer zumindest nieder. Schwere Waffen, Panzerjäger und Panzerspähwagen bei zerstörten Brücken

und fehlenden Furten hinter den Beiwagenkrädern her über das Gewässer zu bringen, war immer sehr schwierig; oft bauten die herangeholten Pioniere des Bataillons hierzu Notübergänge auf den Trümmern zerstörter Brücken. Breite Gewässer konnten fast nur mit Unterstützung der Pioniertruppe überwunden werden. Tieffliegerabwehr und Funk- oder Drahtverbindung zu den übergesetzten Teilen des Bataillons und die Vermeidung von Fahrzeuganhäufungen an derartigen gewonnenen Übergängen waren immer die erste und größte Sorge.

Bei Dunkelheit und Nebel hatten die Kradschützen mit kleinen Kampfgruppen, unterstützt von Panzerspähwagen, in kühnen Stoßtruppunternehmen große Erfolge beim Angriff gegen schwache Stellen in Flanken und Rücken des Feindes, den sie damit überraschten und verwirrten. Beim Angriff auf vom Feind verteidigte Ortschaften stießen die Kradschützen nach Möglichkeit seitlich der Ortschaft vorbei und dann gegen den rückwärtigen Ortsrand oder gegen die aus dem Ort herausführenden Verbindungsstraßen des Feindes vor, um ihn in Flanke und Rücken überraschend anzugreifen und ihm die Rückzugsmöglichkeiten abzuschneiden. Frontal wurde der Feind durch Angriff mit schwachen Teilen oder durch Feuer gebunden oder durch Nebel geblendet. Für den Kampf im Gebirge waren die Kradschützen mit ihren ungemein wendigen und schmalen und leichten Beiwagenkrädern besonders gut geeignet, weil sie mit ihnen steile, schmale Bergstraßen mit vielen und engen Serpentinen und viele Wege und Pfade im Gebirge gut befahren konnten. Beim Auftreffen auf Feind in einer Talstraße blieb meist nichts anderes übrig, als ihn zu Fuß durch unwegsames Gelände vorgehend zu umfassen. Beiwagenkräder wurden im Gebirge manchmal an Steilwänden hochgezogen oder abgeseilt, wenn die Kradschützen anders bestimmte Geländeteile oder feindliche Stellungen oder Sperren nicht umgehen konnten – so etwas war mit keinem anderen Fahrzeug möglich! In der Ruhe konnten die Kradschützen mit ihren vielen kleinen, schnellen und wendigen Fahrzeugen sehr weiträumig verteilt werden und dabei günstige Unterbringungen und Tarnmöglichkeiten ausnutzen, denn sie waren bei Alarmierung ja schnell wieder versammelt. Ortsfeste Werkstätten, Hallen und Maschinenräume wurden, wenn sie nicht zu frei lagen und zu hoch aufragten, für die Instandsetzung der Fahrzeuge ausgenutzt.

Im Gefechtstroß I des Kradschützenbataillons waren die im Kampf unbedingt benötigten Hilfsfahrzeuge oder Unterstützungfahrzeuge zusammengefaßt, das waren ein Teil der Betriebsstoffwagen, die Feldküchen des Stabes und der Kompanien und der Krankenkraftwagen. Auf dem Marsch befanden sich diese Fahrzeuge bei den Kompanien, ebenso die Instandsetzungstrupps. Bei Einsätzen, die besondere Schnelligkeit und Beweglichkeit erforderten, aber auch eine stärkere Gefährdung mit sich brachten, wurden die Gefechtstrosse I beim Bataillon zusammengefaßt und unter Führung eines Offiziers oder des ältesten Hauptfeldwebels so nachgeführt, daß sie den Kompanien im Bedarfsfall schnell zugeführt werden konnten; die Instandsetzungstrupps blieben immer bei den Kompanien. In der Nachschubstaffel war die Masse der Betriebsstoff- und Munitionsfahrzeuge zusammengefaßt, welche die Kompanien mit Munition und Betriebsstoffen versorgten; sie wurde meist vom technischen Beamten des Kradschützenbataillons geführt und marschierte nach den Weisungen des Bataillons am Ende der fechtenden Truppe.

Zum Gefechtstroß II gehörten alle restlichen Fahrzeuge des Gefechtstrosses und die Instandsetzungsstaffel für Kraftfahrzeuge und Waffen; er marschierte meist hinter der Nachschubstaffel; marschierte das Bataillon aber im Verbande der Division, so wurden die Gefechtstrosse II aller Bataillone/Abteilungen und Regimenter dort zusammengefaßt und geschlossen nachgeführt. Die Instandsetzungsstaffel wurde vom Werkmeister oder dem Waffenmeister nach den Weisungen des Ingenieuroffiziers des Kradschützenbataillons geführt. Sie schleppte die liegengebliebenen Fahrzeuge ab und setzte sie, wenn möglich und Ersatzteile vorhanden waren, abseits der Straße instand; im Gefecht befand sich die Instandsetzungsstaffel mit ihren Arbeitsmöglichkeiten meist in der Nähe der Kradstaffeln. Der Gepäcktroß und der Verpflegungstroß befanden sich in der Regel beim Gefechtstroß II und wurden von dort den Kompanien zugeführt.

Rechtzeitiger und ausreichender Nachschub von Munition, Betriebsstoffen, Fahrzeugersatzteilen (für möglichst wenige Modelle und Fabrikate!), Verpflegung, Gerät, Bekleidung und Ausrüstung war für die Kradschützenbataillone eine Lebensfrage, besonders bei der Durchführung selbständiger Aufgaben, wie Vorausabteilung, Flankendeckung und dergleichen – und solche Aufträge hatten die Kradschützenbataillone, so lange sie existierten, ja meist. Als der Nachschub in seiner Gesamtheit nicht mehr funktionierte, war auch bald das Ende der Kradschützenbataillone gekommen, wobei die Frage nach Ursache und Wirkung unwesentlich war: für Beiwagenkräder, die nicht mehr fahren konnten und/oder die es nicht mehr gab, brauchte man auch keinen Nachschub mehr!

Von den Kradschützen selbst wurden die Beiwagenkräder genau so sorgfältig gepflegt und gewartet wie die Waffen – beides machte ja ihre

Kampfkraft aus. Was die Besatzungen der Beiwagenkräder nicht selbst machen konnten, ging an die Instandsetzungstrupps der Kompanien, und was dort nicht erledigt werden konnte, ging an die Instandsetzungsstaffel des Kradschützenbataillons. Diese konnte sich in der Ruhe nach größeren und längeren Einsätzen zum Aufarbeiten der vielen inzwischen angefallenen Instandsetzungsaufträge vorübergehend mit den Instandsetzungstrupps der Kompanien verstärken. Oft blieb die Instandsetzungsstaffel nach Abmarsch des Bataillons auf ihrem Arbeitsplatz, um ihre Arbeiten abzuschließen. Dann mußte allerdings immer eine Sicherung für sie zurückgelassen werden. Schwierige Instandsetzungen wurden an die Werkstattkompanie der Division abgegeben. Derartige Abgaben betrafen aber meist nicht die Kräder, die im allgemeinen auf der Bataillonsebene instandgehalten werden konnten, sondern viel mehr die Panzerspähwagen und die anderen Pkw und Lkw des Bataillons.

Auf jeden Fall erwies sich als segensreich, daß man vor dem Krieg die Kradschützenbataillone mit ›reinrassigen‹ Beiwagenkrädern ausgerüstet hatte, also mit gleichen Modellen gleicher Fabrikate, was nicht nur den Ersatzteilnachschub, sondern auch die Instandsetzungsarbeiten ungemein vereinfachte. Im Gegensatz dazu waren kriegsaufgestellte Einheiten und Verbände fast durchweg mit einer Vielzahl von Beiwagen- und Solokrädern verschiedenster Fabrikate und Modelle ausgerüstet, die aus dem Zivilbereich zum Kriegsdienst eingezogen worden waren und die oft im Sinne des Wortes zum Erliegen kamen, wenn einmal ein kleines oder spezielles Ersatzteil für ein bestimmtes Krad nicht herankam – Kradschützenbataillone hat man aber bis zum Ende ihrer Existenz mit einer derartigen Modellvielfalt verschont.

Die typische Waffe der Kradschützen, ihre schnelle und wendige Beweglichkeit, hing natürlich buchstäblich von der Betriebsstoffversorgung ab. Dieser Sorge nahmen sich die Kradschützen-Kommandeure mit Recht oft selbst an, denn von der Betriebsstofflage hing zuerst ab, was sie sich mit ihren Bataillonen zumuten konnten und was nicht. Die Betriebsstoff-Lkw der Kompanien wurden meist unter dem Schirrmeister des Bataillonsstabes zusammengefaßt und fuhren zu den Ausgabestellen der Division, um sich aus den Betriebsstoffkolonnen zu befüllen. Auf diesen Wegen mußten die Lkw eigens gesichert werden, vor allem in den partisanengefährdeten Gegenden des russischen Kriegsschauplatzes. Ein großer Vorteil der Kradschützenbataillone bestand darin, daß man mit relativ wenig Kraftstoff eine Vielzahl von Beiwagenkrädern für mehrere hundert Kilometer bewegen konnte: mit dem Inhalt eines 20-Liter-Kanisters fuhren zwei Beiwagenkräder mit sechs Mann, Waffen und Ausrüstung immerhin mindestens je 200 Kilometer. Das konnte keine andere Waffengattung erreichen! Eine gewisse Tragik der Kradschützen lag darin, daß sie die zeitliche Mitte des Krieges fast alle nicht mehr überlebten und in den letzten Kriegsjahren, in denen man sie aus vielen oben dargestellten Gründen – auch wegen ihres geringen Betriebsstoffbedarfs bei immer knapper werdender Betriebsstoffproduktion – dringend benötigt hätte, nicht mehr zur Verfügung standen.

Die Verpflegung wurde oft über weite Entfernungen nachgeführt; im Einsatz lebten die Kradschützen oft von ihren ›Eisernen Rationen‹ oder aus dem Lande; die Feldküchen kamen oft nicht nach vorn. Verwundete und Kranke wurden zur weiteren Behandlung schnell an die Sanitätsdienste der Division abgegeben.

Das taktische Zeichen der Kradschützen war ein stilisiertes Rad mit stilisiertem quergestellten Motorradlenker. Dieses Zeichen trugen alle Fahrzeuge der Kradschützen in weißer Farbe auf die Grundfarben Wehrmachtgrau oder Afrikagelb aufgemalt. Die Ausführung der taktischen Zeichen differierte allerdings oft etwas, weil sich die Truppe die Schablonen zum Aufmalen meist selbst schnitt und die Zeichen dabei verschieden ausfielen.

Generaloberst Guderian, in dessen Konzeption einer Panzertruppe die Kradschützen ihren festen, kontrapunktischen Platz hatten – und den man deshalb wohl auch als ihren ideellen Schöpfer bezeichnen könnte – läßt auf dem Vormarsch in Rußland im Morgengrauen ein Kradschützenbataillon an sich vorbeifahren. Von Guderian stammen auch die Kernsätze der Kradschützen: – daß sie die schnellste erdgebundene Waffe seien, – und daß der Motor ihrer Beiwagenkräder schon eine Waffe sei.

Die Geländefahrausbildung

Der Fahrausbildung im Gelände wurde größte Konzentration und viel Zeit gewidmet. Das fahrerische Können der alten Kradschützen mit ihren zivilen Straßengespannen in schwerem Gelände war dementsprechend ungewöhnlich gut und eine wesentliche Grundlage ihrer späteren großen Erfolge im Krieg. Die Kradschützenvorschrift enthielt sogar im Anhang eine Geländefahrschule für Beiwagenkräder in Bild und Wort, die im folgenden im Original wiedergegeben wird.

Wenn Kräder auf dem Boden aufsetzen, keine Gewalt anwenden, um sie frei zu bekommen, sondern: Absitzen! Motor abstellen! Lenkung fest! Schieben!

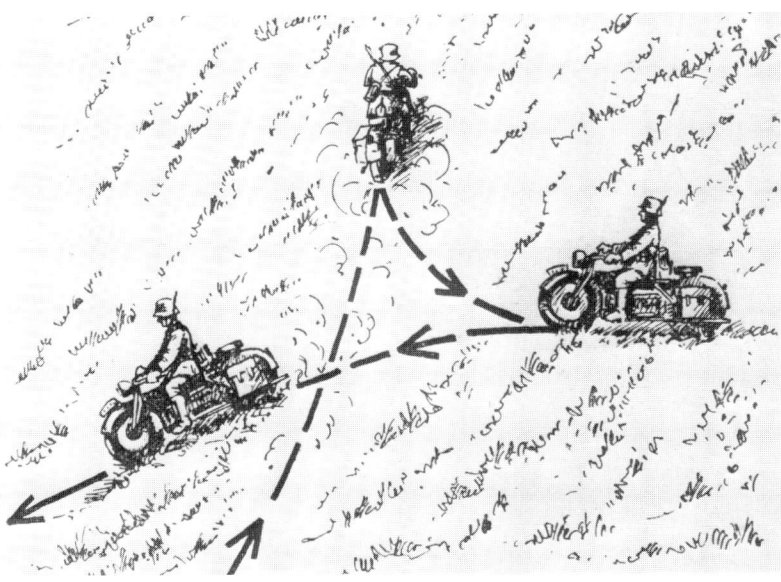

Wenn der Fahrer mit seinem Krad an einem Hang hängen bleibt, dann Krad seitlich rückwärts abrollen lassen! Herunterfahren und mit richtigem Gang erneut anfahren!

Bei Fahrt mit Beiwagenkrad am Steilhang aufwärts: Hinterrad belasten!

Beim Erreichen der Höhe: Gas drosseln!

Wenn der Steilhang nicht bezwungen wurde: Um den Beiwagen kehrtmachen, herunterfahren und mit richtigem Gang erneut anfahren!

Oder: Blitzartig absitzen! Gang einschalten! Schieben!

104

Bei Bergabfahrt: Hinterrad belasten!

Beim Herunterfahren am glatten Steilhang: Fahrt verlangsamen! Nur Begleitfahrer sitzen ab und stemmen sich gegen die Fahrtrichtung!

Bei steileren Hängen: Am Seil ablassen! Fahrer zu Fuß am Lenker!

105

Bei Querfahrt am Hang: Gewichts-
verteilung!

Hat sich das Krad festgefahren:
Absitzen! Vorderrad heraus heben!
Mit eingeschaltetem Gang schie-
ben!

Bei Fahrt im tiefen Sand: Absitzen! Mit eingeschaltetem Gang
schieben!

106

Bei Fahrt in tiefer Rinne: Beiwagen belasten!

Herausschieben aus einem Graben: Vorwärts – aufwärts anheben!

Bei Wasserdurchfahrten: Kleinen Gang wählen! Langsam fahren! Motor nicht abdrosseln!

107

Bei tieferem Wasser: Krad tragen! (gilt auch für Baumhindernis-
se usw.)

Bei Überwinden von Steilhängen:
Die Beifahrer stemmen sich gegen die Fahrtrichtung!

Bei Fahrten in der Kurve: Ge-
wichtsverteilung!

108

In großem Ausmaß nahmen die Kradschützen an Gelände-sport-Veranstaltungen teil, die ihrem Charakter nach Gelände-Zuverlässigkeitsfahrten im Mannschaftsrahmen waren und sich damit mit den Ausbildungsinteressen deckten, sie veranstalteten selber derartige Wettbewerbe mit Einla-

dung ziviler Fahrer. Die Wettbewerbsgleichheit war dadurch gegeben, daß zivile und militärische Fahrer nur gleichartige Gespanne fahren konnten – es gab ja keine anderen.

109

Ein Kradschützengespann durchfährt bei einem Geländewettbewerb ein seichtes Gewässer, der Beiwagenfahrer ist ausgestiegen und versucht durch Belastung des Hinterrades dessen Bodenhaftung zu verbessern. Bei Bodenfreiheiten der damaligen Straßenmaschinen zwischen nur 10 und 12,5 cm besaßen sie eine Watfähigkeit bis zu 25 cm, was allenfalls für das Durchfahren seichter Bach- und kleiner Flußbetten reichte. Erst bei den späteren Geländemaschinen kam man auf Bodenfreiheiten der Kräder von 15 cm und 16 cm, auf Bauchfreiheiten der Beiwagen von 27,5 cm und auf Watfähigkeiten durch Höherlegen aller wasserempfindlichen Teile des Motors, vor allem von Luftansaugung, Auspuff und Elektrik, von 35 cm bis 40 cm.

110

Die Waffen der Kradschützen

Die Handwaffen der Kradschützen reichen von der Pistole bis zum Maschinengewehr. Die Pistole 08 oder die modernere Pistole Walther P 38, welche die 08 ablöste, hatte das Kaliber 9 mm und führte acht Patronen im Magazin, war bei einer Rohrlänge von 12,07 cm insgesamt 21,59 cm lang und wog 964 g. Mit der als Rückstoßlader ausgelegten Waffe mit einer Vo (Anfangsgeschwindigkeit des Geschosses nach Verlassen des Rohres) von 317 bis 457 m/s war nur Einzelfeuer möglich, die Treffgenauigkeit der Waffe reichte bis etwa 70 m.

Die Maschinenpistole 40 (MP 40) wurde aus der MP 38 entwickelt und wurde zu einer der bekanntesten deutschen Infanteriewaffen. Sie hatte ebenfalls das Kaliber 9 mm und schoß aus einem Magazin mit 32 Patronen (1943 wurde eine Version mit Doppelmagazin entwickelt), treffgenau etwa 200 m weit. Die mit abgeklappter Schulterstütze 88,9 cm (angeklappt 63,5 cm) lange Waffe wog etwas über 4 kg ohne Magazin; ein volles Magazin wog 652 g. Der Rückstoßlader mit Massenverschluß war luftgekühlt und hatte eine Kadenz von 450-540 Schuß/min; als Feuerart war nur Dauerfeuer möglich.

Der Karabiner 98 k (kurz) wurde 1935 als Standard-Infanteriewaffe in das deutsche Heer eingeführt, und auch die in diesem Jahre aufgestellte Kradschützentruppe bekam ihn. Für die Kradschützen war die 110,5 cm lange Waffe mit einem 59,45 cm langen Rohr und 4,08 kg Gewicht eigentlich etwas unhandlich, aber mit einer Vo von 850 m/s und rund 2 750 m Höchstschußweite sowie einer wirksamen Schußentfernung von 550 m und entsprechender Durchschlagskraft war er der Maschinenpistole als vorwiegender Nahkampfwaffe weit überlegen; dem stand natürlich der Nachteil des Stangenmagazins mit nur fünf Patronen gegenüber, die das damalige Einheitskaliber der deutschen Wehrmacht für Gewehre und Maschinengewehre von 7,92 mm hatten. Die heute oft diskutierte Umrüstung auf Maschinenpistolen würde automatisch den Munitionsverbrauch steigern und die Kaliberverkleinerungen die wirksamen Schußentfernungen und die Durchschlagskraft herabsetzen. So unhandlich der Karabiner 98 k auf den Beiwagenkrädern auch war, so sehr waren seine Schußweite und Durchschlagskraft wertvoll.

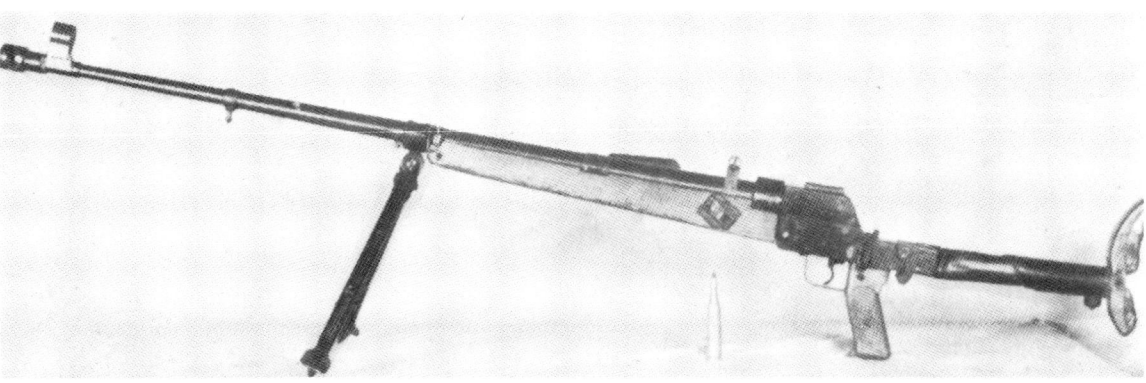

In den Zugtrupps der Kradschützen wurde als einzige Panzerabwehrhandwaffe der damaligen Zeit (die Panzerfaust kam erst später) eine Panzerbüchse mitgeführt; die PzB 38 und später die geringfügig verbesserte PzB 39. Beide Waffen hatten das Kaliber 7,92 mm, ein Zweibein zur Unterstützung im Anschlag, eine Rohrlänge von 109,22 cm und waren 129,54 cm lang und 15,89 kg schwer (PzB 38) und 127 cm lang und 12,71 kg schwer (PzB 39). Beide waren Einzellader mit Fallkeilverschluß, beweglichem Rohr und automatischem Auswerfer; in der Minute konnten 10-12 Schuß abgegeben werden. Die 11,43 cm lange und 84,20 g schwere Patrone hatte ein 14,46 g schweres Spitzgeschoß mit gehärtetem Stahlkern, einem Leuchtsatz und einer Tränengaskapsel, um nach dem Durchschlagen der Panzerung die Besatzung des Panzerfahrzeuges auszuschalten. Bei einer Vo von 1 210 m/s durchschlug das Geschoß bei einem Aufschlagwinkel von 60° auf 100 m eine Stahlplatte von 30 mm und auf 300 m eine von 25 mm. Die Waffe hat sich wegen ihrer Unhandlichkeit und geringen Leistung nicht sehr bewährt, aber das Zeitalter leistungsfähiger Panzerabwehrhandwaffen hatte eben noch nicht begonnen.

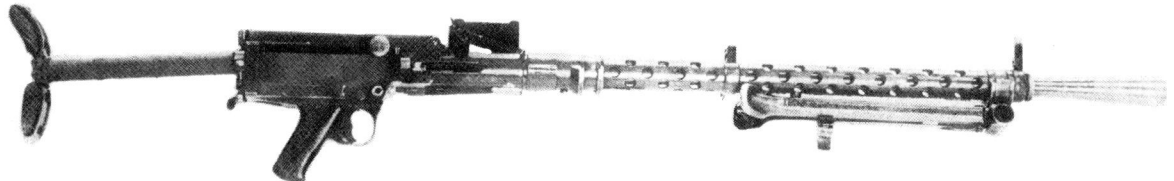

Das erste Maschinengewehr der ersten Kradschützeneinheiten war das von Rheinmetall entwickelte und gefertigte
MG Dreyse 13 mit dem Kaliber 7,92 mm. Das luftgekühlte
leichte MG war an der klappbaren Schulterstütze und dem
langen Mündungsfeuerdämpfer gut zu erkennen; aus ihm
wurde das spätere MG 34 entwickelt. Waffengeschichtlich
ist für die Kradschützen das MG 13 deshalb bedeutsam,

weil es für sie die Grundlage für eine ihrer besonderen Eigenarten legte – die einmalige starke Feuerkraft. Das MG
13 war schon auf die Beiwagen der Kradschützen montiert;
weiter vorn in diesem Buch ist das Foto eines Gespanns
der Reichswehr mit dem MG 13 im Luftzielanschlag abge-
druckt.

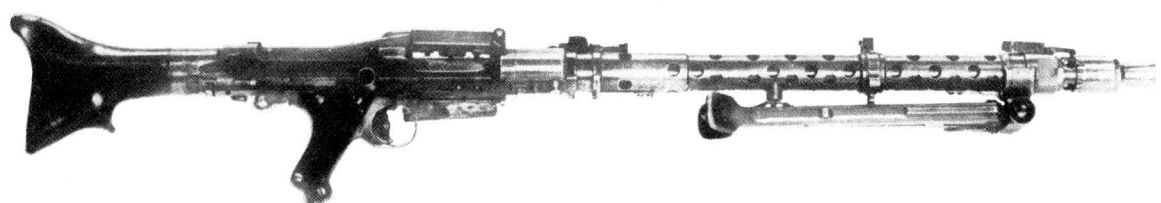

Das Standard-Maschinengewehr der Kradschützen war das
MG 34 mit dem Kaliber 7,92 mm, welches in dem schwei-
zerischen Werk von Rheinmetall in Solothurn entwickelt
worden war. Das MG 34 war waffengeschichtlich gesehen
das erste vollwertige Mehrzweck-Maschinengewehr der
Welt: es konnte mit abklappbarem Zweibein als leichtes
Maschinengewehr, auf einer Lafette als schweres Maschinengewehr, auf einem Dreibein als Fla-MG und in Panzerfahrzeugen als Bord-MG eingesetzt werden; die Kradschützen führten es außerdem in einem Halteaufsatz auf ihren
Beiwagen zum Schießen während der Fahrt und im Stand
mit. Damit war es für die Kradschützen die ideale Mehr-
zweckmaschinenwaffe. Ihr größtes Problem war die Über-
hitzung des Rohres bei Dauerfeuer, was man durch die
konstruktiven Möglichkeiten für schnellen Rohrwechsel

löste. Für Dauerfeuer als schweres Maschinengewehr
konnte man mehrere Metallgurte aneinanderfügen, für den
Einsatz als leichtes MG konnte man den hinderlichen losen
Munitionsgurt durch eine 50-Schuß-Gurttrommel ersetzen,
welche die Kradschützen auch bei ihren Beiwagen-MG verwendeten. Das MG 34 war 121,92 cm lang, hatte ein
59,69 cm langes Rohr, wog etwas über 12 kg, hatte als
Rückstoßlader bei einer Vo von 760-920 m/s eine wirksa-
me Schußweite von rund 1 800 m als lMG aus der Schulter,
bei Einsatz als ruhig auf der Lafette montiertes sMG von
rund 3500 m und eine maximale Schußweite von rund
4500 m. Das MG 34 hatte eine Einrichtung für Einzel- und
für Dauerfeuer mit einer Kadenz von 800 bis 900
Schuß/min.

Das in einem schwenkbaren Halteaufsatz auf dem Beiwagenboot eingesetzte Maschinengewehr war die wirkungsvollste Waffe der Kradschützen, mit ihr wurde vom stehenden und fahrenden Beiwagenkrad geschossen. Wenn auch aus dem fahrenden Gespann nicht ruhig und sicher gezielt werden konnte, so zwangen doch einige Feuerstöße den Feind zumindest in Deckung. Beim abgesessenen Kampf zu Fuß wurde das MG mitgenommen, fiel ein Beiwagenkrad mit MG aus, so wurde das MG von einem anderen übernommen – die Feuerkraft als wesentlichste Stärke der Kradschützen mußte auf jeden Fall erhalten bleiben. Das MG auf diesem Foto ist ein MG 34, welches 1936 eingeführt wurde; mit dem späteren leistungsfähigeren MG 42, welches 1942 eingeführt wurde, sind nicht mehr alle Kradschützen ausgerüstet worden.

Das Schießen vom stehenden und fahrenden Beiwagenkrad wurde auf meist improvisierten Schießbahnen geübt. Auf dem Foto fährt der Führer einer Kradschützengruppe, ein Unteroffizier, das Beiwagenkrad selbst, um das Schießen seines MG-Schützen besser beobachten und korrigieren zu können.

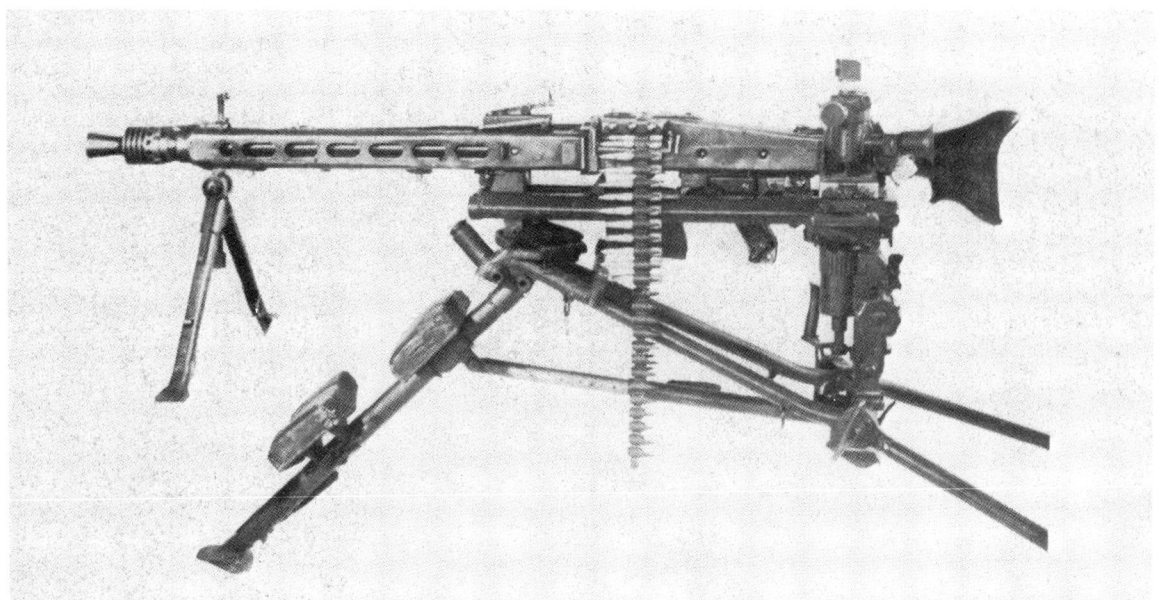

Die Aufgaben des MG 34 übernahm ab 1942 das MG 42; es war unkomplizierter, einfacher in der Herstellung und deshalb auch billiger. Wie das MG 34 war es als Mehrzweck-MG ausgelegt und hatte ebenfalls das Kaliber 7,92 mm (was immer wieder wichtig war zum Verschießen vorhandener Munitionsbestände und für die Fortführung der laufenden Munitionsherstellung), seine Vo lag zwischen 760 und 920 m/s, seine Schußweiten lagen bei 1800 m als lMG, bei 3500 m als sMG und bei 4500 m als Fla-MG. Die Kadenz der 1,22 m langen und mit Zweibein 11,35 kg schweren Waffe war höher als die des MG 34 und lag zwischen 900 und 1 200 Schuß/min. Das Rohr war auch hier luftgekühlt und deshalb zum Schnellwechsel eingerichtet, das Funktionsprinzip war das eines Rückstoßladers mit Mündungsrückstoßverstärker; einzigartig war der neuartige Verschluß mit zwei Verriegelungsrollen im Verschlußkopf. Dieses MG 42 war zu seiner Zeit wahrscheinlich das beste Maschinengewehr der Welt und auf der Feindseite sehr gefürchtet. Die Kradschützenbataillone und -einheiten haben das MG 42 nicht mehr alle bekommen. Das Foto zeigt das MG 42 als schweres Maschinengewehr auf Lafette wie es in jeder Kradschützenkompanie in zwei Exemplaren in der schweren Maschinengewehr-Gruppe vorhanden war.

Die beiden schweren Maschinengewehre der sMG-Gruppe waren vor allem beim Kampf zu Fuß ein Rückgrat für die Kradschützen. Die Maschinengewehre selbst waren die gleichen wie die in den Kradschützengruppen auf den Beiwagen aufgesetzten, als schwere Maschinengewehre wurden sie aber auf eine stabile Lafette montiert und bekamen zusätzliche optische Richtmittel (unteres Foto). Die sMG bekämpften Ziele außerhalb der Reichweite der lMG, mit ihrer Zieleinrichtung konnten sie nach der Seite und Höhe gerichtetes Feuer abgeben, auch bei Nacht oder bei Nebel.

Die sMG-Gruppe versuchte, nach Möglichkeit immer in überhöhende Feuerstellungen zu kommen, aus denen sie weit ins Gelände hinein beobachten und die angreifenden eigenen Kradschützen überschießen konnte. Aus derartigen Feuerstellungen, die man natürlich nicht in jedem Gelände fand, wurden die Kradschützen dann vor allem beim Kampf zu Fuß von den sMG ›vorgeschossen‹.

Die leichten 5 cm-Granatwerfer waren als die ›Artillerie des kleinen Mannes‹ (von den Kradschützen auch oft ›Zigeuner-Artillerie‹ genannt) eine schwere Waffe, mit der schwerpunktmäßig weiche Punkt- und Flächenziele bekämpft wurden. Hierzu hatte jeder Kradschützenzug einen leichten Granatwerfer-Trupp. Der 5 cm-Granatwerfer war ein Vorderlader mit glattem Rohr mit Abzugseinrichtung nur für Sprenggranaten. Er wog in Feuerstellung 14 kg und hatte ein 465 mm langes Rohr, welches in einem Höhenrichtbereich von 42° bis 90° erhöht werden konnte, der gesamte Seitenrichtbereich betrug 34°. Die 900 g schweren Granaten (Sprenggranaten Wgr 36) wurden nur mit Grundladung verschossen und hatten bei einer Vo von 75 m/s eine Mindestschußweite von 60 m (mit einer 50%igen Längen- und Breitenstreuung von 4 m x 6 m) und eine Höchstschußweite von 500 m (mit einer 50%igen Längen- und Breitenstreuung von 31 m x 4 m).

Die 3,7 cm- Panzerabwehrkanone gehörte zum Panzerjägerzug der schweren Kompanie des Kradschützenbataillons. Die 3,7 cm-Pak war an einen geländegängigen Gefechtskraftwagen angehängt und sollte die Kradschützen gegen plötzlich auftauchende Feindpanzer schützen; mit ihrem kleinen Kaliber und ihrer geringen Durchschlagskraft konnte die 3,7 cm-Pak diese Aufgabe vom Anfang des Zweiten Weltkrieges an nur unvollkommen erfüllen – für sie hatten die Landser das ironische Wort ›Heeres-Anklopfgerät‹ erfunden. Auf dem Foto macht eine 3,7 cm-Pak auf einer Landstraße Stellungswechsel nach vorn, wobei die Soldaten die Pak mit dem Rohr in Feindrichtung vor sich her schieben – jederzeit auf einen auftauchenden Feindpanzer gefaßt.

Das leichte 7,5 cm-Infanteriegeschütz gehörte zum Geschützzug der schweren Kompanie des Kradschützenbataillons und wurde wie die Pak an einen geländegängigen Gefechtskraftwagen angehängt. Das Geschütz war leicht, niedrig und kompakt gebaut, im Einsatz relativ schnell und wendig und damit eine zu den Kradschützen kongeniale schwere Waffe; mit einfachen Richtverfahren konnte die Feuerbereitschaft schnell hergestellt werden. Eingesetzt wurde das IIG vor allem sowohl gegen durch ständige Kampfanlagen verstärkte Stellungen des Feindes und gegen feindliche MG-Nester als auch gegen Flächenziele.

Bei den vielen Einsätzen der Kradschützen als Spähtrupps und Vorausabteilungen mußten die Minensucher des Pionierzuges der schweren Kompanie des Kradschützenbataillons auf den Vormarschstraßen oft eingesetzt werden. Wenn auch die Druckzünder mancher Minen auf die relativ leichten Beiwagenkräder nicht ansprachen, so mußten die Wege und Straßen doch für die nachfolgenden Truppen mit schwereren Fahrzeugen von Minen geräumt werden – diese Aufgabe fiel oft den Kradschützen zu, weil sie fast immer die vorderste Truppe beim Vormarsch waren.

119

Die Kradschützen in Trupps, Gruppen, Zügen und Kompanie

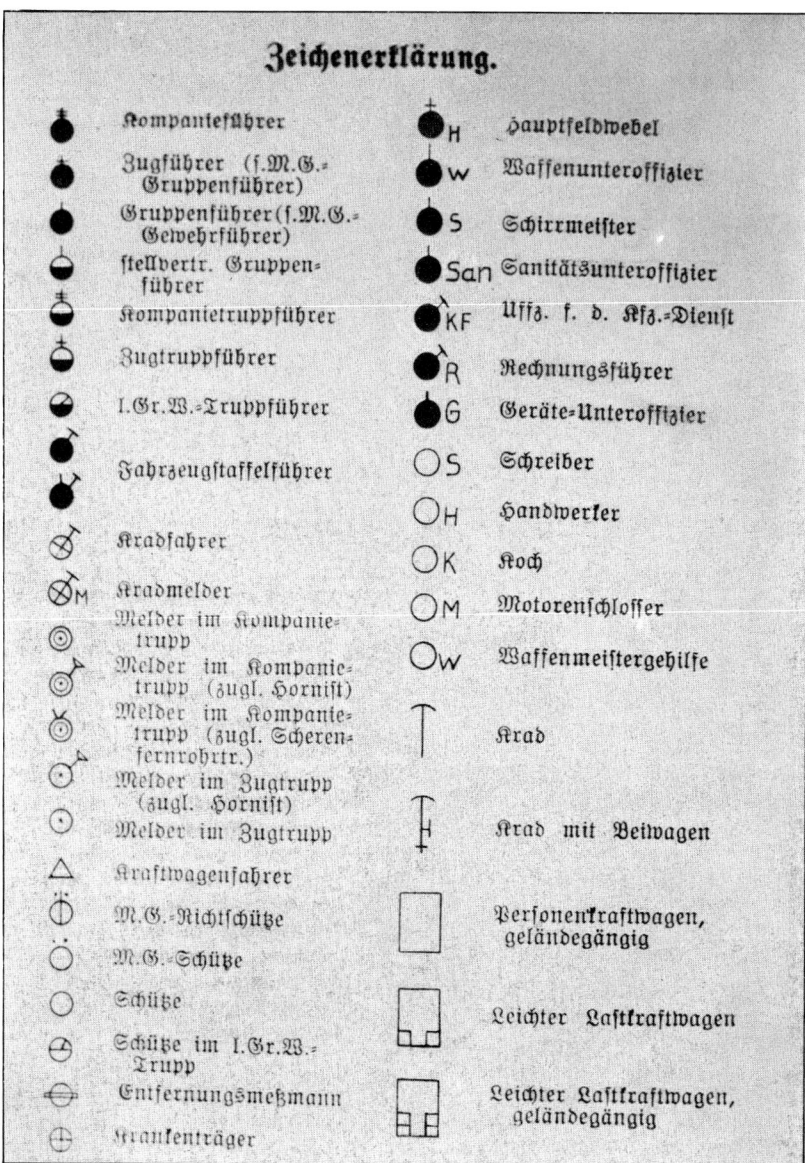

Zeichenerklärung.

Kompanieführer	
Zugführer (f.M.G.-Gruppenführer)	
Gruppenführer (f.M.G.-Gewehrführer)	
stellvertr. Gruppenführer	
Kompanietruppführer	
Zugtruppführer	
l.Gr.W.-Truppführer	
Fahrzeugstaffelführer	
Kradfahrer	
Kradmelder	
Melder im Kompanietrupp	
Melder im Kompanietrupp (zugl. Hornist)	
Melder im Kompanietrupp (zugl. Scherenfernrohrtr.)	
Melder im Zugtrupp (zugl. Hornist)	
Melder im Zugtrupp	
Kraftwagenfahrer	
M.G.-Richtschütze	
M.G.-Schütze	
Schütze	
Schütze im l.Gr.W.-Trupp	
Entfernungsmeßmann	
Krankenträger	

H	Hauptfeldwebel
W	Waffenunteroffizier
S	Schirrmeister
San	Sanitätsunteroffizier
KF	Uffz. f. d. Kfz.-Dienst
R	Rechnungsführer
G	Geräte-Unteroffizier
S	Schreiber
H	Handwerker
K	Koch
M	Motorenschlosser
W	Waffenmeistergehilfe
	Krad
	Krad mit Beiwagen
	Personenkraftwagen, geländegängig
	Leichter Lastkraftwagen
	Leichter Lastkraftwagen, geländegängig

Mit diesen einfachen stilisierten Zeichen aus der Kradschützenvorschrift wurde die Gliederung der Kradschützentruppe aufgezeichnet. Sie wurden auch in Karten oder sonstigen Unterlagen als für den militärischen Fachmann sofort verständliche Symbole eingezeichnet. Auf den nachstehenden Originalfotos aus der Kradschützenvorschrift werden die Kradschützengruppe, der leichte Granatwerfer-Trupp und die schwere Maschinengewehr-Gruppe mit diesen Zeichen parallelisiert und in den verschiedenen Formationen vorgestellt; der Kradschützenzug und die Kradschützenkompanie werden wegen der Unmöglichkeit einer fotografischen Darstellung in ihren verschiedenen Formationen nur mit Zeichen dargestellt.

Eine Kradschützengruppe in Linie (fertig zum Aufsitzen).

Eine Kradschützengruppe in Marschordnung (fertig zum Aufsitzen).

Eine Kradschützengruppe in Linie (aufgesessen).

Eine Kradschützengruppe in Marschordnung (aufgesessen, Maschinengewehre in den Halteaufsätzen auf den Beiwagen).

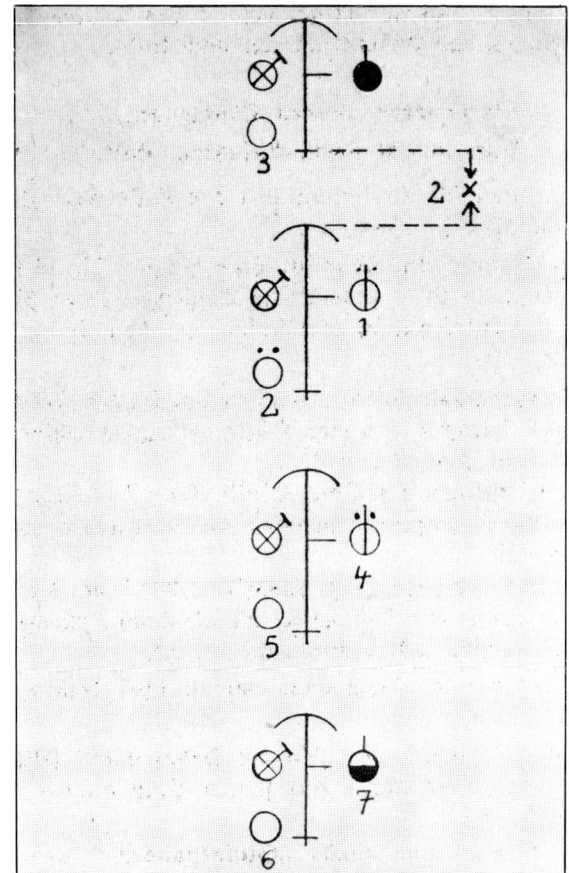

Eine Kradschützengruppe in Marschordnung mit Zeichen dargestellt.

Eine Kradschützengruppe in Linie mit Zeichen dargestellt.

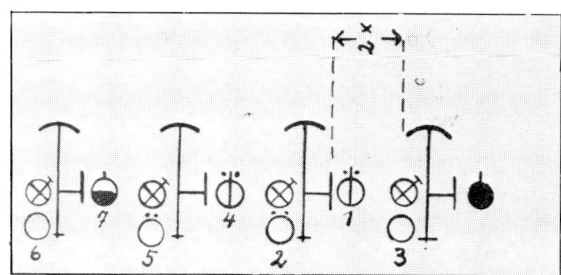

122

Ein leichter Granatwerfer-Trupp in Linie (fertig zum Aufsitzen).

Ein leichter Granatwerfer-Trupp in Marschordnung (fertig zum Aufsitzen).

Ein leichter Granatwerfer-Trupp in Marschordnung (aufgesessen).

Die schwere Maschinengewehr-Bedienung einer schweren Maschinengewehr-Gruppe in Linie (fertig zum Aufsitzen).

124

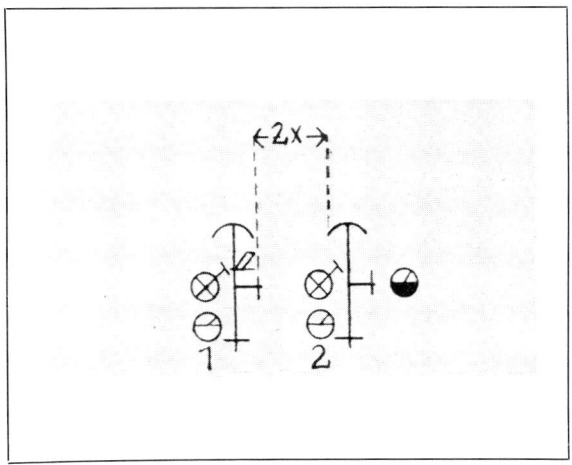

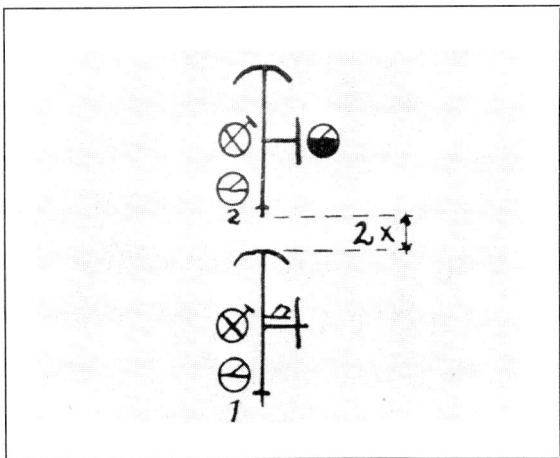

Ein leichter Granatwerfer-Trupp in Linie mit Zeichen dargestellt.

Ein leichter Granatwerfer-Trupp in Marschordnung mit Zeichen dargestellt.

Die schwere Maschinengewehr-Bedienung einer schweren Maschinengewehr-Gruppe in Marschordnung (fertig zum Aufsitzen).

Die schwere Maschinengewehr-Bedienung einer schweren Maschinengewehr-Gruppe in Marschordnung (aufgesessen).

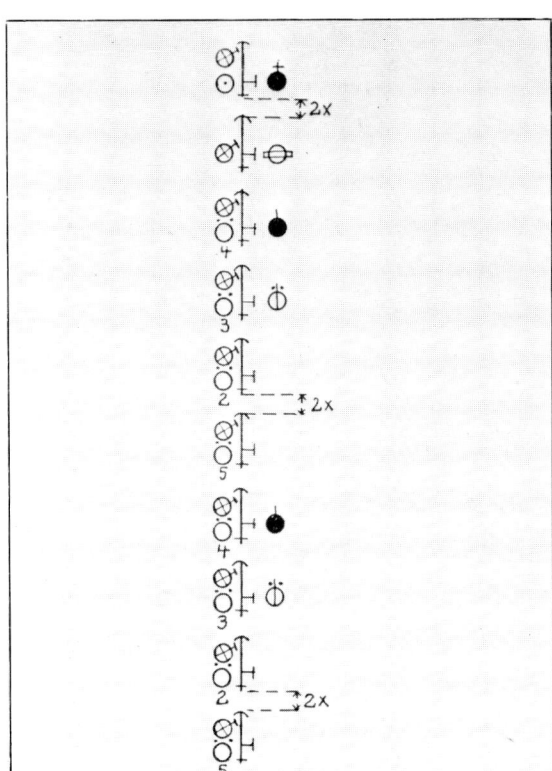

Eine schwere Maschinengewehr-Gruppe in Marschordnung mit Zeichen dargestellt (auf dem vordersten Beiwagenkrad der Gruppenführer, auf dem zweiten Beiwagenkrad der Entfernungsmeßmann, dahinter die beiden schweren Maschinengewehr-Bedienungen).

Die schwere Maschinengewehr-Bedienung einer schweren Maschinengewehr-Gruppe in Linie mit Zeichen dargestellt.

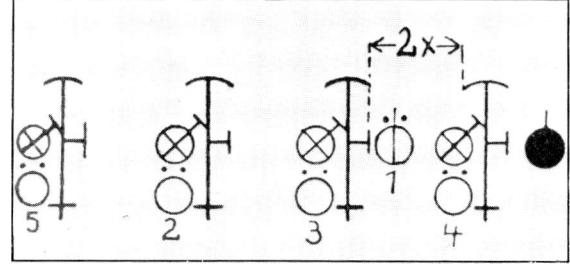

Der Kradschützenzug in ›Zugkolonne‹.

126

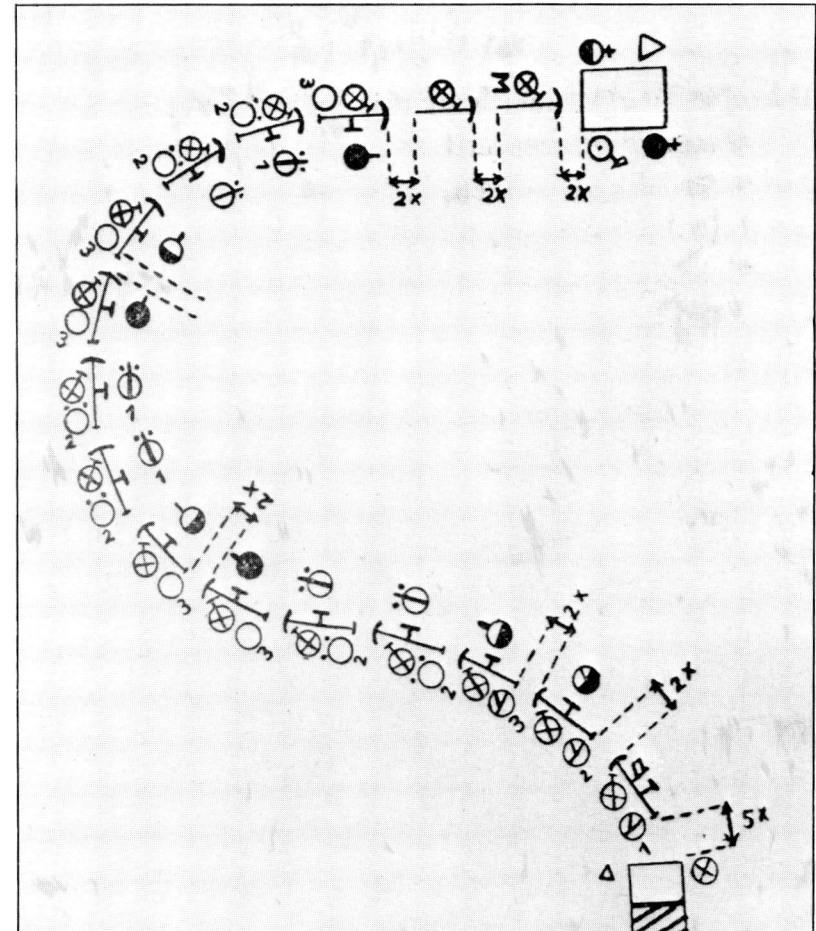

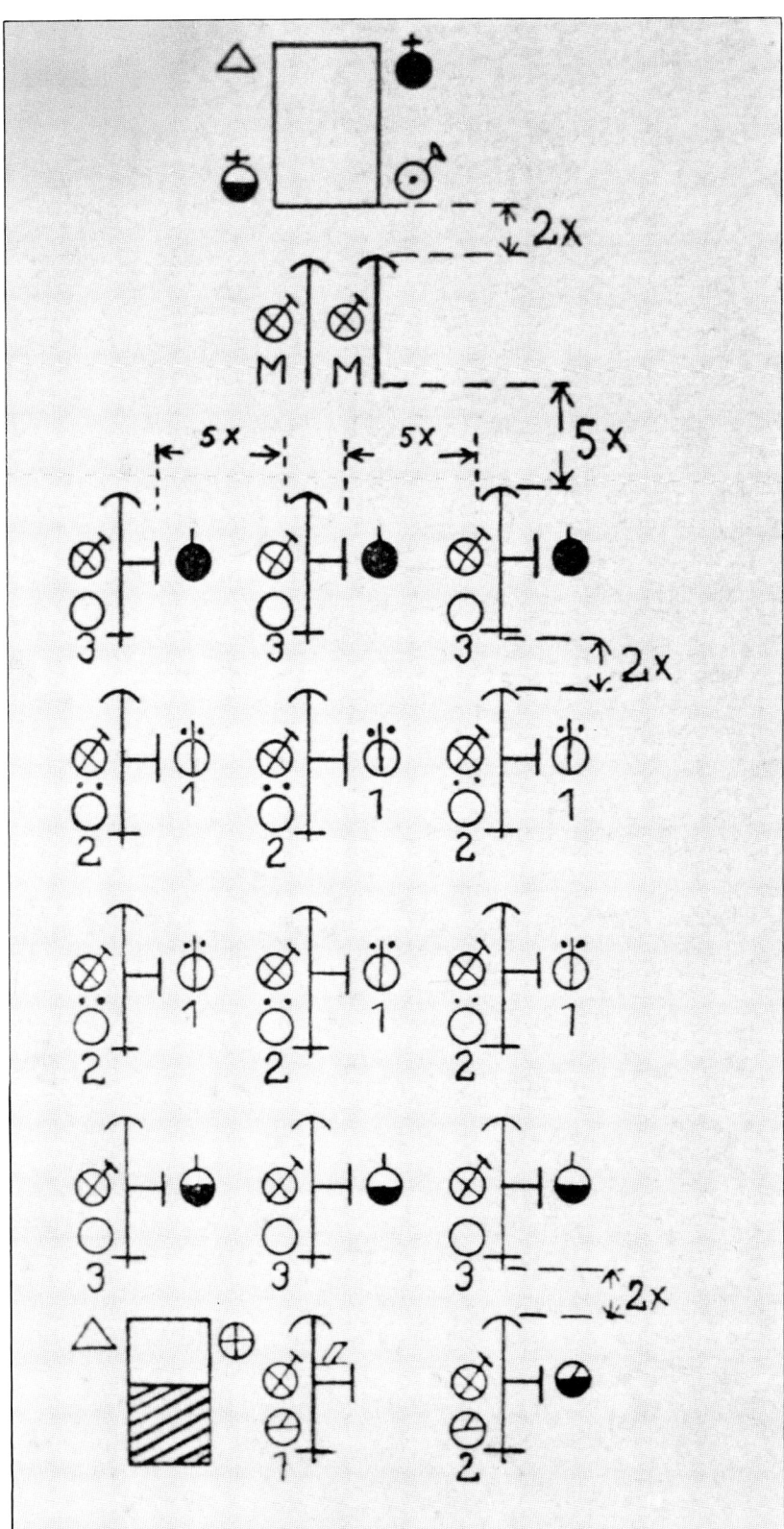

Der Kradschützenzug in ›Marschordnung‹.

127

Die Kradschützenkompanie in
›Kompaniekolonne‹.

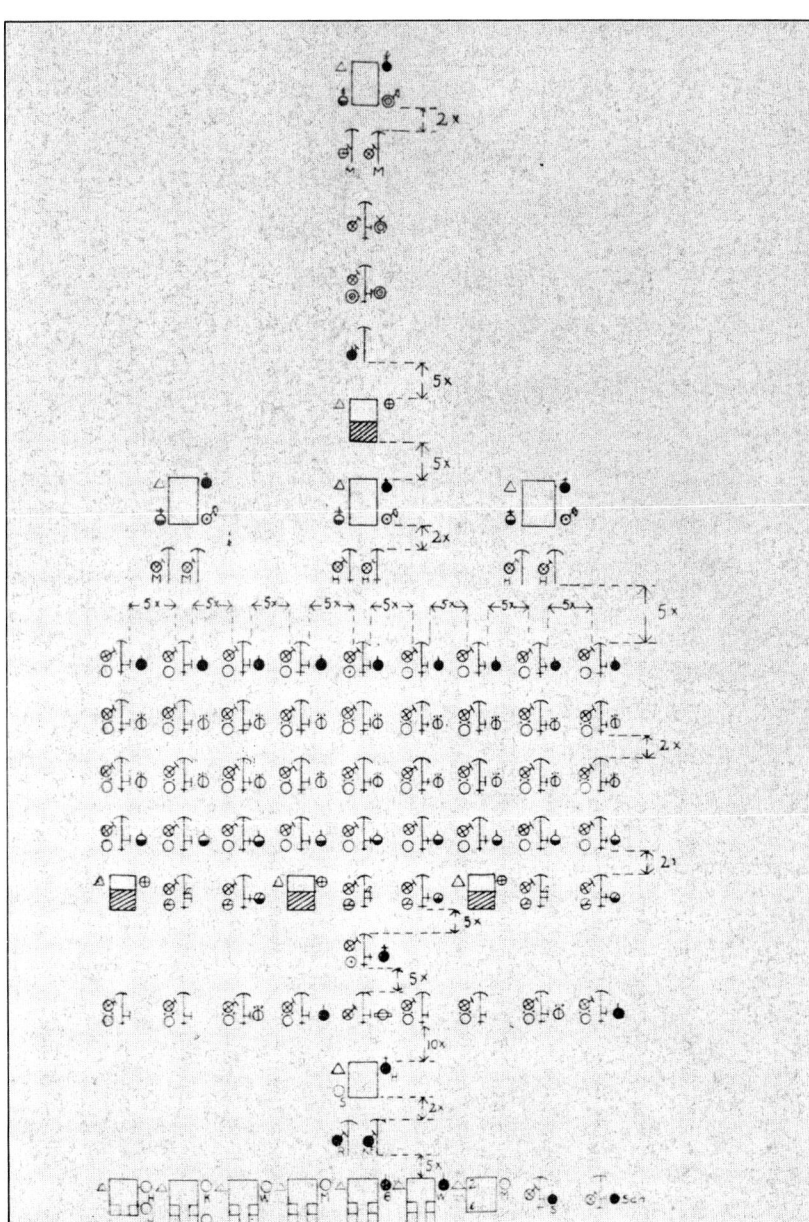

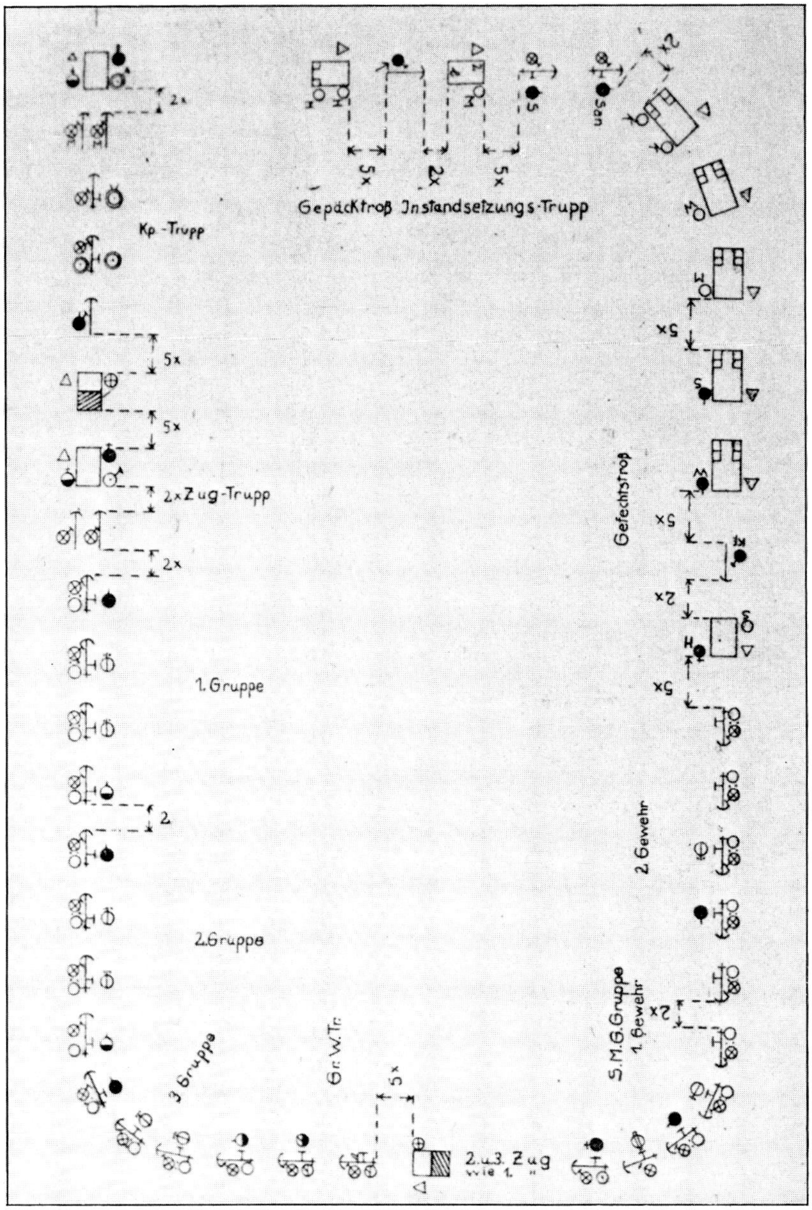

Die Kradschützenkompanie in Marschordnung.

Kp.-Trupp

Gepäcktroß Instandsetzungs-Trupp

5x

Zug-Trupp

1. Gruppe

2. Gruppe

3. Gruppe

Gr.w.Tr.

2. u. 3. Zug
wie 1.

Gefechtstroß

2. Gewehr

s.M.G.Gruppe
1. Gewehr

Fahren in jedem Gelände und bei jedem Wetter

Das Antreten der Beiwagenkräder, das gleichzeitige Anfahren, das Aufnehmen befohlener Abstände und die Durchgabe von Führungszeichen wurden bei den Kradschützen exerziermäßig geübt und haben sich dann später im Einsatz als zuverlässige Grundlage für die Führung erwiesen.

Kradschützen auf dem Marsch: die gummierten, bis zum Gesäß geschlitzten Kradmäntel schützten vor Wind, Staub, Nässe und Kälte, mit Unterziehkleidung konnte sich der Kradschütze den Temperaturen anpassen; für das Sitzen auf dem Krad konnten die Seitenteile des Kradmantels beiderseits des Schlitzes zwischen den Beinen nach vorn durchgezogen und festgeknüpft werden, sodaß dadurch ein Kradanzug entstand; beim Absitzen zum Kampf zu Fuß wurden die relativ schweren Kradmäntel ausgezogen, weil sie die Körperbewegungen behinderten. Im übrigen waren die Kradmäntel so beliebt, daß sie allgemein als Regenmäntel getragen wurden – bis hinauf zu den höchsten militärischen Führern. Die kurzen Schaftstiefel, auch ›Knobelbecher‹ genannt, waren eine gute und ausreichend feste Fußbekleidung auch für das Kradfahren, nur im Winter zu kalt. Die Waffen wurden vorschriftsmäßig umgehängt (hier der Karabiner 98 k), das Kampfgepäck der Gespannbesatzung war in eine Zeltplane eingeschlagen auf dem Reserverad auf dem Beiwagenheck festgeschnallt. Die Stahlhelme waren aufgesetzt, ihre heruntergezogenen Ränder schützten zwar Hals und Nacken vor Wind und Nässe, erzeugten aber auch ein Fahrtwindrauschen, welches das lebenswichtige Hören während der Fahrt stark einschränkte.

Auf den Marschstraßen des Zweiten Weltkriegs wurden die Verkehrsregeln zur Gewährleistung reibungslosen Marschablaufs streng eingehalten. Auf dem Foto überholen Kradschützen dicht aufgeschlossen auf der linken Seite einer Landstraße eine andere Kolonne.

Bei Bedrohung durch Tiefflieger war Luftraumbeobachtung und Hören im Sinne des Wortes lebenswichtig. Das war aus einem teilgeschlossenen Fahrzeug wesentlich schwieriger als vom offenen Beiwagenkrad aus. Das Hören wurde durch die sonst gut schützende Krempe des Stahlhelmes sehr erschwert, deshalb wurde in bestimmten Lagen befohlen, bis zur Feindberührung mit aufgesetzten Feldmützen (hier Schiffchen) zu fahren.

Es waren oft zunächst sehr unwesentlich erscheinende Einzelheiten, welche die großen Vorteile der Kradschützen ausmachten. So konnten bei Verladung auf Eisenbahnwaggons die nur bis höchstens 2,50 m langen Gespanne quer auf die Waggons gestellt werden und deren Fläche und Tragfähigkeit damit optimal ausnutzen. Die große Zahl von Fahrzeugen der Kradschützen konnte dadurch mit einer relativ geringen Zahl von Waggons transportiert werden.

Wenn die Feindlage (und in den späteren Kriegsjahren vor allem auch die Luftlage) es zuließen, fuhren die Kradschützen zur Erleichterung der Führung mit kürzeren Abständen von Fahrzeug zu Fahrzeug und fuhren bei Halten aller Art

Die Spitze eines Kradschützenbataillons als Vorausabteilung ist auf starke Feindkräfte gestoßen. Während Kampfpanzer auf der Straße und Schützenpanzerwagen seitlich davon im Gelände vorfahren, hat eine nachfolgende Kompanie der Kradschützen die Straße zum Überholen und

oft sogar dicht auf – wie auf diesem Foto. Immer aber wurde grundsätzlich nur in Deckung (in Feindrichtung gesehen) angehalten, wie hier bei einem Technischen Halt in den ersten Tagen des Rußlandfeldzugs.

Vorbeiziehen der Panzer freigemacht und sich mit ihren kleinen Beiwagenkrädern in den Straßengraben ›verdrückt‹. Sie wird später wieder vorgezogen werden – zur Verfolgung des weichenden Feindes oder zur Sicherung offener Flanken.

Die Beiwagenkräder der Kradschützen wurden im Zweiten Weltkrieg unter geographischen Bedingungen eingesetzt, für die sie nie entwickelt worden waren. Bei Trockenheit setzte besonders der Staub allen sich bewegenden Teilen der Beiwagenkräder zu, mit den normalen Luftfiltern war sogar die Ansaugluft der Motoren oft kaum staubfrei zu halten. Die Kradschützen lernten allmählich, sich mit den geographischen Einflüssen besser abzufinden, aber mit den extremsten Zuständen vermochten auch sie sich nie ganz zurechtzufinden – auch sie waren schließlich geborene und aufgewachsene Mitteleuropäer.

›Weiche‹ Partien auf den Rollbahnen und den Hauptstraßen hinter der Front wurden mit sogenannten Knüppeldämmen verstärkt, auf denen die Beiwagenkräder der Kradschützen und sie selbst bis zur Grenze der Belastbarkeit durchgerüttelt wurden.

Schmieriger Waldboden ließ die Hinterräder der Gespanne immer wieder durchdrehen: der Betriebsstoffverbrauch stieg, die Reifendecken wurden abgeschliffen, die Kradschützen waren bald erschöpft, in Stunden kam man oft nur wenige Kilometer weiter.

Im Morast und in tückischen Wasserlöchern versackten die Beiwagenkräder oft hoffnungslos. Wenn man sie dann endlich herausgeschoben oder herausgehoben oder mit Hilfe eines anderen Fahrzeuges herausgezogen hatte, dann begann das mühevolle Säubern und Ausbauen der einzelnen verdreckten Teile und oft des ganzen Motors, bis das Beiwagenkrad wieder aus eigener Kraft lief. Das dauerte auch für geübte und erfahrene Kradschützen oft viele Stunden. Die russischen Wörter für Zerwegung – Rasputiza (ein völliges Zerfahren eines Weges oder einer Straße mit ehemals mehr oder weniger festem Unterbau) und für Wegelosigkeit – Besdoroshje (freies Gelände) wurden für die Kradschützen bald zu Schreckbegriffen.

Wieder anders waren die geographischen Verhältnisse für das deutsche Afrika-Korps und seine Kradschützen in Nordafrika. Tagsüber sengende Hitze und unerträglicher Staub, besonders abseits der festen Pisten, nachts bittere Kälte, immer aber ein ganz freies, offenes und deckungsloses Gelände, über das oft genug die Sandstürme bliesen.

Beim Durchfahren zerstörter und verwüsteter Ortschaften und Städte waren die Kradschützen mit ihren schmalen und sehr wendigen Gespannen im Vorteil, sie konnten sich durch enge Lücken und hohe Berge von Trümmerschutt noch durcharbeiten; nicht jede Stadt war auf den Durchgangsstraßen so gut geräumt wie auf diesem Foto.

Wahrlich ein immer wiederkehrendes
Wunder: Nur wenige Tage Ruhe und Zeit
zum Ordnen, Saubermachen, Waschen,
Fahrzeug- und Waffenpflege ließen eine
Kradschützenkompanie mit Mann und
Fahrzeug auch nach härtestem Dauerein-
satz wieder wie eine Neuaufstellung erscheinen – wie diese Kradschützenkompanie einer SS-Panzeraufklärungsabtei-
lung. Die Beiwagenkräder auf dem Foto
waren schon Zündapp KS 750 mit angetriebenen Beiwagenrädern, sie sollten
wie die gleichartigen BMW-Gespanne R
75 den Kradschützen unter den schweren geographischen Bedingungen Rußlands ihre Beweglichkeit erhalten oder
zurückgeben. Sie schafften das auch im
allgemeinen mit viel aufwendiger und
komplizierter Technik, aber sie kamen oft
zu spät zur Truppe, verlangten viel Pflege, Wartung und Instandhaltung mit
rechzeitig herangeführten Ersatzteilen,
was ihnen die in Dauereinsätzen stehenden Kradschützen nicht geben konnten –
und fuhren sich schließlich auch im
Schlamm der Übergangsjahreszeiten und
im Schnee und der Kälte des Winters fest.

Während die nach vorn geholten Pioniere
noch an einer Behelfsbrücke oder an einer teilweise zerstörten Brücke arbeite-
ten, versuchten die Kradschützen schon,
über die halbfertige Brücke oder durch
eine Furt neben ihr schnell nach vorn zu
kommen. Das Überwinden von Gewässern war für die Kradschützen immer wieder ein großes Problem – weil sie als Vorausabteilung den eigenen Truppen immer weit voraus waren, hatten sie da
vorn noch keine Übersetzmittel zur Verfügung.

138

Auf den Pontonbrücken im Kampfgebiet herrschte Wechselverkehr. Für die schmalen Kradmelder und Kradschützen wurde oft außerhalb der Fahrspur eine eigene Balken-spur gelegt, auf der sie ungehindert fahren konnten – wie der Kradmelder im Vordergrund rechts.

Nahezu abenteuerlich waren oft die Versuche der Kradschützen, sich durch Gewässer in ihrem Vorwärtsdrang nicht aufhalten zu lassen und ein Sichsetzen des weichenden Feindes zu verhindern. Die Erfindung des sogenannten Kradschützenstegs durch den Kradschützen-Major Gorn mit Spurtafeln oder Spurschienen, die in Spurweite der Gespanne auf Schlauchbooten befestigt wurden, war zwar eine große Hilfe, erforderte aber auch immer seine Aufbauzeit und das dichte Heranhalten der Lkw des Pionierzugs der schweren Kompanie des Kradschützenbataillons. Auf dem Foto haben Kradschützen sich mit zwei Spurschienen auf einem Schlauchboot ein kleines Floß gebaut und setzen damit ihr Gespann über.

Selbst ein kleines Flüßchen mußte mit einer eilig hergestellten Schlauchbootfähre, die in uralter Weise mit langen Stangen übers Wasser gestakt wurde, überwunden werden. Statt derartiger Übersetzmanöver versuchten die Kradschützen lieber, zerstörte oder halbzerstörte Brücken für ihre kleinen und leichten Gespanne notdürftig auszubessern und sich dann irgendwie hinüberzubewegen – was wie durch ein Wunder auch meist immer irgendwie gelang.

So sahen im russischen Winter nachts zugeschneite Beiwagenkräder am nächsten Morgen aus. Das Freischaufeln und Schneeabfegen war noch eine geringe Arbeit im Vergleich zum Anwerfen der unterkühlten und oft festsitzenden Motoren und zum Gängigmachen der Lager, Hebel und Bowdenzüge. Die Batterien wurden meist abends ausgebaut und vom Fahrer mit unter die wärmende Decke genommen. Oft mußten die Gespanne mit einer Lötlampe regelrecht aufgetaut werden, aber das mußte mit größter Vorsicht geschehen, damit die Maschinen nicht Feuer fingen.

140

Stundenlanges Fahren
über unebenen, hartgefo-
renen und nur mit wenig
Schnee bedeckten Boden
belastete die Beiwagen-
kräder und ihre Besatzun-
gen am meisten. Nach einigen Kilometern mußten im-
mer alle durch das Rütteln
gelösten Schrauben und
Muttern am Gespann nach-
gezogen und die aufge-
schnallte Ausrüstung nach-
gezurrt werden – die
Kradschützen machten
dann um ihr Gespann her-
um einige Freiübungen und
schüttelten sich die Vibra-
tionen aus den Gliedern.

In lockerem, hohem, frisch
gefallenem Pulverschnee
und im Schneesturm war
die Vorwärtsbewegung der
Beiwagenkräder am
schwierigsten. Trotz ihres
relativ geringen Gewichts
sanken sie sofort tief ein,
das oder die Antriebsräder
(bei R 75 und KS 750) mit
ihren Straßenprofilreifen
mahlten im lockeren
Schnee, und das gelenkte
Vorderrad kam nicht zum
Spuren. Meist saßen die
Gespanne nach wenigen
Metern in Schneewehen
fest, wurden freigeschau-
felt, angeschoben, ange-
hoben, faßten auf vom
Schnee freigewehtem Bo-
den wieder für ein kurzes
Stück Grund und fuhren
sich dann erneut fest. Das
Foto gibt einen Eindruck
von derartigen Schnee-
fahrten.

Immer wieder versuchten die Kradschützen, Gewässer im Winter auf den Eisdecken zu überwinden. Man prüfte die Eisdicke in Ufernähe über niedrigem, fast stehendem Wasser, die Beifahrer saßen ab, das Gespann wurde für die Eisüberquerung von seiner Beladung entlastet und dann fuhr der Fahrer alleine los; auf der Mitte des Gewässers war das Eis über dem fließenden Wasser dann oft doch nicht tragfähig genug und das Gespann brach ein – wie auf dem Foto. –

Zu allen vorstehenden Bildern, welche die Bewegungen der Beiwagenkräder der Kradschützen unter erschwerenden geographischen Zuständen zeigen, muß bemerkt werden, daß es sich hier um Gespanne handelte, die aus den zivilen Serienfertigungen reiner Straßenmaschinen deutscher Motorradwerke entnommen worden waren und mit wehr-machtgrauer Farbe, Packtaschen und einigen Halterungen für Waffen und Geräte geringfügig ›militarisiert‹ wurden.

Das Oberkommando des Heeres hatte diese Maschinen für die schnellen und wendigen Bewegungen der Kradschützen vorwiegend entlang von Wegen und Straßen des mitteleuropäischen geographischen Raumes, sicherlich auch einmal einschließlich eines Feldwegs, eines Waldstücks oder einer Wiese in einer gut drainierten Kulturlandschaft, für ausreichend gehalten. Die politischen Spontan-Entschlüsse zu Feldzügen in Rußland und Afrika hatten der Fahrzeugentwicklung für die Kradschützen noch nicht zugrundegelegen. Die dann forciert entwickelten Geländegespanne von BMW und Zündapp kamen in größeren Zahlen erst, viel zu spät, ab 1942 in die Truppe.

Bis etwa 1944 hatte das deutsche Heer mit Geländegespannen (hier ein BMW R 75-Gespann) mit Lenkergriffen- und Fußrastenbeheizung und warmen, wattierten Schneeanzügen und Filzstiefeln die Ausrüstungsversäumnisse der Vorkriegszeit nachzuholen versucht, aber das konnte dem Heer bei seinen unaufhörlichen Absetzbewegungen dann auch nicht mehr viel helfen und erst recht keine Kriegswende bewirken (im Hintergrund ein Tiger-Panzer).

Im Gebirge waren die kleinen, schnellen und wendigen Kradschützengespanne ohne Frage ideale Fahrzeuge, denen zu einem sehr wesentlichen Anteil die raschen Erfolge des Balkanfeldzugs 1941 zu verdanken waren. Auch als Ziele waren die kleinen, beweglichen Gespanne im Gebirgskampf sehr schwer anzurichten und zu treffen – dieses Foto gibt eine Vorstellung davon.

Selbst schmale Geröllpfade im Gebirge waren für die Beiwagenkräder der Kradschützen ausreichend breit, die beiwagenradangetriebenen Gespanne – wie auf diesem Foto – zogen die steilen Wege und engen Spitzkehren besonders gut hoch. Wenn abgeschossene Feindfahrzeuge den Weg versperrten, wurden sie den Abhang hinuntergeschoben, wenn die Blockierung eines Gebirgswegs nicht beseitigt werden konnte, dann wurden die Gespanne wohl auch einmal mit kräftigen Tauen an den Felswänden auf den nächsten Weg hochgezogen oder auf den nächst tieferen Weg hinabgelassen – ihr relativ geringes Gewicht von rund 250 kg ließ das zu.

Kradschützen in Einsätzen und Kämpfen

Eine Marschpause, ein Technischer Halt einer Kradschützenkompanie in guter Deckung: einmal die Glieder strecken, sich recken, eine Zigarette, ein Schluck aus der Feldflasche – und dann ging es weiter.

Wie oft haben die alten Kradschützen ein solches Bild gesehen: Ein Kradspähtrupp der Kradschützen in der südrussischen Steppe – kein Baum, kein Strauch, kein Hügel und kein Feind. Der Kommandeur der Kradschützen ist zum vordersten Spähtrupp gekommen und sucht, auf dem Beiwagen einer KS 750 stehend, das Gelände ab – nichts!

Stundenlang ist der Kradspähtrupp hinter dem weichenden Feind hergejagt, jetzt macht er einen kurzen Halt zum Nachtanken, der Sprit-Lkw oder der Pkw des Zugführers oder wenigstens einige Beiwagenkräder mit Spritkanistern müssen gleich da sein. Die ungeheure Konzentration und Spannung lösen sich, die harten Gesichter gehen in ein befreites Lachen über, erste Wörter brechen auf »Haste gesehen, wie…?«, eine Stulle, ein Schluck Kaffee, eine Zigarette… nachher geht es dann weiter.

Bei den Vorausabteilungen waren die Panzerspähwagen die besten und treuesten Helfer der Kradschützen: sie hatten weitreichende Funkgeräte zum Senden von Meldungen und zum Empfang von Befehlen an Bord und unterstützten mit ihren 20 mm-Bordmaschinenkanonen die aufgesessen und abgesessen angreifenden Kradschützen ganz hervorragend und oft entscheidend. Das Foto zeigt die Spitze der Vorausabteilung einer SS-Panzerdivision auf einer Gebirgsstraße des Balkanfeldzugs. Hinter dem Kradschützengespann steht ein schwerer Achtrad-Panzerspähwagen in Funkwagenversion mit Rahmenantenne, hinter diesem der leichte Vierrad-Panzerspähwagen von Horch (auch als Funkwagen mit Rahmenantenne), und vor diesem steht der gleiche leichte Vierrad-Panzerspähwagen von Horch mit 20 mm-Bordmaschinenkanone und Maschinengewehr im oben offenen Drehturm. Zwischen den Fahrzeugen gehen überrollte feindliche Infanteristen zu einem Sammelplatz. Alles in allem war dies ein für Vorausabteilungen und Kradschützen typisches Bild.

Ein immer wieder nervenanspannender Augenblick: das vorderste Beiwagenkrad eines Kradschützenspähtrupps nähert sich dem Rande eines russischen Dorfes – ist es feindbesetzt? – wo sitzen die Iwans? – wo ist die Zivilbevölkerung? Im Augenblick ist noch alles totenstill, aber im nächsten Augenblick kann der erste Schuß fallen – und dann zieht der Fahrer das Gas auf, das Gespann jagt ins Dorf und die Feuerstöße des Maschinengewehres auf dem Beiwagen zwingen den Feind in Deckung, peitschen in die Eingänge und Fenster der Holzhäuser. Die anderen Gespanne folgen, und von der Anhöhe vor dem Dorf zischen die Feuerstöße der Maschinenkanonen der Panzerspähwagen die Kradschützen unterstützend in das Dorf. Dann gilt nur noch Tempo – drauf und durch!

Im Kusselgelände bekamen die vorfahrenden Kradschützen der Panzergruppe Guderian (mit einem großen G auf dem Beiwagen) beim Vormarsch in Rußland Feuer von versprengten russischen Schützen: sofort lockerten sie sich auf und gingen in Deckung – die Kradbesatzung im Vordergrund in einem frischen Bombentrichter. Nun heißt es abwarten, was passiert – sollte das Dorf vor ihnen feindbesetzt sein, dann werden sie es gleich von mehreren Seiten zugleich angreifen.

Bei starkem feindlichem Artilleriefeuer gingen die Kradschützen
zunächst einmal am Hinterhang in
Deckung – das sparte Blut und
Beiwagenkräder und gab dem
Kompanieführer genügend Zeit,
den Ansatz seiner Kradschützen
zum Angriff vorzubereiten.

Eine feindliche Fahrzeugkolonne ist zusammengeschossen worden. Nun werden die Kradschützen der Vorausabteilung zur Verfolgung des weichenden Feindes vorgezogen, ein schnelles Aufschließen der Gespanne, ein kurzer

Befehl (rechts am Bildrand der Zugführer), ein Blick zum
Himmel › – es sind eigene Flugzeuge!‹, und gleich geht es
dann los!

Überholende Verfolgung – das war eine der großen Aufgaben der Kradschützen! Auf der Landstraße weicht eine feindliche Kolonne aus, ein vorderes Fahrzeug ist in Brand geschossen worden und versperrt die Straße – die Krad-schützen stoßen rechts und links an der feindlichen Kolonne vorbei nach vorn, um sich dem ausweichenden Feind erneut vorzulegen.

Wenn beim Vorgehen in weitem, offenem und deckungslosem Gelände mit Feindeinwirkung durch Artillerie oder Tiefflieger zu rechnen war, dann entfalteten sich die Krad-schützen, lockerten sich auf, machten sich breit und tief, um dem Feind keine massierten Ziele zu bieten, und fuhren so los – so wie hier in der südrussischen Steppe.

Wenn man Wesen und Eigenart der Kradschützen in einem einzigen Bild zusammenfassen müßte, dann wäre dies mit einem Foto wie diesem möglich: Kradschützen einer Vorausabteilung sind am frühen Morgen auf Feind gestoßen, in einem russischen Dorf sitzen sie ab, die Kradstaffel bleibt hier in Deckung zurück, und die abgesessenen Kradschützen werden zum Angriff zu Fuß angesetzt.

Die typische Atmosphäre bei der in Deckung untergezogenen Kradstaffel: die Kameraden sind zum Angriff zu Fuß abgesessen, in der Ferne hört man das Peitschen der Schüsse und die Feuerstöße der Maschinengewehre; für die Fahrer bei ihren Beiwagenkrädern bedeutet das ein zermürbendes Warten – bis das erlösende Wort zum Nachziehen und zum Aufnehmen der Kameraden kommt! Ob jeder Fahrer seine Besatzung vollzählig wiederfindet…?

Der Ortskampf war eine Aufgabe, die den schnellen und wendigen Kradschützen nicht sehr lag, aber er ließ sich oft nicht vermeiden. Zur Not mußte dann auch einmal das eigene Beiwagenkrad als Deckung und Gewehrauflage herhalten. Grundsätzlich galt bei den Kradschützen immer das Wort, daß der Mann wichtiger war als die Maschine, denn die war zu ersetzen. So wurden die Gespanne auch einmal bei einem plötzlichen feindlichen Feuerüberfall in deckungslosem Gelände als Deckung benutzt oder die Besatzung hängte sich bei plötzlichem Feuer aus der Flanke bei rasender Fahrt wie die Kosaken seitlich an ihr schützendes, dahinjagendes Beiwagenkrad.

Auf den Beiwagen dieses KS 750-Gespanns hat man einmal ein Funkgerät als Versuch aufmontiert. Das wäre für alle Beiwagenkräder der Kradschützen, zumindest aber für die Kompaniechefs, Zugführer und Gruppenführer, eine sehr große Hilfe bei der Führung ihrer vielen Fahrzeuge, bei Meldungen von Kradschützenspähtrupps und Anforderung von Unterstützung für die Kradschützen-Vorausabteilungen gewesen. Die technischen Aufwendungen für ein Beiwagenfunkgerät mit Sammler, Umformer, Sender und Empfänger sowie Größe und Gewicht dieser Geräte waren aber damals, wie das Foto zeigt, erheblich – verglichen mit den heutigen Soziusfunkgeräten von Polizeimotorrädern im Verkehrsdienst.

Wenn es sein mußte, konnte man den braven und stabilen Beiwagenkrädern der Kradschützen so gut wie alles zumuten. Hier zieht ein BMW R 12-Gespann mit stabilem Kastenrahmen sogar behelfsweise ein leichtes 7,5 cm-Infanteriegeschütz mit Bedienung aus der schweren Kompanie des Kradschützenbataillons.

Der Maler V. Mundorff aus Chemnitz hat dieses farbige Aquarellbild über die Kradschützen gemalt, welches dann im Verlag für Traditionspflege in Berlin-Charlottenburg erschien. Der Maler muß sehr viel von den Kradschützen gewußt haben oder selbst sogar Kradschütze gewesen sein, denn das Bild ist im Thema und in der Einzeldarstellung frappierend echt: Kradschützen haben als Vorausabteilung zusammen mit Panzerspähwagen mit höchster Geschwindigkeit eine Ortschaft durchfahren und sind dabei in einen Feuerüberfall der feindlichen Artillerie geraten – die Reaktion darauf ist oft genug durchexerziert worden: runter von der Straße, Beiwagenkräder sofort aus der Ortschaft hinaus und in Deckung, Besatzungen absitzen und sammeln zum Angriff zu Fuß!

In einem anderen künstlerischen Stil stellt der SS-Kriegsbe-
richter und Kunst-Professor Petersen Kradschützen dar,
die ihr festgefahrenes Beiwagenkrad aus dem Morast ziehen. Das Bild drückt in packender Weise die unmenschli-
chen Anstrengungen der Kradschützen aus, mit den geographischen Zuständen in Rußland fertig zu werden.

Der beeindruckende Angriffsschwung der Kradschützen
hat in einem stärkeren Maße als andere Waffengattungen
zu ihrer künstlerischen Darstellung inspiriert. In die berühmte Wehrmacht-Briefmarkenserie vom 21. März 1943
hatte die Reichspost auch diese grüne 5 Pfennig + 4 Pfen-
nig-Briefmarke mit einem Motiv von Kradschützen auf dem
Marsch aufgenommen.

1942 und 1943 begann die Umrüstung der Kradschützenkompanien und Kradschützenbataillone
auf Fahrzeuge, von denen man
sich ein besseres Durchkommen
unter den geographischen Verhältnissen des Ostens versprach –
auf den VW-Kübel, den VW-
Schwimmwagen und sogar den
leichten Schützenpanzerwagen,
ein hervorragendes Halbkettenfahrzeug. Damit verloren die Kradschützen ihre Schnelligkeit und
Wendigkeit und gewannen ihre
Beweglichkeit doch nicht voll zurück. Auf dem Foto ist ein Kradschützenbataillon soeben auf
neue VW-Kübel umgerüstet worden. Widersinnig mußte das alte
taktische Zeichen der Kradschützen – das stilisierte Rad mit dem
Lenker – an einem Vierradfahr-
zeug wirken.

Mit abgeklapptem Allwetterver-
deck und umgeklappter Windschutzscheibe waren die
Schwimmwagen der Kradschützen
nicht viel höher als ihre früheren
Beiwagenkräder – so fielen sie in
der Bereitstellung in einem hohen
Getreidefeld auch kaum auf.

Das Kradschützenzeichen am
Schwimmwagen hob die Kradschützen zweifellos in die höhere
Bewertung einer amphibischen
Truppe, aber das war dann schon
kein spezifisches Kriterium der
Kradschützen mehr, denn die
Schwimmwagen hätte man auch
anderer leichter Infanterie geben
können. Wenn der Schwimmwagen auch wohl das geländegän-
gigste und einzige schwimmfähige
Räderfahrzeug der Wehrmacht
war, so brachte es doch den
Kradschützen nicht die Schnelligkeit und vor allem die Wendigkeit
ihrer alten Beiwagenkräder zurück. Auf dem Foto fährt eine
Kradschützenkompanie auf
Schwimmwagen in ein Gewässer,
um dieses zu durchschwimmen.
Die Rücksitzfahrer klappen mit
einer Stange vor dem Eintauchen
ins Wasser den dreiflügeligen
Schraubenantrieb mit Schutz-
kranz nach unten, dessen Welle
mit einem Dreikant dann in die
nach hinten verlängerte Kardanwelle eingriff; gelenkt wurde im
Wasser mit dem Einschlag der
Vorderräder.

Trotz Allradantrieb war das Anlanden von Schwimmwagen an weichen und schmierigen Ufern immer ein Problem, das Anlandziehen der Besatzung dürfte da wenig geholfen haben. Der Fahrer wäre an dem festeren Ufer weiter hinten mit bis zuletzt abgeklappter und schiebender Wasserschraube besser an Land gekommen – so, wie es der hintere Schwimmwagenfahrer gemacht hat, dessen Rücksitzfahrer jetzt erst die Wasserschraube hochklappt. Die Schwimmwannen waren natürlich gegen Beschädigungen, Splitter und Durchschüsse sehr empfindlich; ein Selbstabdichten mit einem eingeschlagenen Pfropfen half da wenig, und Sandwich-Bauweisen mit selbstabdichtender, zähplastischer Polyurethan-Zwischenschicht gab es noch nicht.

Eine Kradschützenkompanie auf Schwimmwagen fährt als Vorausabteilung im Nebel auf ein russisches Dorf zu. Verdeck und Windschutzscheibe sind abgeklappt, gutes Hören ist jetzt alles, aber es wurde nicht nur durch die Krempen der Stahlhelme und durch winterliche Kopfbedeckungen, sondern vor allem auch durch die lauten luftgekühlten VW-Motoren beeinträchtigt, deren Luftkühlung sonst große Vorteile hatte, besonders bei extremen Temperaturen, aber unter taktischen Gesichtspunkten (wie Hören und Gehörtwerden) sehr nachteilig waren.

Im Morgengrauen ist der Spähtrupp der Kradschützenkompanie auf Schwimmwagen vom Feind zusammengeschossen worden, jetzt aber drückt die Aufklärungsabteilung mit stärkeren Kräften nach.

»Nun laßt mal erst die Dicken nach vorn, die können das besser als Ihr!« – mit diesen Worten bremst der Kommandeur einer SS-Panzerabteilung eine Kradschützenkompanie auf Schwimmwagen.

Erfassung und Instandhaltung

Zivile Gespanne werden zum Kriegsdienst eingezogen. Der Verlust an Beiwagenkrädern der Kradschützen war besonders in den ersten Kriegsjahren so groß, daß die Motorradindustrie mit der Ersatzproduktion nicht mitkam. Um dieses Fehl aufzufüllen, wurden zivile Gespanne zum Kriegsdienst eingezogen, deren Maschinen ja die gleichen waren wie die der Kradschützen, und deren Beiwagen man nur manchmal gegen Wehrmachtbeiwagen auswechseln mußte. Manches sauer zusammengesparte und sorgsam gehütete und gepflegte Gespann eines zivilen Besitzers kam so in den rauhen Kriegseinsatz und war bald nicht mehr wiederzuerkennen.

In der Kradinstandsetzung in besetzten Gebieten und im rückwärtigen Armeegebiet wurden oft auch fremde zivile, ortsansässige Arbeiter eingesetzt, um die deutschen Soldaten für die Front freizubekommen. Hier wurde durchweg gute Arbeit geleistet. Wenn auch der Transport in die Hauptinstandsetzung und der Rücktransport viel Zeit kosteten, so war die Hauptinstandsetzung immer noch produktiver als ein Fehl von Gespannen hinzunehmen, welches die Industrie nicht schaffen konnte.

Die Feldinstandsetzung der Beiwagenkräder mußte oft unter primitiven Verhältnissen durchgeführt werden. Trotzdem waren die Arbeitsergebnisse, wenn die benötigten Ersatzteile herankamen, erstaunlich gut und schnell. Die Kradinstandsetzung auf dem Foto hat sich den Namen Rennstall gegeben und führt die Firmenzeichen von BMW und Zündapp in ihrem Schild, den Herstellerfirmen der Beiwagenmaschinen. Diese Kradinstandsetzung wollte vielleicht etwas Besonderes sein; warum nicht, vielleicht war sie es auch...?

Chef, was verlangen wir für einen 500 000 Meilen-Kundendienst?

Der weltweite Ruf der deutschen Beiwagenkräder von BMW und Zündapp ist seit langem zur Legende geworden. Nicht zählbare Exemplare wurden als Military-Oldtimer mit unglaublicher Liebe restauriert, in der Sowjetunion und in der Volksrepublik China wurden und werden BMW-Gespanne unverkennbar und nur geringfügig in Details abgeändert nachgebaut. Das anscheinend ewige Leben der alten deutschen Boxer-Kräder drückte die deutsche Fachzeitschrift ›Das Motorrad‹ vor einigen Jahren mit der beistehenden Karikatur aus, auf der zwei abgerissene Veteranen des deutschen Afrika-Korps, die immer noch in der Wüste herumirren, sich in einer Beduinen-Motorradwerkstatt erkundigen, was denn ein 500 000-Meilen-Kundendienst für ihr altes Gespann kosten würde ...

Führungszeichen

Führungszeichen.

Zusammenstellung der Führungszeichen.

a) Zeichen mit Arm, Zeichenstab oder Flaggen
(bei Dunkelheit und Nebel: Taschenlampe).

Lfd. Nr.	Zeichen	Ausführung	Licht*)	Bedeutung
1.		Arm hochheben a) vom Führer (dabei Pfiff) b) vom Unter- und Fahrzeugführer c) in der Bewegung (aufgesessen)	weiß	a) „Achtung!" (Ankündigungszeichen) b) „Verstanden!" oder „Fertig!" oder „Fahrbereit!" c) „Stillgesessen!"
2.		Arm einmal hochstoßen dasj. mehrmals a) aus dem Halten b) in der Bewegung	weiß grün grün	„Aufsitzen!" a) „Anfahren!" („Marsch!") b) „Schneller!"

*) Bedeutung der Farben: Grün = Marsch,
Rot = Halt,
Weiß = Zeichen im Halten.

Lfd. Nr.	Zeichen	Ausführung	Licht*)	Bedeutung
3.		Hochgehobenen Arm mehrfach seitwärts langsam senken	grün	„Langsamer!"
4.		Hochgehobenen Arm mehrmals hin und her schwenken	weiß	„Rührt Euch!"
5.		Arm mehrmals in Schulterhöhe nach einer Seite stoßen	grün	„Rechts (links) heran!"
6.		Arm mit Zeichenstab waagerecht seitwärts ausstrecken oder Zeichen mit Fahrtrichtungsanzeiger	grün	„Schwenken oder in Seitenweg einbiegen!"

*) Bedeutung der Farben: Grün = Marsch,
Rot = Halt,
Weiß = Zeichen im Halten.

159

Lfd. Nr.	Zeichen	Ausführung	Licht*)	Bedeutung
7.		Arm seitlich aufwärts anwinkeln	—	„Abstände vergrößern!"
8.		Arm seitlich abwärts anwinkeln	—	„Abstände verringern!"
9.		Zeigen mit Arm in eine Richtung (in der Bewegung)	grün	„Folgen! Richtung!"
		Zeigen in die entgegengesetzte Marschrichtung mit vorausgegangenem Zeichen „Achtung!"	grün	„Kehrt!"
10.		Arm über dem Kopf waagerecht kreisen	grün	„Nächsthöhere Form der Gefechtsbereitschaft!" (Entfaltung oder Entwicklung)

*) Bedeutung der Farben: Grün = Marsch, Rot = Halt, Weiß = Zeichen im Halten.

Lfd. Nr.	Zeichen	Ausführung	Licht*)	Bedeutung
11.		Arm seitlich ausstrecken, aus Schulter heraus seitlich kreisen a) in der geöffneten Ordnung und in der Entfaltung b) in geschlossener Ordnung, abgesessen c) bei formalen Bewegungen, aufgesessen. Dabei anschl. in Aufmarschrichtg. zeigen	weiß	a) „Sammeln!" b) „Ohne Fahrzeuge antreten!" c) „Aufmarsch nach rechts oder links!"
12.		Hochgehobenen Arm wiederholt scharf nach unten stoßen a) in der Bewegung b) im Halten	rot / rot	a) „Halten!" b) „Absitzen!"
13.		Faust vor die Brust, Arm dann mehrfach scharf waagerecht seitwärts schlagen	weiß	„Straße frei!" „Fliegerdeckung!"

*) Bedeutung der Farben: Grün = Marsch, Rot = Halt, Weiß = Zeichen im Halten.

Lfd. Nr.	Zeichen	Ausführung	Licht*)	Bedeutung
14.		Unterarm quer über Kopf halten	weiß	„Motor abstellen!"
15.		Kurbelbewegung mit Arm vor dem Körper	weiß	„Motor anwerfen!"
16.		Arme vor der Brust kreuzen	—	„Gewehre zusammensetzen!" oder „Gewehre an die Kfz.!"
17.		Ausgestreckten linken Arm in Schulterhöhe vor- und rückwärts bewegen	grün	„Erlaubnis zum überholen!"
18.		Linken Arm waagerecht seitwärts ausstrecken	rot	„Überholen nicht möglich!"

*) Bedeutung der Farben: Grün = Marsch, Rot = Halt, Weiß = Zeichen im Halten.

Lfd. Nr.	Zeichen	Ausführung	Licht*)	Bedeutung
19.		Beide Arme hochhalten	—	Für die Truppe auf Fahrzeugen: „Marschordnung!"
20.		Beide Arme heftig seitwärts stoßen	—	„Straße frei!" „Fliegerdeckung!" „Panzerdeckung!"
21.		Nach dem Ankündigungszeichen: „Achtung!" Leicht schräge gehaltenen Arm dasselbe mit dem linken Arm oder mit in rechter Hand gehaltenem, nach links deutendem Zeichenstab	—	„Augen rechts!" „Die Augen links!"

*) Bedeutung der Farben: Grün = Marsch, Rot = Halt, Weiß = Zeichen im Halten.

Lfd. Nr.	Zeichen	Ausführung	Licht*)	Bedeutung
22.		Beide Arme hochhalten, gleichzeitig scharf anwinkeln und wieder hochstoßen	—	Kräder, Gefechtsfahrzeuge vor!
23.		Hochgehobenen Arm wiederholt tief vorwärts senken	—	"Hinlegen!"
24.		Pendeln des hängenden Armes vor dem Körper a) bei verladenen und aufgeprotzten Waffen	—	a) "Freimachen (Abprotzen) der M.G., J.G., Pak usw.!" oder Fertigmachen zum Bau bzw. Aufbau (bei Nachr.-Zügen)!"
		b) bei frei gemachtem Gerät	—	b) "Gewehr an Ort!" bzw. "Aufprotzen!" bzw. "Fertigmachen zum Abbau und Verladen!"

*) Bedeutung der Farben:
Grün = Marsch,
Rot = Halt,
Weiß = Zeichen im Halten.

Lfd. Nr.	Zeichen	Bedeutung	Licht*)	Ausführung
25.		Beide Arme gleichzeitig in Schulterhöhe ausbreiten	—	"Stellung!" ("Feuerstellung!")
26.		Erhobene gespreizte Hand wirbeln	—	"Führer der nächstniederen Untereinheit zu mir!"

*) Bedeutung der Farben: Grün = Marsch,
Rot = Halt,
Weiß = Zeichen im Halten.

b) Zeichen mit Gerät

Lfd. Nr.	Zeichen	Ausführung	Bedeutung
32.		Gasmaske hochhalten a) durch Spähtrupps, Sicherer, Gasspürer, Beobachter b) durch Führer	a) "Gaswarnung!" (an Führer) b) "Gasbereitschaft!" (Befehl an Truppe)
33.		Gasmaske aus Bereitschaftsbüchse ziehen, hochhalten und schwenken oder aufsetzen	"Gasmaske aufsetzen!"

Winkertafel für die Zusammenarbeit mit Panzern.

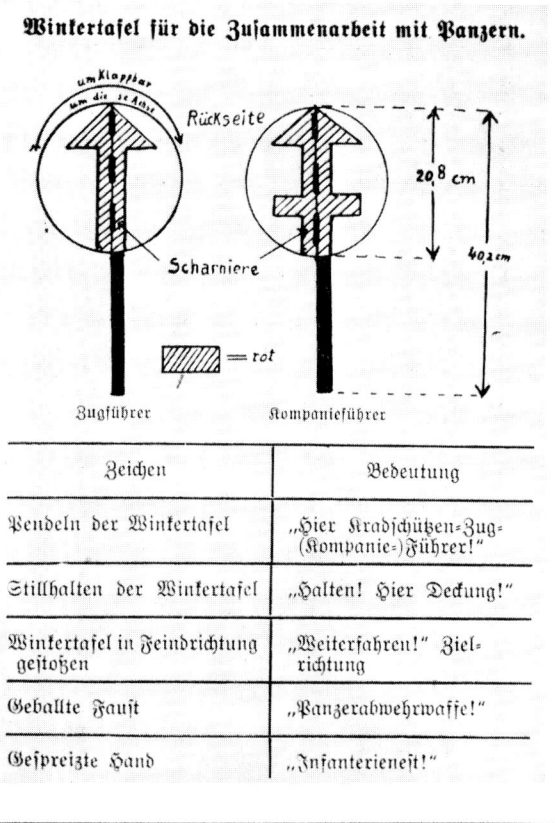

Zeichen	Bedeutung
Pendeln der Winkertafel	"Hier Kradschützen-Zug-(Kompanie-)Führer!"
Stillhalten der Winkertafel	"Halten! Hier Deckung!"
Winkertafel in Feindrichtung gestoßen	"Weiterfahren!" Zielrichtung
Geballte Faust	"Panzerabwehrwaffe!"
Gespreizte Hand	"Infanterienest!"

Blitzfeldzüge und Kradschützen – im Osten verloren sie den Kampf um ihre Beweglichkeit

Als die Wehrmacht 1939 mit ihren reinen Straßenmaschinen in den Krieg ging – Geländemaschinen gab es noch nicht, und an Einsätze der Wehrmachts-Motorräder unter den extremen geographischen Bedingungen weit entfernter Landschaften hatte man nicht gedacht –, da fand sie bei ihren ersten Feldzügen in Polen und Frankreich ein relativ gutes und intaktes Straßennetz vor, auf dem man gut und schnell fahren konnte; auch wenn man ins Gelände mußte, kam man in einigermaßen feste, drainierte Kulturlandschaft. Und schließlich fanden beide Feldzüge in der warmen Jahreszeit statt, die durchweg festen Boden und außer Staub keine größeren Beanspruchungen für die Kradbesatzungen brachte, für die Kräder aber eigentlich reine Friedensfahrten bedeuteten.

Auf dem Balkan, in Afrika und vor allem in Rußland waren die geographischen Bedingungen aber ganz andere. Hier gab es so gut wie keine gebauten festen Straßen und kaum drainiertes Gelände. Der Vormarsch in Rußland bereits ließ die Maschinen in bisher nicht gekanntem Maße unter Staub leiden, setzte besonders den Filtern hart zu und bremste und stoppte schließlich die Bewegungen aller Kraftfahrzeuge im Morast der Herbstregen und in den Schneemassen und der Kälte des Winters. Dadurch verloren auch die schnellen und überraschenden Kradschützen

ihre Beiwagenkräder und wurden relativ langsam, aber unaufhaltsam zu langsamen Fuß-Infanteristen. Die neuen Geländegespanne BMW R 75 und Zündapp KS 750 sollten sie wieder beweglich machen. Das gelang auch, aber nicht vollkommen. Dann ging man – entsprechend dem damaligen politischen Stil, in immer kürzeren zeitlichen Abständen umfassende und rettende Lösungen zu erwarten – auf die Dauer des immer schwieriger werdenden Krieges auf die doch zum Teil rationeller und in Großserien herstellbaren und instandhaltbaren VW-Kübel und später sogar VW-Schwimmwagen über und setzte sie als Transportfahrzeuge für die Kradschützen als schnelle und bewegliche Infanterie ein. Das war nicht nur eine ›Sünde wider den Geist‹ der Kradschützen, sondern auch sachlich falsch.

Die beiden VW-Konstruktionen von Ferdinand Porsche, die ja selbst ursprünglich schnelle Ersatzlösungen für die fehlkonstruierten leichten geländegängigen Pkw waren, gehörten mit Sicherheit zu den hervorragendsten Konstruktionen der militärischen Fahrzeuggeschichte und waren auch sicher genau so geländegängig – oder noch geländetüchtiger – wie die Geländegespanne von BMW und Zündapp, aber sie konnten längst nicht so handlich, schnell und wendig sein wie alle damaligen Beiwagenkräder und besaßen auch nicht deren großen Vorteil der Entnahme als einfacher und billiger, aus laufenden und bewährten zivilen Serienfertigungen entnommener Kleinfahrzeuge – was ja in den zwanziger Jahren die Beiwagenkräder letzten Endes in die Truppe gebracht hatte. Daß die für die Kriegsaufgaben der Wehrmacht spezialkonstruierten 35 000 Geländegespanne von BMW und Zündapp in Herstellung und Instandhaltung dann schließlich komplizierter und teurer wurden als die rund 65 000 VW-Kübel und -Schwimmwagen, kann nicht bestritten werden, aber das ist kein Argument gegen die Konzeption des Beiwagenkrades als Charakterfahrzeug für die Kradschützen – es ist ein auf anderer Ebene liegendes Argument!

Die VW-Wagen boten den Vorteil, vier oder zeitweise auch fünf Mann Besatzung aufnehmen zu können und auch mehr Waffen, Munition und Ausrüstung; der Schwimmwagen machte die Kradschützen gar amphibisch, allerdings war die einfache Stahlblechwanne durch Beschuß und Splitter leicht verletzlich und der Schwimmwagen damit nicht mehr schwimmfähig; eine Sandwichbauweise mit nachdichtender, zähplastischer Polyurethan-Zwischenschicht, in der man heute einen solchen Schwimmwagen bauen würde, kannte man damals noch nicht, sie wäre auch unter den Kriegsverhältnissen zu aufwendig und zu teuer gewesen.

Über die beiden VW-Militaries der Wehrmacht könnte man sicher ein Buch schreiben (über den VW-Kübel ist dies auch schon geschehen, erschienen im Motorbuch-Verlag, Stuttgart), hier soll nur ihre Eignung für die Kradschützen mit der der Beiwagenkräder verglichen werden. Beide VW hatten als Vorteile die größere Transportkapazität und eine annähernd gleiche Geländegängigkeit wie die Geländegespanne R 75 und KS 750, sicher bessere Geländegängigkeit als die normalen Gespanne. Die Schwimmfähigkeit des einen war ganz sicher ein nicht nur technischer, sondern für die Kradschützen auch unbedingt ein taktisch-konzeptioneller Vorteil – über die Schwierigkeiten bei Flußübergängen, bei denen schon der Kradschützensteg eine große Hilfe war, wurde ja schon berichtet –; der VW-Schwimmwagen war deshalb auch wohl ernsthaft als neues Fahrzeug für die Kradschützen vorgesehen – zu seiner höheren Transportkapazität und seiner Schwimmfähigkeit kam sehr entscheidend seine wirklich vorzügliche Geländegängigkeit, mit der man auch die geographischen Verhältnisse Rußlands besser meistern zu können hoffte. Aus diesen Gründen ist der VW-Schwimmwagen damals und heute auch als ›Kradschützenwagen‹ bezeichnet worden, obwohl das keine offizielle Bezeichnung war.

Nachteilig war bei beiden VW, daß sie größere Ziele darstellten und auch nicht so wendig waren wie die Beiwagenkräder. So hatte der VW-Kübel immerhin einen Wendekreis von 11 m und der Schwimmwagen von 10 m (16 m im Wasser). In normalen Zeiten wären beide VW auch sicher in Herstellung und Instandhaltung teurer gewesen als aus großen zivilen Serienproduktionen entnommene und leicht militarisierbare Beiwagenkräder und dies muß ja – wie schon gesagt – die Vergleichsebene zwischen leichten Geländewagen und Beiwagenkrädern damals und auch für die Zukunft bleiben!

Insgesamt sind nicht viele Kradschützenkompanien und Kradschützenbataillone auf den VW-Kübel und den VW-Schwimmwagen umgerüstet worden, und ob die umgerüsteten Einheiten mit diesen Wagen ihre Aufgaben besser oder schlechter erfüllen konnten, ist sehr schwer objektiv festzustellen; subjektiv gibt es Erklärungen für die Kräder wie für die Wagen. Alle Urteile

Der VW-Kübel trug diese Bezeichnung, ohne ein Kübelwagen zu sein. Kübelwagen nannte man Ende der zwanziger Jahre die ersten Geländewagen, die nichts anderes waren als Fahrgestelle ziviler Straßen-Pkw, auf die man kübelartige Sitze montiert hatte, aus denen die Soldaten in Kurven und im Gelände nicht herausfallen konnten. Der VW-Typ 82 war ein allseits geschlossener Wagen mit vier Türen und Klappverdeck. Er ist von 1940 bis 1945 in 50 435 Exemplaren gebaut worden und war nach dem amerikanischen Jeep das erfolgreichste Militärfahrzeug aller Zeiten. Der von Professor Porsche unter Zeitdruck als Ersatz für den überkonstruierten leichten Einheits-Pkw entwickelte VW-Typ 82 war 3,74 m lang, 1,60 m breit, 1,65 m hoch (mit Verdeck), wog 725 kg und konnte 450 kg zuladen. Aus dem 40-Liter-Tank verbrauchte der Wagen ungefähr 9 Liter auf 100 km und hatte damit einen Fahrbereich von rund 440 km, dabei kam er auf eine Geschwindigkeit von 80 km/h. Der 985 cm³ 23,5 PS-Vierzylinder-Boxermotor wurde ab März 1943 durch einen gleichartigen 1131 cm³-25 PS-Motor abgelöst. Die für das Gelände wichtigsten Daten waren der Radstand von 2,40 m (mit 5,25 x 16-Geländereifen; für Tropeneinsatz 200 x 12 oder 690 x 200), die Bodenfreiheit von 290 mm (belastet 275 mm), die Watfähigkeit von 450 mm und der Wendekreis von 11 m. Die hinten angeschlagenen Vordertüren ermöglichten Fahrer und Beifahrer, bei geöffneten Türen unmittelbar vor, neben und hinter die Vorderräder zu sehen – so weit ging die konstruktive Handschrift des Konstrukteurs Ferdinand Porsche; bei Dunkelheit, Nebel, genauem Spurfahren und Fahrbodenbeobachtung war diese Sichtmöglichkeit von großem Wert.

hierüber sind ja auch zu relativieren: die Wagen kamen erst bei erschwerten geographischen Verhältnissen und fortgeschrittenen kriegsbedingten Schwierigkeiten aller Art in die Truppe. Die VW-Kübel und -Schwimmwagen waren übrigens nicht die einzigen Versuche, den Kradschützen ihre alte Beweglichkeit zu erhalten. Zur Erhaltung ihrer Geländegängigkeit bei gleichzeitiger leichter Panzerung sind eine Reihe von Kradschützeneinheiten auch mit dem leichten Schützen-Panzerwagen (Sonder-Kfz. 250) Typ D 7 p ausgerüstet worden. Dieser leichte SPw hat sich in der Wehrmacht und im Zweiten Weltkrieg auf allen Kriegsschauplätzen

hervorragend bewährt und wurde vor allem für Führungsaufgaben (der berühmte ›Greif‹ von Generalfeldmarschall Rommel in Afrika), Aufklärungsaufgaben (es gab eine Panzerspähwagen-Version mit einer 20 mm-Bordmaschinenkanone im Drehturm) und über ein Dutzend Sonderaufgaben aller Art eingesetzt. Der in rund 7500 Exemplaren gebaute Halbketten-Panzerwagen war auf dem Fahrgestell der lange vor dem Kriege entwickelten 1 t-Zugmaschine entwickelt worden, wobei man dieses einfach um ein Laufradpaar verkürzt hatte. Das nur etwas über 4,50 lange, 1,95 m breite und nur 1,66 m hohe (ein großer Vorteil im Gelände!) Fahrzeug wog

5 t + 0,7 t Nutzlast, konnte sechs Mann Besatzung aufnehmen (also eine Kradschützen-Halbgruppe) und trug am vorderen Rand des oben offenen Kampfraums ein Maschinengewehr mit Schutzschild, wurde von einem Sechszylinder (100 PS bei 2800 U/min)-Maybach-Motor über ein halbautomatisches Maybach-Variorex-Schaltreglergetriebe mit sieben Vorwärts- und drei Rückwärtsgängen angetrieben und war für das Gelände qualifiziert mit 285 mm Bodenfreiheit, 700 mm Watfähigkeit, einem Wendekreis von 10 m und einem Fahrbereich bei durchschnittlichem Gelände von rund 200 km und auf guten Wegen und Straßen bis zu 350 km (diese Aktionsbereiche waren immer wichtig für die Frage, ob das Fahrzeug einen durchschnittlichen Kampftag ohne Betankung bei Tage unter Fliegersicht und Feindeinwirkung durchfahren und die Betankung im Schutze der Nacht erfolgen konnte); die selbsttragende Stahlblechwanne hatte eine Frontpanzerung von 12 mm, an den Seiten und am Heck von 7 mm.

Dieser leichte Schützenpanzerwagen hat sich ebenfalls hervorragend bewährt, nur – auf ihm

Nicht nur mit dem VW-Kübel hat man versucht, den Kradschützen ihre Beweglichkeit zu erhalten, sondern auch mit dem VW-Schwimmwagen Typ 166, den ebenfalls Professor Porsche konstruiert hat, wozu der deutsche Ingenieur Hanns Trippel, der ›Vater der Schwimmwagen‹, auf Führerbefehl zwei seiner Geländeschwimmwagen S.G.6 abstellen mußte, damit Porsche sich wenigstens konstruktive Details der anders konzipierten Trippel-Schwimmwagen ansehen konnte und so Zeit für seine eigenen Entwicklungsarbeiten sparte. Der Schwimmwagen wurde in der Wehrmacht auch Kradschützenwagen genannt, obwohl er diese Bezeichnung offiziell nie bekommen hat – wahrscheinlich lag dieser Bezeichnung der gedankliche Wunsch zugrunde, mit diesem Schwimmwagen den Kradschützen nicht nur ihre alte Beweglichkeit zu erhalten, sondern sie auch noch schwimmfähig zu machen. In Wirklichkeit war der allradangetriebene – der Typ 82, der Kübel hatte nur Hinterradantrieb – und mit dreiflügliger Wasserschraube aktiv schwimmfähige Wagen ein Wunder an Geländegängigkeit, aber er war mit seinen Maßen von 3,82 m Länge, 1,48 m Breite, 1,61 m Höhe und 910 kg + 435 kg Gewicht und 80 km/h/Straßen- und 10 km/h/Wasser-Geschwindigkeit, 2 m Radstand, 10 m Wendekreis, 265 mm Bodenfreiheit (belastet 245 mm) eben kein schnelles und wendiges Beiwagenkrad wie etwa die BMW R 12 mit 2,52 m Länge, 1,61 m Breite, 1 m Höhe, 560 kg Gesamtgewicht, 85 km/h Geschwindigkeit, 1,40 m Radstand, 3,50 m bis 4,50 m Wendekreis, 120 mm Bodenfreiheit. Mit seinen zwei 25-Liter-Tanks und 9,5 Liter/100 km Verbrauch (10 Liter/Stunde im Wasser) hatte der Schwimmwagen mit dem größeren VW-Motor von 25 PS einen Fahrbereich von 520 km. Von 1942 bis 1944 sind von diesem Schwimmwagen insgesamt 14 283 Exemplare gebaut worden, von denen aber nur eine geringe Zahl an die letzten noch bestehenden Kradschützeneinheiten ausgeliefert wurde.

waren die Kradschützen keine Kradschützen mehr, sondern Panzergrenadiere: diese paßten sicherlich in die um die Kriegsmitte aufgestellten letzten modernen Panzeraufklärungsabteilungen und ihre Aufgaben der dauernden Absetzbewegungen besser als die Kradschützen alter Art; dazu wird gleich noch ein Wort zu sagen sein. Es waren wiederum nicht viele Kradschützenkompanien, die auf den leichten SPw umsitzen mußten. Trotzdem war die Entwicklung damit Wege gegangen, die selbst die Konzeptoren und Realisatoren der neuen Panzerwaffe nicht gewollt hatten – denn sie hatten ja schließlich die schnellen und wendigen Kradschützen als Ergänzung zu den ›schwerfälligen‹ Panzerfahrzeugen selbst mit Überzeugung geschaffen. Aber von der Mitte des Krieges an galt allgemein die alte Regel: man durfte nicht mehr wollen, man konnte nur noch müssen.

Noch ein Fahrzeug muß hier erwähnt werden, welches heute oft wegen seines konstruktiven Zuschnittes in der Reihe der Beiwagenkrad-Nachfolger der Kradschützen eingeordnet wird, das Kettenkrad. Seine Technik wurde bereits im motorradtechnischen Kapitel vorgestellt, hier müssen aber noch einige Bemerkungen zu seiner Einsatzkonzeption gemacht werden. Das Kettenkrad war, wie der leichte SPw, aus der wahrlich berühmten Vorkriegsfamilie der Zugmaschinen hervorgegangen, es war ebenfalls ein Halbkettenfahrzeug (die in Deutschland und im Ausland in der Militärfahrzeug-Geschichte eine große Rolle gespielt haben, als SPw heute noch in einigen Heeren gefahren werden und mit einiger Sicherheit noch nicht am Ende ihrer Aktualität sind), allerdings ungepanzert; es war als Halbtonner-Zugmaschine für eine Reihe leichterer Zugfahrzeug-Aufgaben vorgesehen, bis man auch bei ihm seine hervorragende Geländegängigkeit und Eignung für geographisch

schwierige Kriegsschauplätze und Sonderaufgaben entdeckte, bei denen Durchkommen um jeden Preis alles war. Für derartige Aufgaben wurden dann die Kettenkräder den Kampftruppen und Kampfunterstützungstruppen jeweils in einigen Exemplaren pro Bataillon und Abteilung zugeteilt und haben sich hier trotz ihrer komplizierten Technik und schwierigen Instandhaltung voll bewährt; ihre Geländegängigkeit war imponierend, wenn auch ihre relativ geringe Spurweite eine leichte seitliche Kippneigung zur Folge hatte; kleine Lenkkorrekturen bei schneller Straßenfahrt konnten leicht zu einem gefahrenbringenden Übersteuern führen. Die Transportkapazität für drei Mann Besatzung mit Waffen und Ausrüstung im Gewicht von 325 kg war ausreichend, mit 70 km/h auf der Straße war das Kettenkrad ausreichend schnell und für das Gelände mit 230 mm Bodenfreiheit, 440 mm Watfähigkeit und einem Wendekreis von 4,50 m (der bei dem 3 m langen, 1 m breiten und 1,20 m hohen Fahrzeug praktisch ein Wenden auf der Stelle bedeutete), einem Geländefahrbereich von rund 190 km und einem Straßenfahrbereich von rund 260 km gut qualifiziert. Ganze Einheiten oder gar Bataillone sind niemals durchgehend mit Kettenkrädern ausgerüstet worden, sie waren immer und überall meist als Einzelfahrzeuge für Sonderaufgaben (vor allem für Erkundung, Melder, Kuriere und dergleichen) eingesetzt.

Die Kradschützen-Einheiten und -Verbände haben ihre vor dem Kriege konzipierten Aufgaben im Zweiten Weltkrieg in hervorrragender Weise erfüllt. Wie ein Sturmwind brausten sie mit ihren schnellen und wendigen Fahrzeugen über die Schlachtfelder Europas. Daß sie sich unter den erschwerenden geographischen Zuständen Osteuropas, für die sie nicht geschaffen worden waren, buchstäblich festfuhren und auch die Gespanne mit Seitenwagenantrieb und der VW-

Man muß anerkennen, daß das Oberkommando des Heeres mit den damals besten Fahrzeugen der Wehrmacht versucht hat, den Kradschützen ihre Beweglichkeit und ihren Angriffsschwung unter den einschrän-
kenden geographischen Bedingungen des Ostens zu erhalten und zu-
rückzugeben. Das war außer dem
VW-Kübel und dem VW-Schwimmwagen vor allem auch der leichte Schützenpanzerwagen Typ D 7 p, Sonder-
Kfz. 250, ein Halbkettenfahrzeug, mit
dem man den Kradschützen nun auch
noch einen Panzerschutz gab. Der
ISPw, wie seine militärische Abkürzung offiziell lautete, konnte sechs
Mann aufnehmen und trug am Vorder-
rand des oben offenen Kampfrau-
mausschnittes ein leichtes Maschinengewehr. – Alle drei zuletzt genannten Fahrzeuge entsprachen aber
mit ihrer konstruktiven Konzeption
nicht der schnellen und wendigen Eigenart der Kradschützen, man hätte
auf ihnen auch normale Infanterie ver-
lasten können; außerdem kamen sie
auch erst an die Front, als die Kradschützentruppe schon fast aufgerieben war und sich in der Auflösung befand. Nur verhältnismäßig wenige
Kradschützenkompanien und -batail-
lone sind noch auf die neuen Fahrzeuge umgestellt worden.

Schwimmwagen als Kradschützenwagen ihnen
nicht ihre alte Beweglichkeit zurückgeben konnten, die ihr Charakteristikum und ihren spezifi-
schen Wert ausgemacht hatten, kann ihnen
nicht zum Vorwurf gemacht werden. So wie sie
mit letztem Einsatz auf ihren Beiwagenkrädern
gekämpft hatten, so haben sie auf dem immer
entscheidender werdenden Kriegsschauplatz im
Osten mit den verbesserten Geländegespannen
und Schwimmwagen gegen die widrigen geographischen Zustände und in zweiter Linie erst
gegen den Feind gekämpft, aber sie haben diesen Kampf um ihre Beweglichkeit nicht gewinnen können, sie haben ihn verloren: die Natur
war stärker als sie. Sie waren technisch und
wohl auch taktisch bei ihrer Schaffung lange vor
dem Krieg nicht für gänzlich andersartige geographische Räume vorgesehen, und sie konnten
dann, in physisch-geographische und anthropo-
geographische Extreme geschickt, hier auf die
Dauer nicht bestehen. Das war nicht ihre
Schuld, es war ihre Tragik.
Zur Technik und Geographie kam bei den ungeheuer verlustreichen Einsätzen der Feldzüge der

ersten Kriegsjahre die langsam versiegende Substanz an erfahrenen alten Kradschützen, was zweifellos den Untergang dieser Truppe noch beschleunigt hat. Und noch eines kam hinzu, was mit voller Absicht in dem taktischen Kapitel über Wesen, Kampfweise und Einsatzarten so ausführlich dargestellt wurde: die Kradschützen waren in erster Linie eine Truppe für den Angriff – Aufklärung und Erkundung, Vorausabteilung und überholende Verfolgung waren ihre ganz großen Stärken, technisch und taktisch; Abwehr und Absetzbewegungen, Rückzug und Nachhut der zweiten Kriegshälfte, vor allem im Osten, lagen ihnen weniger; nicht, daß sie dabei nicht auch ihre Stärken hätten vorteilhaft einsetzen können, aber es war ihnen nicht auf den Leib geschrieben, es kam nicht von innen heraus, sie mußten sich dazu zwingen. Den alten Kradschützengeist unter veränderten Umständen auf anderen und neuartigen Fahrzeugen virulent zu halten gelang nicht, die uralte Weisheit von der Nichtwiederholbarkeit des Alten unter neuen und anderen Bedingungen mußten auch die Kradschützen an sich erfahren.

Die gesamte bisherige Darstellung der Entwicklung und der Geschichte der Kradschützen drückt sich in ihrer Formationsgeschichte mit Jahreszahlen, Garnisonen und Truppenbezeichnungen aus. Im nächsten Kapitel wird deshalb versucht, die Geschichte der Kradschützen zu rekonstruieren – so weit das die wenigen vorhandenen Quellen möglich machten.

Aufgestellt, aufgerieben, aufgelöst – zur Formationsgeschichte der Kradschützen

Anfang 1933 war in Deutschland eine politische Richtung an die Regierung gekommen, welche vor allem auch die Bestimmungen des Versailler Friedensvertrages revidieren wollte, der den Ersten Weltkrieg militärisch beendete und dem Deutschen Reich weitestgehende Beschränkungen in seiner Rüstung und seinen militärischen Personalstärken auferlegte.

Im März 1935 wurde die allgemeine Wehrpflicht wieder eingeführt. Ein ungewöhnlich schneller Aufbau der Reichswehr zur neuen Wehrmacht begann auf voller Breite, und in seinem Verlauf wurde aus den wenigen Versuchseinheiten auf Beiwagenkrädern nun auch endlich die neue ›Motorrad-Infanterie‹, die Kradschützen, offiziell aufgestellt. Die ersten Kradschützenbataillone der Wehrmacht haben als amtlichen Aufstellungstag den 15. Oktober 1935 – seither gab es Kradschützen. Die personellen Abgaben hierzu hatten die Waffengattungen zu leisten, die in der Aufgabenstellung den Kradschützen am nächsten standen, das war die Infanterie und die Kavallerie. Die ersten Kradschützenbataillone 1, 2 und 3 wurden damals aus dem Reiter-Regiment 16 (mot) aufgestellt. Zu Beginn des Zweiten Weltkriegs besaß das Heer erst die genannten drei Bataillone, je eine Kradschützenschwadron (Kompanie) in elf Aufklärungsabteilungen und je zwei Kradschützenschwadronen in drei Aufklärungsregimentern. Das waren also insgesamt 26 reine Kradschützenkompanien.

Als um die Jahreswende 1940/41 die Panzerdivisionen in ihrer Anzahl verdoppelt wurden – aus der 1. bis 10. Panzerdivision entstanden die 11. bis 21. Panzerdivision – wurden damit auch gleichzeitig die Kradschützenbataillone von drei auf zwanzig vermehrt. Parallel hierzu lief gesondert die Entwicklung der Kradschützenbataillone und Kradschützenkompanien in den Aufklärungsabteilungen und Schützenregimentern der Waffen-SS. Entsprechend ihrer Zugehörigkeit und ihren Aufgaben als leichte, schnelle Infanterie in der Form des selbständigen Kradschützenbataillons als eigenständige infanteristische Spezialkomponente in einer Panzerdivision und einer motorisierten Infanteriedivision oder als infanteristische Komponente in einem Aufklärungsverband wurden in diesen Jahren zunächst drei personell und materiell verschiedene Kradschützenbataillons-Typen a, b und c entwickelt. Ob diese Stärken jemals voll erreicht worden sind, ob sie über die ersten Kriegsjahre gehalten werden konnten und wie lange sie gehalten wurden oder auch nur offiziell gültig waren – das sind Fragen, die sich heute nicht mehr exakt beantworten lassen.

Auf jeden Fall haben damals die drei Typen von Kradschützenbataillonen so auf dem Papier gestanden:

Kradschützen-Bataillon Typ a (z. B. Kradschützen-Abteilung in einem Aufklärungsregiment)

Personelle Stärke:
27 Offiziere
3 Beamte
139 Unteroffiziere
899 Mannschaften
1068 Gesamtstärke
Gliederung und Bewaffnung:

3 Kradschützen-Kompanien mit je	9 IMG
	2 sMG
	3 5 cm-Granatwerfer
1 schwere Maschinengewehr-Kompanie auf Krad mit	8 sMG
1 schwere Kompanie motorisiert mit Pionier-Zug mit	6 8,2 cm-Granatwerfer
	2 7,5 cm-leichte Infanterie-Geschütze
	3 3,7 cm-Pak

Kradschützen-Bataillon Typ b (z. B. Kradschützen-Bataillone 1 bis 3)

Personelle Stärke:
26 Offiziere
3 Beamte
138 Unteroffiziere
792 Mannschaften
959 Gesamtstärke
Gliederung und Bewaffnung:

3 Kradschützen-Kompanien mit je	18 IMG
	2 sMG
	3 5 cm-Granatwerfer
1 schwere Kompanie motorisiert mit	8 sMG
	6 8,2 cm-Granatwerfer
	3 3,7 cm-Pak

Kradschützen-Bataillon Typ c (z. B. Kavallerie-Schützen-Abteilung)

Personelle Stärke:
23 Offiziere
3 Beamte
119 Unteroffiziere
683 Mannschaften
828 Gesamtstärke
Gliederung und Bewaffnung:

2 Kradschützen-Kompanien mit je	18 IMG
	4 sMG
	3 5 cm-Granatwerfer
1 schwere Kompanie motorisiert mit	6 8,2 cm-Granatwerfer
	2 7,5 cm-leichte Infanterie-Geschütze
	3 3,7 cm-Pak

Sollten irgendwo andere Gliederungen und Stärken bekannt oder noch in der Erinnerung sein, so wären diese kein Widerspruch zu den oben stehenden Zahlen, sondern unter den Zuständen und Entwicklungen im Zweiten Weltkrieg als zwangsbedingte Abweichung immer möglich gewesen. Man ist später wohl zur Vereinheitlichung der Bataillons-Gliederungen gekommen, denn die oben erwähnten, hier aus Gründen einer einheitlichen und verbindlichen Darstellungsebene zugrundegelegten Kradschützen-Vorschriften erwähnen die verschiedenen Bataillons-Typen nicht mehr – und diese Vorschriften stammen aus dem Jahr 1941.

Im Verlauf des Krieges blieben die Kradschützenbataillone in den genannten Gliederungen sicher nicht erhalten, sie wurden vielmehr vor allem als Voraus-, Flanken- und Nachhut-Verbände in vorderster Front am Feind verschlissen, dezimiert und mit ihren Gespannen durch Gelände und Witterung auf Kriegsschauplätzen, für die sie nie entwickelt worden waren, im Wortsinne zerstört. In der rudimentären Form als Kradschützenzüge blieben ihre Reste bis zum Kriegsende in der Gliederung der inzwischen entstandenen Panzergrenadierbataillone erhalten – meist auch nur auf dem Papier und immer als ein Schatten ihrer selbst; wieviele es zum Kriegsende noch waren, weiß heute niemand mehr.

Die Geschichte der einzelnen Kradschützenbataillone, ihre Daten, ihre Garnisonen, ihre Truppenbezeichnungen und ihre Unterstellungen heute noch aufzuzeichnen ist schwierig und nur sehr lückenhaft, unvollkommen und unterschiedlich möglich; die Geschichte einzelner Kradschützenkompanien, die in andere Verbände eingegliedert waren (zum Beispiel in Aufklärungsabteilungen, motSchützenregimenter) aufzuzeichnen, ist überhaupt nicht mehr möglich. Die wenigen Unterlagen zur Geschichte der Kradschützenbataillone wurden im wesentlichen dem verdienstvollen Werk von Georg Tessin ›Verbände und Truppen der deutschen Wehrmacht und Waffen SS im Zweiten Weltkrieg 1939–1945‹ (Verlag E. S. Mittler & Sohn, Frankfurt) entnommen, welches aber wohl in seiner Gesamtheit noch nicht abgeschlossen ist. Mit dem nachstehend unternommenen Versuch, die Geschichte der Kradschützen aufzuzeichnen, soll diese nicht nur weiteren Kreisen zugänglich gemacht werden, sondern auch mit ihren Daten die bereits in großen Zügen dargestellte Geschichte der Kradschützen im einzelnen mit den Daten einzelner ihrer Bataillone belegen. Die über die einzelnen Kradschützenbataillone noch bekannten Daten sind, wie schon gesagt, nicht nur lückenhaft und unvollkommen, sondern von Bataillon zu Bataillon unterschiedlich und lassen deshalb keine Vergleiche unter den Bataillonen zu.

So soll die Geschichte der Kradschützenbataillone auch nur in Stichworten wiedergegeben werden; dabei werden zur leichteren Lesbarkeit – vor allem auch für militärische Laien – nicht die damals üblichen und auch von Tessin benutzten militärischen Abkürzungen benutzt, sondern diese voll ausgeschrieben. Zu den einzelnen Kradschützenbataillonen werden, wenn möglich, auch die heimatlichen Kradschützenersatzabteilungen angegeben, die im Krieg den personellen Ersatz ausbildeten, mit dem die Fronteinheiten immer wieder aufgefüllt wurden.

DAS KRADSCHÜTZENBATAILLON 1

wurde am 15. 10. 1935 aus dem am 16. 5. 1920 aufgestellten Reiterregiment 16, Erfurt (früher 16. Preußisch-Hessisches-Reiterregiment) aufgestellt; Friedensstandort Langensalza, Wehrkreis IX; am 1. 11. 1939 ging die 2. Kradschützenkompanie an das Infanterieregiment (mot) 33 als dessen 7. (Kradschützen-)Kompanie, die aber wieder ersetzt wurde; am 1. 6. 1942 umgegliedert unter Verschmelzung mit der Panzeraufklärungsabteilung 4, deren Panzerspähkompanie 1. Kompanie wurde; am 1. 3. 1943 umbenannt in Panzeraufklärungsabteilung 91.

DAS KRADSCHÜTZENERSATZBATAILLON 1

wurde am 26. 11. 1940 in Meiningen, Wehrkreis IX, aus der 4. und 5. Kompanie des Schützenersatzbataillons 1 und den Resten des Schützenersatzbataillons 12 aufgestellt; am 1. 10. 1942 wurde das Bataillon in ein Ersatz- und ein Ausbildungsbataillon geteilt; am 16. 4. 1943 wurden beide Bataillone als Panzeraufklärungs-Ersatz- und Ausbildungsabteilung Meiningen wieder vereinigt.

171

DAS KRADSCHÜTZENBATAILLON 2

wurde am 1. 10. 1934 als II. Abteilung des Reiterregimentes (mot) 16 aufgestellt und am 15. 10. 1935 offiziell als Kradschützenbataillon 2 benannt; Friedensstandort Eisenstadt, Wehrkreis XVII; am 16. 3. 1942 wurde die 1. Kompanie der Panzeraufklärungsabteilung 5 als 1. Panzerspähkompanie eingegliedert.

DAS KRADSCHÜTZENERSATZBATAILLON 2

wurde am 15. 11. 1940 in Wien, Wehrkreis XVII, durch Umgliederung des Schützenersatzbataillons 11 aufgestellt; am 1. 10. 1942 wurde das Bataillon geteilt und am 10. 4. 1943 als Kradschützen-Ersatz- und Ausbildungsbataillon 2 vereinigt.

DAS KRADSCHÜTZENBATAILLON 3

wurde am 15. 10. 1935 im Friedensstandort Freienwalde, Wehrkreis III, aufgestellt; am 25. 4. 1942 wurde das Bataillon mit der Panzeraufklärungsabteilung 1 verschmolzen, deren 1. Kompanie die 1. Panzerspähkompanie der neuen Abteilung wurde.

DAS KRADSCHÜTZENERSATZBATAILLON 3

wurde am 20. 11. 1940 in Freienwalde, Wehrkreis III, aus Abgaben des Schützenersatzbataillons 3 aufgestellt; im Oktober 1942 wurde das Bataillon geteilt; im April 1943 wurden die beiden geteilten Bataillone zum Kradschützen-Ersatz- und Ausbildungs-Bataillon 3 vereinigt; am 16. 4. 1943 wurde dieses Bataillon umbenannt

in Panzeraufklärungs- Ersatz- und Ausbildungs-Abteilung 3 in Freienwalde.

DIE KRADSCHÜTZENABTEILUNG 4

wurde am 1. 12. 1941 in Stablak, Wehrkreis I, durch Umgliederung der Radfahrabteilung 1, Friedensstandort Tilsit, Wehrkreis I, als Abteilung (kein Druckfehler!) mit Schwadronen statt Kompanien unter Neuaufstellung der 1. Panzerspähschwadron durch den Wehrkreis III mit einer 6. Feldersatzschwadron und einer Begleitbatterie aufgestellt; die Kradschützenabteilung 4 wurde im Januar 1943 in Stalingrad vernichtet.

DAS KRADSCHÜTZENERSATZBATAILLON 4

wurde am 1. 10. 1941 in Stahnsdorf durch Umbenennung der Ersatzabteilung für motorisierte Aufklärungseinheiten 3 aufgestellt; am 25. 9. 1942 wurde das Bataillon in eine Ersatz- und eine Ausbildungs-Abteilung aufgeteilt; am 15. 4. 1943 wurden beide Bataillone wieder vereinigt und in Panzeraufklärungs- Ersatz- und Ausbildungs-Abteilung 4 in Stahnsdorf umbenannt.

DAS KRADSCHÜTZENBATAILLON 6

wurde am 1. 4. 1939 aus der IV. Abteilung des Kavallerieschützenregimentes IV im Friedensstandort Iserlohn, Wehrkreis VI, aufgestellt; am 1. 8. 1940 wurde die dritte Kompanie an die 16. Panzerdivision abgegeben und durch die 2. Kompanie des Infanterieregimentes 79 ersetzt; am 1. 2. 1943 wurde das Bataillon mit der Panzeraufklärungsabteilung 57 verschmolzen.

DAS KRADSCHÜTZENERSATZBATAILLON 6

wurde am 1. 12. 1940 in Iserlohn, Wehrkreis VI, durch Abgaben des Schützenersatzbataillons 4 aufgestellt; am 1. 10. 1942 wurde das Bataillon in ein Ersatzbataillon in Iserlohn und ein Ausbildungsbataillon in Wesel getrennt.

DAS KRADSCHÜTZENBATAILLON 7

wurde am 25. 10. 1939 aus der I. Abteilung des Aufklärungsregimentes 7 im Friedensstandort Kissingen, Wehrkreis IX, aufgestellt; 1942 wurde das Bataillon in die Panzeraufklärungsabteilung 37 eingegliedert.

DAS KRADSCHÜTZENERSATZBATAILLON 7

wurde am 1. 10. 1941 aufgestellt; am 1. 10. 1942 wurde das Bataillon in ein Ersatzbataillon und ein Ausbildungsbataillon getrennt und am 18. 4. 1943 wieder zu einem Kradschützen-Ersatz- und Ausbildungs-Bataillon 7 vereinigt.

DAS KRADSCHÜTZENBATAILLON 8

wurde am 1. 4. 1940 aus dem II. Bataillon des Kavallerieschützenregimentes 9, Friedensstandort Sorau, Wehrkreis III, aufgestellt; am 25. 1. 1942 wurde das Bataillon in die Panzeraufklärungsabteilung 59 eingegliedert.

DAS KRADSCHÜTZENERSATZBATAILLON 9

wurde am 1. 10. 1941 in Sondershausen durch Umgliederung der Ersatzabteilung für motorisierte Aufklärung 4 aufgestellt; am 1. 10. 1942 wurde das Bataillon geteilt in ein Ersatzbataillon und ein Ausbildungsbataillon; am 16. 4. 1943 wurden beide wieder vereinigt als Panzeraufklärungs-Ersatz- und Ausbildungs-Abteilung 9 in Sondershausen.

DAS KRADSCHÜTZENBATAILLON 10

wurde am 1. 3. 1941 aus Abgaben der Schützenregimenter 69 und 86 und der 10. Panzerdivision mit fünf Kompanien aufgestellt; am 1. 4. 1942 wurde die Panzerspähkompanie als 1. Kompanie eingegliedert.

DAS KRADSCHÜTZENBATAILLON 13

wurde am 6. 8. 1942 durch Umgliederung der Aufklärungsabteilung 22 aufgestellt; am 5. 9. 1942 erhielt das Bataillon eine in Sagan aufgestellte Panzerspähkompanie; am 2. 10. 1942 wurde das Bataillon in Aufklärungsabteilung 22 zurückbenannt.

DAS KRADSCHÜTZENBATAILLON 15

wurde am 11. 11. 1940 im Wehrkreis XII durch Umgliederung des III. Bataillons des Infanterieregimentes 93, Friedensstandort Salzwedel, Wehrkreis XII, aufgestellt; das Bataillon kam im Herbst 1942 als III. Bataillon des Schützenregimentes 104 zur 21. Panzerdivision.

DAS KRADSCHÜTZENBATAILLON 16

wurde am 2. 8. 1940 in Bielefeld, Wehrkreis VI, durch Umgliederung des Maschinengewehrbataillons 1, Friedensstandort Euskirchen, aufgestellt; am 1. 8. 1941 wurde das Bataillon mit der

Panzeraufklärungsabteilung 16 verschmolzen; am 1. 5. 1942 wurde das Kradschützenbataillon 16 in Artemowsk (Rußland) mit fünf Kompanien wieder aufgestellt; im Januar 1943 wurde das Bataillon in Stalingrad vernichtet; am 1. 3. 1943 wurde das Bataillon unter Verwendung des Kradschützenbataillons des Grenadierregimentes 890 (mot) wiederaufgestellt.

DAS KRADSCHÜTZENBATAILLON 17

wurde am 11. 10. 1940 im Wehrkreis VII durch Umgliederung des II. Bataillons des Infanterieregimentes 63, Friedensstandort Ingolstadt, aufgestellt; am 1. 4. 1942 wurde das Bataillon in die Panzeraufklärungsabteilung 27 eingegliedert; am 1. 5. 1943 wurde diese Abteilung umbenannt in Panzeraufklärungsabteilung 17.

DAS KRADSCHÜTZENBATAILLON 18

wurde am 15. 10. 1940 im Wehrkreis IV aus dem I. (mot.) Bataillon des Infanterieregimentes 52 der 14. Panzerdivision aufgestellt; am 10. 11. 1941 wurde das Bataillon in die verstärkte Panzeraufklärungsabteilung 88 eingegliedert, die am 21. 12. 1941 wieder in Kradschützenbataillon 18 umbenannt wurde.

DAS KRADSCHÜTZENBATAILLON 19

wurde am 1. 11. 1940 im Wehrkreis XI durch Umgliederung des I. Bataillons des Infanterieregimentes 73, Friedensstandort Celle, aufgestellt; am 14. 8. 1941 wurde das Bataillon aufgelöst und in die Panzeraufklärungsabteilung 19 eingegliedert.

DAS KRADSCHÜTZENBATAILLON 20

wurde am 4. 11. 1940 im Wehrkreis IX durch Umgliederung des III. Bataillons des Infanterieregimentes 115, Friedensstandort Worms, Wehrkreis XII, aufgestellt; 1942 wurde das Bataillon in die Aufklärungsabteilung 92 eingegliedert.

DAS KRADSCHÜTZENBATAILLON 22

wurde am 20. 8. 1940 durch den Wehrkreis II aus dem I. Bataillon des Infanterieregimentes (mot.) 25, Friedensstandort Stargard, und der 3., 6. und 12. Kompanie des Infanterieregimentes 5 aufgestellt; vom 20. 8. 1941 bis 27. 11. 1941 wurde das Bataillon auch als Panzeraufklärungs- und Voraus-Abteilung 2 bezeichnet; am 27. 11. 1941 wurde es wieder zum Kradschützenbataillon 22; am 20. 4. 1943 wurde das Bataillon umbenannt in Panzeraufklärungsabteilung 12.

DAS KRADSCHÜTZENBATAILLON 23

wurde am 13. 9. 1941 in Frankreich beim Armeeoberkommando 1 mit fünf Kompanien durch Umgliederung der Panzeraufklärungsabteilung 8 der 5. Panzerdivision und mit einer im Wehrkreis IX neu aufgestellten Panzerspähkompanie aufgestellt.

DAS KRADSCHÜTZENBATAILLON 24

wurde am 10. 9. 1941 in Frankreich beim Armeeoberkommando 7 aus der Panzeraufklärungsabteilung 5 der 2. Panzerdivision, der 5. Kompanie des Infanterieregimentes 586 der

320. Infanteriedivision und einer vom Ersatzbataillon zugeführten Panzerspähkompanie aufgestellt; am 10. 3. 1943 wurde das Bataillon aufgelöst.

DAS KRADSCHÜTZENBATAILLON 25

wurde am 15. 11. 1940 durch Umgliederung des III. Bataillons des Infanterieregimentes 40 in Augsburg, Wehrkreis VII, aufgestellt; am 1. 5. 1942 wurde das Bataillon mit der Aufklärungsabteilung 25 verschmolzen; am 1. 4. 1943 wurde diese in Panzeraufklärungsabteilung 125 umbenannt.

DAS KRADSCHÜTZENBATAILLON 26

wurde am 15. 9. 1942 durch Umgliederung des Radfahrbataillons 23 der 23. Infanteriedivision am Aufstellungsstandort Fürstenwalde mit einer Panzerspähkompanie und der 4. und 5. Kompanie des Radfahrbataillons aufgestellt; am 1. 4. 1943 wurde das Bataillon in die Panzeraufklärungsabteilung 26 umbenannt.

DAS KRADSCHÜTZENBATAILLON 29

wurde am 25. 2. 1941 im Wehrkreis XI aus der 4. und 7. Kompanie des Infanterieregimentes 15, Kassel, und der 2. und 7. Kompanie des Infanterieregimentes 71, Erfurt, aufgestellt; das Bataillon wurde 1941 mit der Aufklärungsabteilung (mot.) 29 verschmolzen; im Januar 1943 wurde das Bataillon bei Stalingrad vernichtet.

DAS KRADSCHÜTZENBATAILLON 30

wurde am 23. 12. 1940 im Wehrkreis X durch Umgliederung des III. Bataillons des Infanterieregimentes 25, Friedensstandort Arnswalde, Wehrkreis II, aufgestellt; 1942 wurde das Bataillon mit der Aufklärungsabteilung (mot.) 20 verschmolzen; am 29. 4. 1943 wurde das Bataillon in Panzeraufklärungsabteilung 120 umbenannt.

Aus diesen Existenzdaten der Kradschützenbataillone ergibt sich als Mittellinie der Entwicklung, daß sie – abgesehen von den Kradschützenbataillonen 1, 2 und 3 – etwa 1940 aufgestellt wurden und Ende 1942 bis Ende 1943 ihre selbständige Existenz aufhörte – sei es nun in der Form, daß sie im Verlauf größerer Kampfhandlungen aufgerieben und vernichtet (zum Beispiel in Stalingrad) oder nach großen personellen und materiellen Verlusten in Aufklärungsabteilungen oder Panzeraufklärungsabteilungen eingegliedert wurden, womit übrigens letzten Endes auch die Legitimität der konzeptionellen Herkunft der Kradschützen aus dem Aufgabenbereich der Aufklärung bewiesen wurde.
Im Jahr 1940 wurden für die Kradschützenbataillone an der Front allenthalben die Ausbildung und personellen Ersatz besorgenden Kradschützenersatzbataillone in der Heimat aufgestellt, und daraus ließ sich erkennen, daß es der Wehrmachtführung damals sicherlich mit der Aufstellung und Erhaltung der Kradschützentruppe sehr ernst war. Später mußte man nämlich daran zweifeln, wenn man auf die Leichtigkeit und innere Beziehungslosigkeit blickte, mit der die Kradschützenbataillone aufgelöst, eingegliedert oder verschmolzen wurden. 1942/43 wurden diese Ersatzbataillone in Ersatzbataillone und Ausbildungsbataillone getrennt – die

Gründe hierfür sind nicht mehr feststellbar – und meist noch im Jahre 1943 als Panzeraufklärungs-Ersatz- und Ausbildungs-Abteilungen wieder vereinigt, also nicht mehr als Kradschützen. Wenn diese Zusammenlegungen ausschließlich mit der Aufklärungstruppe erfolgten, dann geschah das zwar auf der erwähnten gemeinsamen taktischen Grundlage der Aufklärung; es muß dabei aber auch die leise Vermutung hochgekommen sein, daß sich die größere und stärkere Aufklärungstruppe mit ihren zweifellos großen personellen und materiellen Verlusten auf Kosten der Kradschützen auffüllte, um damit ihre weitere Existenz zu sichern. Jedenfalls gab es in der Aufklärungstruppe von Anfang an einen gewissen Argwohn gegen die selbständigen Kradschützenbataillone, da man sich allein für die Aufklärung zuständig fühlte und mit den eigenen Kradschützenkompanien und -schwadronen (wie man die Kompanien in vielen aus der alten Kavallerie hervorgegangenen Verbänden noch nannte) ja schon eine infanteristische Komponente dieser Art besaß.

Ob diese distanzierte Einstellung der Aufklärer, die wesentlich noch vom alten Kavallerie-Geist erfüllt waren, gegenüber den aus der modernen Kraftfahrtruppe hervorgegangenen Kradschützen mit ihrem sehr starken infanteristischen Einschlag nun berechtigt war oder nicht oder bis zu welchem Grad – das würde hier in der Diskussion zu weit führen. Auf jeden Fall ist die sachliche Feststellung berechtigt, daß die Kradschützen nicht nur durch die geographischen Verhältnisse des östlichen Kriegsschauplatzes ad absurdum geführt worden sind, sondern daß dieses Schwächemoment durch den Waffengattungsegoismus anderer Waffengattungen – nicht nur der Aufklärer, sondern auch der Panzergrenadiere und einfachen Infanterie! – ausgenutzt und vertieft worden ist. Derartige Er-

scheinungen hat es nicht nur in der ehemaligen Wehrmacht mehrere gegeben, sondern sie sind in den Armeen aller Staaten und aller Zeiten feststellbar.

Tatsächlich unterschieden sich die Gliederungen der Aufklärungsabteilungen und die der Kradschützen nicht wesentlich voneinander; bei den Aufklärungsabteilungen war die gepanzerte Aufklärung mit Panzerspähwagen stärker betont und deshalb auch mit durchschnittlich zwei Panzerspähkompanien vertreten, die Kradschützen dafür nur mit einer Kompanie; die schwere Kompanie mit Panzerjägerzug, Infanteriegeschützzug und Pionierzug war bei beiden Bataillonstypen fast gleich. Die Kradschützenbataillone besaßen nur eine Panzerspähkompanie und bis zu drei Kradschützenkompanien, die der Konzeption der Vorausabteilung und einer mehr flächenhaften infanteristischen Aufklärung mit der Gewinnung von Aufklärungsergebnissen durch Kampf entsprachen. Die Beweglichmachung der infanteristischen Aufklärungskomponente auf leichten Schützenpanzerwagen war späteren Datums und war bei der ursprünglichen taktisch-konzeptionellen Differenzierung zwischen Kradschützen und Aufklärern noch nicht mitentscheidend.

Einen ähnlichen, benachbarten Dualismus gab es übrigens auch bei den Radfahrkompanien, die es sowohl in selbständigen Bataillonen zusammengefaßt als auch mit einzelnen Radfahrkompanien oder Radfahrschwadronen als infanteristische Komponente in Aufklärungsabteilungen gab. Einzelne Kradschützenkompanien hat es außerdem noch in motSchützenregimentern und Grenadierregimentern und Radfahrkompanien in Infanterieregimentern gegeben. Dies sollte hier nur noch einmal kurz erwähnt werden, das uferlose Thema der Gliederungen und Ausrüstungen in der Wehrmacht aber sonst als im

Ende unergiebig vermieden werden.

Die Unterstellungen oder Zugehörigkeiten der Kradschützenbataillone zu bestimmten Divisionen und ihre zugeordneten Ersatzabteilungen (durchschnittlich waren immer mehrere Frontbataillone auf eine Ersatzabteilung angewiesen) wechselten oft und wurden deshalb hier auch nicht aufgeführt. Über einige Bataillone ist nichts mehr bekannt – es sind die in der Aufstellung fehlenden Nummern –, oft reißen die Angaben plötzlich ab – dann ist meist das Bataillon um diese Zeit vernichtet oder aus irgendeinem Grunde aufgelöst worden; wenn bestimmte Angaben fehlen, sind sie nicht mehr bekannt. Vieles von den dauernden organisatorischen Änderungen erscheint heute unmotiviert und ungereimt: die Gründe dafür – falls es welche gegeben hat – sind dann nicht mehr bekannt.

Leider sind vollständige und zuverlässige militärische Akten über die Formationsgeschichten nicht mehr vorhanden oder von den Siegermächten des letzten Krieges beschlagnahmt und noch nicht wieder zurückgegeben worden oder aber zum Schluß des Krieges oder nach dem Krieg verschollen. Selbst Tessin hat die Formationsgeschichten in seinem mehrbändigen Werk im wesentlichen aus Unterlagen entnommen, an die zunächst niemand denken würde: aus den Übersichten der Feldpostnummern der ehemaligen deutschen Wehrmacht; die Feldpostnummern waren Deckzahlen für die einzelnen Verbände der Wehrmacht, die man ja mit voller Anschrift in ihren Einsatz- oder Stationierungsräumen enttarnt hätte. Insgesamt zeigt aber das vorstehend entworfene Bild der deutschen Kradschützentruppe auch jenseits aller nicht mehr vorhandener Unterlagen über sie, wie unfertig die deutsche Wehrmacht offenbar in vielen Bereichen in ihrem Aufbau 1939 wirklich noch war, wie unsicher und tastend manche organisatorische Maßnahme geplant und durchgeführt wurde und wie leichtfertig es von der damaligen politischen Führung war, eine solche zumindest in manchen Teilen unzulänglich ausgerüstete und durchorganisierte Armee in einen Zweiten Weltkrieg zu schicken.

Um sich eine dieses Kapitel abschließende Vorstellung machen zu können, ist man natürlich versucht zu fragen, wie stark denn personell die gesamte Kradschützentruppe eigentlich auf dem Höhepunkt ihrer Geschichte einmal gewesen ist. Darüber gibt es keinerlei Unterlagen mehr – wenn es sie überhaupt jemals gegeben haben sollte. Trotzdem soll hier versucht werden, darüber wenigstens eine überschlägige Rechnung anzustellen: Drei Kradschützenbataillone gab es erst bei Kriegsbeginn 1939, auf 20 wurden sie nach dem Frankreichfeldzug vermehrt, 10 weitere wurden wohl später noch aufgestellt, denn Tessin kommt – wenn auch lückenhaft – auf die Bataillonszahl 29. Etwa Zweidrittel von dieser Zahl dürfte an Ersatz- und Ausbildungsabteilungen bestanden haben – das wären rund 50 Bataillone. Rund 17 Kradschützenkompanien bestanden bei Kriegsbeginn in den Aufklärungsabteilungen; diese Zahl dürfte sich mit der Aufstellung weiterer motorisierter und gepanzerter Aufklärungsabteilungen in den ersten Kriegsjahren etwa verdreifacht haben auf rund 50. Wenn man die 50 Kradschützenbataillone nun mit je rund 1000 Mann ansetzt, dann waren das 50 000 Mann; die Kradschützenkompanien in den Aufklärungsabteilungen wären mit je 200 Mann anzusetzen, dann waren dies bei 50 Kompanien noch einmal 10 000 Mann. Die Kradschützenbataillone und Kradschützenkompanien haben nach dieser Rechnung eine Stärke von rund 60 000 Mann gehabt, die man mit den Kradschützen in Schulen, Stäben und dergleichen auf etwa 61 000 abrunden könnte.

Die Luftwaffe hatte in ihren Fallschirmjägerverbänden und späteren Felddivisionen keine Kradschützenbataillone und Kradschützenkompanien.

Bei der Waffen-SS waren die Kradschützen grundsätzlich in die Aufklärungsabteilungen und in einige motSchützenregimenter/Grenadierregimenter als Kompanien eingegliedert. Lediglich bei der SS-Division ›Reich‹ wurde am 22. 6. 1941 ein Kradschützenbataillon mit drei Kompanien und bei der SS-Division ›Prinz Eugen‹ wurde im Winter 1942/43 ein Kradschützenbataillon mit drei Kompanien aufgestellt und im Sommer 1943 wieder aufgelöst. Bei der SS-Division ›Hohenstaufen‹ wurde eine Kradschützenregiment erwähnt. Von der SS-Division ›Frundsberg‹ wurde am 1. 2. 1943 und von der SS-Division ›Nordland‹ im Sommer 1943 sogar je ein Kradschützenregiment mit Stabs- und Panzerspähkompanie und zwei Bataillonen mit je drei Kradschützenkompanien aufgestellt aber noch während der Aufstellungsphase im August 1943 in Panzeraufklärungsabteilungen der SS-Divisionen ›Frundsberg‹ und ›Nordland‹ mit je fünf Kompanien umgegliedert. Zu den sieben Panzerdivisionen und zwölf Panzergrenadierdivisionen, welche die Waffen-SS auf dem Höhepunkt des letzten Krieges hatte, dürften zusammen rund 20 Panzeraufklärungsabteilungen gehört haben, und jede von diesen besaß zwei oder drei Kradschützenkompanien (unverhältnismäßig viele von ihnen und schon frühzeitig auf VW-Schwimmwagen!), das dürften rund 50 Kradschützenkompanien gewesen sein – mit einer Stärke von je rund 200 Mann. Damit besaß die Waffen-SS ungefähr 10 000 Kradschützen; dazu kamen dann mit Sicherheit noch entsprechende Ersatz- und Ausbildungskompanien, die hier willkürlich einmal mit 25 angenommen werden sollen, und eine nicht mehr genau fixierbare Zahl von Kradschützenkompanien in motSchützenregimentern/Grenadierregimentern, die hier einmal mit 20 angenommen wird. Das ergab noch einmal 9000 Mann, die, zu den 10 000 Kradschützen der Aufklärungsabteilungen hinzugezählt, insgesamt 19 000 Kradschützen der Waffen-SS ergaben.

Die Kradschützen der ehemaligen Wehrmacht hätten nach dieser mehr als ungefähren Rechnung, die hier nur angestellt wurde und als gerechtfertigt vorgenommen wurde, um eine Vorstellung zu schaffen, in den Zeiten ihrer größten Leistungen – also etwa im Sommer/Herbst 1941 – eine Gesamtstärke von rund 80 000 Mann gehabt.

Die Motorrad-Entwicklung nach dem Zweiten Weltkrieg und die Soldaten

Die beiden großen Weltkriege unseres Jahrhunderts, der von 1914 bis 1918 und der von 1939 bis 1945, hatten jedes Mal eine mehr oder weniger totale Erschöpfung auf den einzelnen Gebieten des Lebens der beteiligten Völker und Staaten, eine gewisse Agonie, eine tragische Verarmung zur unmittelbaren Folge, und daran anschließend eine längere Regenerationsphase mit Aufräumen, Neuordnen und Wiederaufbauen. Jedesmal dauerte es Jahre, bis das Friedensniveau des staatlichen und privaten Lebens und ein gewisser Wohlstand wieder annähernd erreicht wurden. Je totaler ein Krieg gewesen war – und der Zweite Weltkrieg war es um ein Vielfaches im Vergleich zum Ersten Weltkrieg –, um so dramatischer waren die Akzentuierungen dieser Nachkriegsentwicklungen auf den einzelnen Gebieten.

Auch auf dem weiten Feld der Kraftfahrzeuge drückte sich nach beiden Kriegen diese Entwicklung aus – von dem unterschiedlichen Stand der allgemeinen Kraftfahrzeugtechnik abgesehen: beide Male begann man mit dem Bau kleiner und billiger Kraftfahrzeuge, und beide Male spielte das Motorrad dabei eine große Rolle.

Nach dem Zweiten Weltkrieg verlief die Motorradentwicklung natürlich ungleich umfassender, perfekter und modellreicher, als nach dem Er-

sten Weltkrieg und hätte allen Streitkräften aller Länder fertige Modelle für fast jede militärische Aufgabe anbieten können, aber davon wurde so gut wie kein Gebrauch gemacht – bis heute.

Die Gründe hierfür sind wohl auf zwei verschiedenen Ebenen in zwei getrennten Zeitabschnitten zu suchen: für die Zeit bis zum Niedergang des zivilen Motorradbaus etwa ab 1955 als eine Ablehnung des Krades aus tatsächlichen oder eingebildeten Erfahrungen und für die Zeit etwa ab 1970 mit ihrer unglaublichen und in ihrer Vielfalt kaum noch zu übersehenden Renaissance des Motorrades als eine gewisse Beziehungslosigkeit und Unkenntnis der modernen Motorräder aller Arten und Größen und der in ihnen liegenden militärischen Möglichkeiten; diese Möglichkeiten könnten bald durch taktische Erkenntnisse und wirtschaftliche Zwänge realisiert werden und eine Palette moderner Militärkräder als gesunde Kontrapunkte zu den komplizierten und immer teuerer werdenden modernen Waffensystems ergeben – gleichartig wie in den zwanziger Jahren nach dem Ersten Weltkrieg im Rahmen der Heeresmotorisierung, aber diesmal auf einer ganz anderen, gehobenen technischen Ebene mit differenzierteren und anspruchsvolleren taktischen Zielen.

Als 1955/56 die ersten Einheiten und Verbände der Bundeswehr aufgestellt wurden, bauten

(Zahlen Frühjahr 1955) 30 deutsche Firmen 147 Motorrad-Modelle und 25 Firmen 43 Motorroller-Modelle, 5 Firmen bauten bereits 50 cm³-Motoren für Mopeds. Das war – oder besser: wäre – die Ausgangssituation für die Bundeswehr gewesen, und sie war damit ungleich umfassender in der Zahl und ungleich detaillierter in den Modellen als die der Reichswehr in den zwanziger Jahren. Die Kompaniechefs und Kommandeure der jungen Bundeswehr waren durchweg noch kriegserfahrene Soldaten, und leider gehörte zu ihren Kriegserfahrungen, daß die Kräder ja doch nur immer Ärger machten: sie fuhren sich fest, sie hatten Defekte, man hatte keine Ersatzteile, Batterien, Reifen und Schläuche! Wie gut hatten es da doch die reichen Amerikaner mit ihren Jeeps, und wie gut hatten sie es auch im ganzen Krieg gehabt! Die Jeeps liefen und liefen und man saß in ihnen und blieb trocken und alles, was wir im Krieg mit Krädern gemacht hatten, das hatten die mit ihren Jeeps gemacht. Und wenn wir nun wieder eine neue Armee aufbauen sollen, dann sollten wir von den Amis auch die Jeeps lernen! Denn Geld genug haben wir ja diesmal, wir brauchen ja nicht wieder des armen Mannes Armee sein, sonst sollten wir es lieber gleich lassen! – bei solchen und ähnlichen Gedanken mußten die Kräder es schwer haben in der jungen Bundeswehr.

Die ersten Bundeswehr-Kräder waren keine Geländemaschinen, weil es sie damals noch gar nicht gab, sie kamen erst in der zweiten Hälfte der fünfziger Jahre. Es wurden deshalb zunächst serienmäßige zivile Straßenmaschinen verschiedener Hersteller bis 250 cm³ angekauft und in Dienst gestellt. Hier wurden sie natürlich sofort scharf herangenommen, fuhren mit den langsamen Kolonnen und wurden dabei zu heiß, fuhren mit ins Gelände, wofür sie nicht gebaut waren, wurden nur unzureichend gepflegt und

gewartet und litten in jeder Weise unter der noch nicht eingespielten Ersatzteilversorgung und ungeübter Instandsetzung und den kradunerfahrenen Rekruten, denn die Motorräder hatten in diesen ersten Bundeswehr-Jahren ihren großen Abschwung begonnen.

Bei einer solchen Entwicklung war es nicht verwunderlich, daß die Kräder bei der jungen Bundeswehr schnell in Verruf kamen. Es gab damals nur wenige Kompaniechefs und Kommandeure, die ihren Krädern treu zu bleiben versuchten und sich gegen die genannten Schwierigkeiten stemmten. Oft standen die defekten Kräder in den ersten Bundeswehr-Jahren in irgendeiner Kraftfahrzeughalle in der Ecke, und für die untüchtigen Fahrer hatten die Spieße immer eine andere Verwendung. Bei den Märschen auf die Übungsplätze wurden die Kräder meist auf Lkw verladen, damit man bei den Übungen den besuchenden Vorgesetzten gegenüber wenigstens komplett war – ohne dabei ein Risiko auf dem Marsch eingegangen zu sein. Schwere Beiwagenkräder sind von der Bundeswehr damals und bis heute gar nicht erst erwogen worden.

Die extremen Rußland-Erfahrungen hatten sich in der jungen Bundeswehr auch auf anderen Gebieten zu einer Art Trauma ausgeweitet, und erst eine nachwachsende Generation vermochte aus der Einsicht in die geographischen Zustände des für einen jemals möglichen Einsatz der Bundeswehr in Frage kommenden mitteleuropäischen Verteidigungsraumes die Gültigkeit der Kriegserfahrungen auf ein vertretbares Maß zu reduzieren.

In die geschilderte Krad-psychologisch verharschte Situation kam Ende der fünfziger und Anfang der sechziger Jahre die erste Militär-Geländemaschine Maico M250/B. Nach heutiger Klassifizierung würde man sie als eine militärische Enduro-Version bezeichnen, eben als eine Military. Die Maico kam aus dem Werk in Pfäffingen, war mit echt schwäbischer Gründlichkeit gemacht und war eine Bundeswehr-gewünschte Version einer damals sehr erfolgreichen Maico-Geländesportmaschine. Wichtiger war aber die Erkenntnis, daß die Bundeswehr mit dem Auftrag zur Entwicklung einer solchen Maschine ein klares Bekenntnis zum Krad, und zwar in diesem Falle zum Melder-, Erkunder- und Kurierkrad mit Rücksitz abgelegt hatte. Die Truppe hat sich in dem folgenden Jahrzehnt – einem Wellental zwischen den beiden hochschlagenden Motorradwellen nach dem Zweiten Weltkrieg! – mit dieser Maschine hart arrangieren müssen, aber sie – und die Maico – haben das geschafft. Mit der Maico hat die Bundeswehr wieder das Krad gelernt! Das war um so bedeutsamer, als in diesen Jahren kaum aus ihrem Zivilleben her kraderfahrene Rekruten zur Bundeswehr kamen, wie das heute der Fall ist – welcher junge Bundeswehr-Soldat hat nicht wenigstens Mofa gefahren! Als rund zehn Jahre später die 250er Maico durch eine 125 cm³-Hercules ersetzt wurde, die auch aus einer Geländesportmaschine entwickelt worden war und ein echtes Geländekrad war, war das Thema Bundeswehr-Krad schon von so allgemeinem Interesse geworden, daß eine leidenschaftliche Diskussion innerhalb und außerhalb der Truppe ausbrach, ob denn eine solche 125er die richtige Maschine für unsere Soldaten sei – und dabei diskutierten auch jene kräftig mit, die sonst der Bundeswehr und dem Begriff des Soldaten sehr kühl und distanziert gegenüberstanden.

Wenn der bisherige Zehnjahres-Rhythmus der Krad-Neueinstellungen zur guten Sitte werden sollte, dann wäre nun Anfang der achtziger Jahre eine neue Military fällig – die Soldaten und die Truppe hätten sie verdient, denn die Hercules

hat ja nun doch einen Konstruktionsstand der ausgehenden sechziger Jahre –, und diese Military sollte dann doch wieder eine 250er werden – der stärkere, anzugs- und durchzugskräftigere, nicht so hochtourende und damit leisere Motor (umwelt- und taktisch-bedeutsam) mit weniger Gängen im Getriebe sprechen dafür. Wenn es dann noch möglich wäre, die Kette voll zu kapseln, einen schwimmerlosen Membran-Vergaser einzubauen, mit dem der Motor in jeder Lage – auch im Kopfstand – weiterläuft und also beim Umwerfen im Gelände nicht mühevoll neu angetreten werden muß und vielleicht ein automatisches Getriebe, welches die volle Konzentration des Fahrers im Gelände auf das Spur-Suchen beschränkt, dann wäre wohl eine optimale Lösung für die zukünftige Kradmelder-Maschine gefunden. Die Schweden und die Engländer, die inzwischen begonnen haben, neue Kradmelder-Maschinen einzustellen, sind nach langen Überlegungen und Erprobungen übrigens mit ihrer neuen Husqvarna und der neuen NVT auch wohl aus gleichen Gründen auf 250er Maschinen gekommen. Zu erwähnen ist in diesem Zusammenhang noch, daß BMW 1970 im Rahmen der Ausschreibung für ein neues Bundeswehr-Krad schon einmal eine 250 cm³-Geländemaschine mit 18 PS entwickelte, Zündapp hatte damals eine 125er-Maschine mit 12,5 PS entwickelt, die auch mit einem 175 cm³-Motor mit 14,5 PS denkbar gewesen wäre; auf der IFMA 1976 stellte Maico eine neue, eigeninitiierte 250 cm³-Military (27 PS) mit Fünfganggetriebe vor, die auch in die Fertigung ging und seither ins Ausland geliefert wird, und Hercules stellte auf dieser IFMA ebenfalls eine 250er Military mit dem 2501/5A-Motor (mit 27 PS bei 6500 U/min) vor, von der man aber nichts mehr gehört hat. Seither ist eine so große Zahl von Enduros (= straßen- und geländegängige Kräder) in der Military-Solokrad-Klasse entstanden, daß man eigentlich gar keine spezielle Militärkrad-Entwicklung mehr benötigt, um zu guten Kradmelder-Maschinen zu kommen: man braucht nur eine geeignete Enduro mit den relativ wenigen notwendigen Accessoires zu militarisieren und in NATO-oliv zu spritzen! Und wenn diese zivile Enduro-Entwicklung einmal die schwere Motorradklasse mit beiwagenfesten Konstruktionen erreicht, dann haben die modernen Heere die Möglichkeit, Gelände-Beiwagenkräder preiswert aus bewährten und verbreiteten zivilen Bauserien genau so zu entnehmen wie die eben genannten Solokräder – ob diese Geländegespanne dann Seitenwagenantrieb haben und ob sie ihn in Mitteleuropa überhaupt brauchen, das soll im letzten Kapitel besprochen werden.

Dann rücken von der Fahrzeugausstattung her auch Kradschützen wieder in die Überlegungen der modernen Heere – und nicht nur der modernen Heere. Denn dann besteht wieder dieselbe Ausgangssituation für Kradschützen wie in den zwanziger Jahren, nur diesmal auf einer höheren Ebene. Wie gesagt: die Fahrzeuge für moderne Kradschützen wären dann wieder da, ob die Armeen Kradschützen aber überhaupt wollen und brauchen – darüber soll auch im nächsten Kapitel gesprochen werden. Die ersten schweren Enduros sind übrigens schon da, und die vielleicht beste von ihnen hat BMW entwickelt; wie sich die Bilder gleichen…

Der erste Motorrad-Aufschwung nach dem Zweiten Weltkrieg setzte erst nach der Geldabwertung im Sommer 1948 bei uns ein. Er glich dem in den zwanziger Jahren. Das schwere Motorrad, meist als Beiwagenmaschine gefahren, wurde wieder in vielen Fällen zum preiswerten Fahrzeug derer, die sich noch keinen Pkw leisten konnten. Es gab eine große Zahl hervorragender Konstruktionen davon in der Bundesre-

publik und im Ausland; bei uns allen voran wieder Motorräder von BMW und Zündapp. Ein 600 cm^3-Gespann von Zündapp – die KS 601 – bekam wegen ihrer lindgrünen Lackierung den Namen ›Grüner Elefant‹. Die Bezeichnung Elefant übertrug man dann allmählich auch auf andere schwere Gespanne, man nannte sie die ›Elefanten‹, ihre Fahrer wurden bald ironisch als ›Elefantentreiber‹ bezeichnet, und einmal im Jahre – in den kältesten Wintertagen – machten sie ihr ›ElefantenTreffen‹, auf dessen verschneiten und nassen Anfahrtstraßen sie die Verkehrstüchtigkeit ihrer Zweispurfahrzeuge und die Härte der Fahrer bewiesen. Die Bezeichnung ›Elefanten‹ für die schweren Beiwagenkräder wurde sogar in die Vergangenheit zurückprojiziert und die militärischen schweren Geländegespanne der Jahre vor und im letzten Kriege posthum als ›Kriegselefanten‹ bezeichnet – aber auch nur diese, und zwar sowohl die deutschen wie die ausländischen. Eine etwas seltsame Wortgeschichte, die aber belegt, wie stark in diesen Jahren das schwere Gespann im Mittelpunkt des Interesses zumindest der passionierten Motorradfahrer stand.

Als Mitte der fünfziger Jahre die kleineren Pkw technisch immer perfekter und preislich immer attraktiver wurden und das Einkommen der Bürger sich laufend verbesserte, kam das Ende des Motorradaufschwungs vor allem für die schwereren Maschinen als einer Preisklasse an der unteren Grenze der Kleinwagen. Eine so große und ruhmvolle Firma wie Zündapp – mittlerweile von Nürnberg nach München übergesiedelt – gab den Bau schwerer Motorräder, die ja fast ausschließlich in Gespannen gefahren wurden, auf und hat ihn bis heute nicht wieder aufgenommen.

Die Bundeswehr begann um diese Zeit, 1955/56, mit der Aufstellung ihrer ersten Einheiten und Verbände – und stellte vorsichtig tastend die ersten Solokräder aus zivilen Straßenmotorrad-Produktionen als Kradmeldermaschinen ein, wie schon dargestellt. Das schwere Krad wurde lediglich bei der neuen Feldjägertruppe in wenigen Dutzend Exemplaren für das militärische Protokoll eingestellt – und da ist es bis heute auch geblieben: die schweren Solokräder haben in aller Welt nach dem letzten Weltkrieg als protokollarische Eskortenmaschinen für hohe Staatsgäste die alten Reiter-Eskorten feudaler Zeiten abgelöst – auch hier hat das technische das zoologische Pferd abgelöst! Das schwere Gespann prüfte die Bundeswehr gar nicht erst auf seine militärische Verwendbarkeit, es wäre damals ohnehin aus ziviler Fertigung nur als reines Straßenfahrzeug zu bekommen gewesen. Sicher war auch der allgemeine Niedergang des Krades und des schweren Krades insbesondere in den Aufstellungsjahren der Bundeswehr an seinem schlechten Ruf in der Truppe schuld. Diese Entwicklungen liefen übrigens mit geringfügigen Akzentverschiebungen im Ausland genau so ab wie bei uns.

Nach fast eineinhalb Jahrzehnten aber kamen die Motorräder wieder und straften das alte Wort ›they never come back‹ Lügen – eine sehr seltene Entwicklung im Bereich der Technik und auch der Wirtschaft, die man bis heute in ihren Motiven nicht ganz ergründen konnte. Die Motorräder kamen als Sport- und Freizeitfahrzeuge wieder und waren wohl eine der Erscheinungsformen des Individualstrebens des modernen Massenmenschen: hier war er auf seinem Motorrad endlich einmal allein, frei und ungebunden, konnte über Landstraßen und Autobahnen mit Geschwindigkeiten rasen, die mit wenigen Ausnahmen über denen aller Pkw lagen, oder er konnte im Altherren-Tempo sich durch die idylli-

schen Täler des unbekannten Deutschlands und Europas schlängeln; für den Sport standen bald spezielle Maschinen für die Motorrad-Sportarten Straßenrennen, Langstreckenrennen, Gelände, Trial, Moto Cross, Speedway, Grasbahn und Motorradball zur Verfügung – mit Motorgrößen von 50 bis 1500 cm^3 und mit Leistungen von unter 1 bis über 100 PS. Das gute alte ›Bauernmotorrad‹ als einfaches, robustes und billiges Berufsfahrzeug kam nicht wieder; es wurde allenfalls in wenigen Modellen aus dem Ausland eingeführt.

Noch ein weiterer Motorradtyp kam nicht wieder – die schwere beiwagenfeste Maschine und gerade sie wäre militärisch so interessant gewesen. Zwar wurden in aller Welt schwere und schwerste Motorräder mit unglaublichen motorischen Leistungen und Straßengeschwindigkeiten gebaut, aber sie waren eindeutig nur auf Leistung, auf Höchstgeschwindigkeit und Anzugsvermögen gezüchtet und befriedigten damit diesbezügliche Wünsche und Ansprüche finanziell potenter Käufer. Für den Anschluß eines Seitenwagens waren die Rahmen und Vorderradgabeln dieser Maschinen zu schwach, und Beiwagenkräder paßten auch psychologisch, atmosphärisch und konzeptionell nicht in die Landschaft der modernen Super-Straßenrenner: das brave, biedere und preiswerte Gespann für drei Personen mit Gepäck als billigstes Zweispurfahrzeug für den berühmten kleinen Mann war ganz etwas anderes und eben nicht gefragt. Das ist bis heute so geblieben.

Unter den heute gebauten schweren Maschinen sind die mittlerweile doch entstandenen beiwagenfesten an den Fingern einer Hand abzuzählen. So konnten auch den Soldaten bisher keine preiswerten Gespanne aus zivilen Großserien vorgeführt werden, und zur teuren Entwicklung teuerer Spezialgespanne, wie es seinerzeit unter den Anforderungen des Krieges die BMW R 75 und die Zündapp KS 750 waren, konnten sich die Soldaten bisher mit Recht nicht entschließen. Zwar sind gerade in den letzten Jahren einige schnelle Gespanne von kleineren Firmen gebaut worden, aber sie fallen in dem Bemühen der Branche, jeden individuellen Käuferwunsch zu erfüllen und aus schweren Serienmaschinen durch Verstärkung aller beiwagenwichtigen Anschlußpunkte und mit mehr oder weniger luxuriösen Beiwagen modernste Gespanne zu entwickeln, allein preislich völlig aus dem Rahmen militärischer Interessen. Superleichte Geländegespanne für Geländesport und Moto Cross mit Beiwagen, die nur aus einem Brett mit seitlichem Rad und einem vorderen Haltebügel für den Beiwagenpiloten bestehen und ausschließlich selbstgebastelt sind, werden hier nicht in Betracht gezogen.

Ein mögliches militärisches Beiwagenkrad der Zukunft wird preiswert aus einer bewährten zivilen Großserie kommen müssen – und geringfügig militärisch modifiziert werden –, oder es wird nicht kommen. Die modernen Heere haben andere Sorgen als einige Millionen in eine militärische Spezial-Gespann-Entwicklung zu stecken und dann für das Gespann den Preis eines leichten Geländewagens zu bezahlen. Wer das nicht einsehen kann oder will, der erinnere sich noch einmal an die ersten schweren Gespanne der zwanziger Jahre und die damaligen Gründe für deren Einstellung in militärische Dienste – sicher haben sich die Zeiten geändert, nicht aber die geforderten Voraussetzungen für den Einsatz eines schweren Gespanns bei den Streitkräften, und diese sind eben nicht nur technischer Art.

Ob und wann das einfache und robuste Gespann in der Motorradindustrie in Serie gebaut wird, ob es in einer zusätzlichen Gelände- oder Enduro-Version kommen wird und ob es Beiwagenantrieb haben wird – das läßt sich heute schwer sagen. Entwickeln und bauen kann die Motorradindustrie heute alles, es fragt sich nur, ob genügend potentielle Käufer derartiger Gespanne vorhanden sein werden, denn deren Fertigung ist in erster Linie eine wirtschaftliche Frage und keine technische. Der Verfasser ist persönlich der Ansicht, daß die Motorradindustrie, die bisher so viele und detaillierte Käuferwünsche befriedigt hat, auch den Gespanninteressenten eines Tages ein preiswertes Straßen- und Geländegespann vorstellen wird, denn der Drang des modernen Menschen ins Gelände, in die Landschaften Deutschlands und Europas, wird sich auf die Dauer nicht nur mit Geländewagen befriedigen lassen, auch nicht mit den billigsten kleinen Auslandsmodellen, die ja schon zu Preisen um 15 000 DM angeboten werden. So wie heute die schnellen Solomaschinen und neuerdings auch die Enduros als Sport- und Freizeitfahrzeuge (und nur in sehr wenigen Fällen beruflich) nicht nur von jungen Menschen ausschließlich, sondern auch neben dem Familien-Pkw als Zweitfahrzeuge gefahren werden, so sind eines Tages auch wieder für die gleichen Interessenten Gespanne für das Motorradwandern und für schlechteste Straßen, Wege und für das Gelände denkbar.

Bei dem zur Verfügung stehenden Gelände muß man sich allerdings heute schon bei der anlaufenden Geländewagen- und Enduro-Entwicklung fragen, wo denn in der Zukunft eigentlich das befahrbare Gelände herkommen soll? Die verlassene Kiesgrube vor den Toren der Stadt vermag doch allein wohl kaum den Geländedrang aufzufangen.

Welche Typen des heutigen Motorradbaus in der Zukunft militärische Chancen haben werden – oder umgekehrt: welche Motorradtypen die

184

Streitkräfte eines Tages einmal benötigen könnten, und ob darunter auch wieder Gespanne für mögliche zukünftige Kradschützen sein könnten

– das soll nun im letzten Kapitel besprochen werden.

Beiwagenkräder sterben nicht –
sowjetische und chinesische Nachbauten

Das Ende des Zweiten Weltkrieges bedeutete keineswegs das Ende der Beiwagenkräder mit den nun schon ›klassischen‹ quergestellten Boxermotoren. An der Ostfront hatten die Russen bei den deutschen ›Motorradburschen‹ erstmals das schwere Krad mit Beiwagen kennengelernt und gesehen, für welche zahlreichen militärischen Aufgaben man derartige Gespanne einsetzen konnte. Das hatte ihnen wohl imponiert und entsprach auch wohl besonders ihren eigenen technischen und wirtschaftlichen Möglichkeiten. Obwohl die Russen bereits 1907 die erste Schützenkompanie auf belgischen FN-Solomotorrädern aufgestellt hatten, waren sie bis zum Zweiten Weltkrieg nicht zum Gespann vorgedrungen. Unmittelbar nach dem Krieg nahmen sie aber selbst den Bau schwerer Gespanne auf, und man schätzt, daß sie bis heute weit über 600000 schwere Beiwagenkräder gebaut haben, die wohl fast ausschließlich an die eigenen und die Streitkräfte der anderen Warschau-Pakt-Streitkräfte geliefert worden sind. Erst in den letzten Jahren begannen sie, ihre Beiwagenmaschinen auch in den Westen für den zivilen Markt zu exportieren. – Als erstes Gespann erschien bereits 1945 die M-72 mit einer Länge von 2,42 m, einer Breite von 1,60 m, einer Höhe von 0,98 m und einem Gewicht von 350 kg + 350 kg Zuladung, die Bodenfreiheit betrug nur 13 cm; der Motor war ein 746 cm³-Zweizylinder-Viertakt-Boxermotor mit quergestellten Zylindern, der bei 4 800 U/min 22 PS leistete und das Gespann auf eine Straßengeschwindigkeit von 85 km/h und einen Fahrbereich von 465 km brachte – diese Daten sind in etwa die der BMW R 71 von 1938.

185

In der 1956 aufgestellten Nationalen Volksarmee (NVA) der DDR wurde die M 72 anfangs in großer Zahl gefahren und auch als Zugführerfahrzeug eingesetzt, wie auf dem Foto einer motSchützenkompanie der NVA. Darüber hinaus wurde die M 72 und ihre geringfügig modernisierten Nachfolgemodelle ›Ural‹ und ›Dnjepr‹ in der Aufklärung, als Melder-, Kurier-, Verbindungsfahrzeuge und als Fahrzeuge für Regulierer, wie man in den WP-Streitkräften die Verkehrsleittrupps nennt, eingesetzt.

Wenn man nicht sehr genau hinsieht, könnten diese beiden Fotos von sowjetischen Soldaten in Winterbekleidung auf schweren Beiwagenkrädern mit Maschinengewehren in Halteaufsätzen auf den Beiwagenbooten auch deutsche Kradschützen an der Ostfront des Zweiten Weltkrieges sein. Die Sowjets haben aber nie durchgehend mit Beiwagenkrädern ausgerüstete Kradschützeneinheiten aufgestellt, sondern nur Züge mit Beiwagenkrädern in Aufklärungseinheiten, wo sie aber nicht direkt für Kampfaufträge im aufgesessenen und abgesessenen Kampf eingesetzt wurden, sondern vor allem für Aufklärungs-, Erkundungs-, Melde-, Kurier- und Verbindungsaufgaben.

Zu den Aufklärungskompanien der sowjetischen Panzer-
und motSchtz-Regimenter gehört nach wie vor ein Zug mit
zehn Beiwagen-Gespannen. Auf unserem Foto übergibt
der Kommandant eines sowjetischen Vierrad-Panzerspäh-
wagens BRDM-2 (BTR-40PB) eine Meldung an einen zu-
rückfahrenden Kradtrupp, die wohl wegen Funkstille nicht
anders abgesetzt werden kann.

Die der M 72 folgenden
sowjetischen Beiwagen-
kräder Ural M 66 (rechtes
Foto), Ural M 67, Dnjepr
MT 10 (Fotos nächste Sei-
te) und das einfachere
Dnjepr MT 9 (ohne Foto)
unterscheiden sich in ihren
technischen Daten und
Fahrleistungen nur sehr
geringfügig. Bei allen
sowjetischen Gespannen
fällt auf, daß sie als reine
Straßenfahrzeige mit tief-
liegendem Auspuff, tief-
eingebautem Motor, ge-
ringer Watfähigkeit ausgelegt sind – also genau so
wie die Beiwagenkräder,
mit denen sich die deut-
schen Kradschützen an der
Ostfront in Schlamm,
Schnee und Eis festfuh-
ren. Ob die russischen Soldaten auf ihren Beiwagen-
krädern mit den geogra-
phischen Verhältnissen ihrer Heimat besser fertig
werden als die deutschen
Soldaten es wurden? Oder
sind heutige militärische
Übungen des Sowjethee-
res und harter Kriegsein-
satz deutscher Kradschüt-
zen 1941, 1942 und 1943
doch nicht miteinander zu
vergleichen?

189

Die Sowjets haben bis in die Gegenwart das schwere Bei-wagenkrad nicht aufgegeben, sondern sogar noch weiter-entwickelt. Im Jahr 1978 brachten die Autowerke Minsk so-gar ein Dnjepr M 12-Gespann mit angetriebenem Beiwa-genrad heraus. Damit erstanden die alten BMW R 75- und Zündapp KS 750-Gespanne in russischer Fertigung neu. Es dürfte nun wohl auch nicht mehr lange dauern, bis ein Dnjepr M 12-Gespann in einer Geländeversion erscheint und nicht nur die Sowjets von dem Wert eines solchen Ge-spannes überzeugt. Alle russischen Beiwagenkräder, die zum Teil auch bis auf die M 12 in den Westen exportiert werden – allerdings in sehr geringen Stückzahlen –, sind nicht auf motorische Höchstleistungen und hohe Spitzen-geschwindigkeiten ausgelegt, sondern auf die imponieren-den Höchstleistungen von Einfachheit, Robustheit, Dauer-haftigkeit, Wirtschaftlichkeit und Preiswürdigkeit (hinter diesem Punkt dürfte allerdings auch der deviseninteres-sierte Staat bei den Exportmodellen stehen) – mag auch im konstruktiven Detail und im einzelnen Zubehör auch einmal eine gewisse Unzulänglichkeit stecken und nicht alles von letzter (bei uns auch oft zweifelhafter) technischer Moder-nität sein.

Die Volksrepublik China ist ebenfalls vom Wert eines schweren Beiwagenkrades überzeugt und hat für Armee und Polizei die alte 750er BMW mit dem Seitenventilmotor unter dem Namen »Tai Shan« nachgebaut. Sogar der Seitenwagen und die Sättel scheinen originale Nachbauten zu sein.

Die Zündapp KS 601 der ersten Hälfte der fünfziger Jahre war ein viel gefahrenes Beiwagenkrad. Wegen ihrer meist lindgrünen Lackierung wurde sie auch der ›Grüne Elefant‹ genannt, ihre Fahrer trafen sich mit diesen Gespannen an den kältesten Tagen im tiefen Winter zum ›Elefanten-Treffen‹, um zu beweisen, wie man bei Schnee und Eis auf drei Rädern fährt (das Elefanten-Treffen gibt es noch heute, aber es ist ein allgemeines Motorradfahrer-Treffen daraus geworden), und schließlich gab der Grüne Elefant seinen Elefanten-Namen noch rückwirkend den schweren 3 × 2-Geländegespannen der Jahre vor dem Zweiten Weltkrieg und während dieses Krieges – ›Kriegselefanten‹ (zu ihrer Zeit nannte man sie jedenfalls nicht so).

75 Jahre Motorräder im Heer – eine gute alte Ehe und ihre Zukunft

Im Herbst 1979 feierten die Motorräder ihr 75jähriges Jubiläum im deutschen Heer, von ihrem ersten Einsatz beim Kaisermanöver 1904 an gerechnet – eine etwa gleich lange Zeit stehen sie in den Heeren des Auslands im Dienst. Mit einem guten Jahrzehnt ist darin rundgerechnet die Geschichte der Kradschützen eingeschlossen. In diesem Dreivierteljahrhundert haben sich die Motorräder und die Soldaten sehr aneinander gewöhnt und sind zu einer guten Ehe zusammengewachsen. Wird sie weiterhin bestehen, wird sie sich wieder ausweiten und Glanz und Farbe in der Vielseitigkeit ihrer Erscheinungen bekommen, wie in den zwanziger und dreißiger Jahren – wird sie einmal wieder über das heutige Melderkrad hinauswachsen?

Nicht ohne Grund wurde in diesem Buch über das Thema Kradschützen hinaus die motorradtechnische Entwicklung aus der Sicht des Soldaten dargestellt. Ohne Kenntnis der technisch-konstruktiven und wirtschaftlichen Leitlinien der allgemeinen Motorrad-Entwicklung ist eine Beurteilung einer möglichen und notwendigen Kontinuität des Einsatzes von Krädern aller Art in der Truppe nicht möglich – auch nicht von Beiwagenkrädern für mögliche zukünftige Kradschützen.

Welche Motorräder aus ziviler Serienfertigung könnten in absehbarer Zeit militärisch interessant werden, und welche Kräder – die vielleicht zur Zeit noch nicht in zivilen Serien hergestellt werden – könnten eines Tages für militärische Aufgaben erforderlich werden und von den Streitkräften verlangt werden? Wie würden, sollten und müßten diese Kräder aussehen?

DAS LEICHTE SOLO-GELÄNDEKRAD

Die militärischen Aufgaben:
Ein solches Krad ist die Maschine für Kradmelder (Überbringen von Meldungen und Befehlen); für die Erkundung (von Wegen, Straßen, Technischen Halten, Rasten, Verfügungsräumen und dergleichen); für die Beförderung von Teileinheitsführern, Kurieren und Ordonanzoffizieren (auf dem Soziussitz auf kürzeren Strecken zum nächsten Gefechtsstand); für die Begleitung und Einweisung von marschierenden Kolonnen; für die Verbindungsaufnahme zu Nachbartruppenteilen.

Die Technik:
Leiser 250 cm^3-Einzylinder-Zweitaktmotor, Luftkühlung, großer Kraftstofftank (Nachtanken in großen Intervallen), Vierganggetriebe, soziusfest, geschraubter Rahmen, Auslegung als Geländekrad; zu wünschen: Viertaktmotor (leise, durchzugskräftiger, keine logistische Gemisch-

Bereithaltung), automatisches Getriebe, Membran-Vergaser (bei dem das Kraftstoffniveau durch den Ansaugunterdruck gesteuert wird und den Motors bei allen Erschütterungen und in jeder Stellung weiterlaufen läßt – auch nach einem Sturz im Gelände), praktisch pflege- und wartungsfreier Kardanantrieb oder zumindest vollgekapselte Kette, Trockengewicht unter 100 kg (damit der Fahrer seine Maschine nach Festfahren ohne fremde Hilfe wieder freimachen kann).

Die Marktsituation:
Geländemotorräder in der Art einer militärischen Kradmeldermaschine gibt es auf dem zivilen Motorradmarkt mit mehreren Modellen – die vielleicht heute noch nicht alle die eben geäußerten Wünsche erfüllen. Sie tragen dort die Typ-Bezeichnung Enduro, was die erforderlich Härte für den Geländeeinsatz ausdrücken soll. Diese Maschinen sind sowohl für den Einsatz im Gelände konzipiert als auch für den Einsatz als Straßenmaschinen – sie sind also genau das, was für Kradmelder benötigt wird. Leistungsfähige und kostenwirksame Militärkräder sind in den mit der Beschaffung von großen Waffensystemen beschäftigten Streitkräften eine zunächst sehr periphere Sorge. Diese wird aber erleichtert, wenn man hohe Entwicklungskosten für ein spezielles Melderkrad sparen und eine solche Maschine ›von der Stange‹, also aus bewährten zivilen Bauserien, kaufen kann – allenfalls mit einem geringen Zuschlag für eine militärische Lackierung und die sonstigen unerläßlichen militärischen Accessoires. Kradmeldermaschinen offenbaren ihren Wert erst im Krieg, wenn die aus Friedenszeiten gewohnten Verbindungen nicht mehr zur Verfügung stehen; kriegsunerfahrene Soldaten haben das noch nicht hautnah erfahren, konstruierte Manöverlagen können so etwas nur unvollkommen simulieren.

DAS SCHWERE SOLO-GELÄNDEKRAD

Die militärischen Aufgaben:
Fast alle modernen Streitkräfte besitzen schwere Solokräder, aber nur als reine Straßenmaschinen für das militärische Protokoll (zum Eskortefahren) oder für die Feldjäger oder Military Police zur militärischen Verkehrsregelung und Kontrolle von Militärfahrzeugen. Das schwere Geländekrad für taktische Aufgaben ist unbekannt und auch bis jetzt noch nicht gefordert worden. Mit militärischen Forderungen nach derartigen Maschinen kann aber gerechnet werden. Im Bereich der gepanzerten Kampffahrzeuge haben die nach Aufgaben und durch ihre Strukturen konservativen Heere mit Prüfungen der Frage begonnen, ob der moderne Kampfpanzer mit einem an die 60 t grenzenden Gefechtsgewicht und an die fünf Mio DM herankommenden Stückpreis noch die ultima ratio eines rezenten Gefechtsfahrzeuges ist oder ob er nicht teilweise durch wesentlich leichtere und billigere und fast ebenso stark armierte gepanzerte Räderfahrzeuge ersetzt oder in bestimmten Einsatzbereichen vertreten oder ergänzt werden kann; Kampfhubschrauber, Panzerabwehrhubschrauber und elevierbare (hochfahrbare) Waffenplattformen in gepanzerten Kampfwagen könnten hier einen neuen waffentechnischen Stil kreieren, der sich bald auch auf taktische Bereiche auswirken würde. Wenn diese Gedanken konsequent durchdacht werden, müßten moderne Heere eigentlich für den Bereich der leichten Geländefahrzeuge auch auf das moderne schwere Solokrad in Ausführungen als Geländemaschine aufmerksam werden – auch hier ist der teuere Jeep und der leichte bis mittlere Panzerspähwagen in der erdgebundenen Aufklärung theoretisch schon längst nicht mehr der Weisheit letzter Schluß: nicht

mehr in den mit Siedlungen, Industrieanlagen, Verkehrsbauten, landwirtschaftlichen und forstwirtschaftlichen Nutzflächen engbebauten Kulturlandschaften unseres mitteleuropäischen Verteidigungsraumes, nicht mehr in den Mittel- und Hochgebirgen mit ihrem starken Baumbewuchs und ihrer starken Reliefenergie und nicht mehr bei Anschaffungspreisen eines militarisierten leichten Geländewagens ab 30 000 DM.

Das schwere Geländekrad ist wie kein anderes Fahrzeug geeignet, unter den geschilderten geographischen Zuständen und vor allem in der kleinräumigen Aufklärung und Erkundung etwa im Brigaderahmen, im Nahbereich (short range) bis 10 km, aber auch noch bis in den mittleren Bereich (medium range) von 10 bis 50 km mit einem Sozius-Funkgerät als Spähtruppkrad und für schnelle Erkundungsaufträge eingesetzt zu werden.

Ein Kradspähtrupp könnte aus drei Krädern mit Fahrern bestehen, die nach den Einsatzgrundsätzen gepanzerter Spähtrupps vorgehen und über ihre Funkgeräte miteinander in Verbindung stehen. Ein beigegebenes Gelände-Beiwagenkrad könnte weitreichende Funkgeräte zum Absetzen von Meldungen an weiter entfernte Stäbe im Beiwagen aufnehmen. Ohne Funkgeräte wäre ein solches schweres Geländekrad ein ideales Beförderungsmittel für Kuriere und Ordonanzoffiziere höherer Stäbe, welches mit optimaler Geschwindigkeit durch mit Kraftfahrzeugen verstopfte Straßen und fast jedes, auch nuklear verwüstetes Gelände als schmales und starkes Einspurfahrzeug durchkommt.

Die Technik:

Ein derartiges schweres Geländekrad muß einen starken, (vor allem auch im unteren Drehzahlbereich) anzugs- und durchzugskräftigen, mehrzylindrigen, leisen und luftgekühlten Viertaktmotor mit etwa zwischen 500 und 800 cm^3

Hubraum haben, der bis zu 50 PS leisten kann und Normalbenzin verbraucht (logistisch wichtig). Als Getriebe würden vier Gänge genügen, als Sekundärantrieb käme hier nur Kardanantrieb in Frage. Der nach Möglichkeit geschraubte Rahmen (siehe BMW R 75) müßte sehr stabil sein, die Bodenfreiheit und Watfähigkeit so groß wie möglich, eine Doppelsitzbank oder zwei Einzelsättel müßten zwei Personen gut tragen können, der Soziussattel müßte gegen eine Funkgerätehalterung austauschbar sein. Ein großer Kraftstofftank müßte einen großen Fahrbereich ermöglichen (Nachtanken erst nachts), die Höchstgeschwindigkeit müßte klar über 100 km/h liegen, die Bordelektrik sollte schon im Hinblick auf das Funkgerät 12 Volt haben, das fahrfertige Leergewicht der Maschine sollte nicht über 200 kg liegen, die Nutzlast aber bei 200 kg.

Die Marktsituation:

Nachdem der bekannte deutsche Geländemotorrad-Spezialist Herbert Schek seit rund zehn Jahren serienmäßige schwere BMW-Straßenmaschinen mit Unterstützung der Firma BMW in kleinen Serien zu Geländesportmaschinen umgebaut und leichter gemacht und dabei sowohl reine Geländesport- als auch straßen- und geländetaugliche Enduro-Modelle geschaffen hatte, ging die Firma BMW daran, für die Geländesport-Saison 1979 selbst eine schwere Geländesportmaschine zu entwickeln. Diese BMW GS 80 (GS = Geländesport) hatte einen 798 cm^3-Zweizylinder-Boxermotor mit 55 PS (40,5 kW) Leistung, Fünfganggetriebe, Kardanantrieb, Bodenfreiheit in Achsenhöhe, für das Gelände erforderliche große Federwege von vorn 270 und hinten 230 mm, und wog fahrfertig nur 138 kg. (Daß BMW mit dieser Maschine 1979 und 1980 auf Anhieb die Gelände-Europameisterschaft in ihrer Klasse errang, soll hier nur kennzeichnend erwähnt werden.) Im Jahre 1980 folgte dieser reinen Geländesportmaschine die BMW R 80 G/S, wobei G/S für Gelände/Straße steht. Die R 80 G/S ist eine schwere Enduro, also eine ebenso straßen- wie geländetaugliche schwere Solomaschine. Sie ist in allem etwas zahmer, etwas robuster, etwas braver und etwas faßbarer als das reine heißblütige Sportmodell. Da die Typ-Definition einer Enduro (Straße + Gelände) sich ziemlich genau mit den Anforderungen an eine Military deckt, ist es also wohl erlaubt, diese R 80 G/S als eine moderne schwere Military zu bezeichnen. Wegen der grundsätzlichen Bedeutung dieser Maschine für zukünftige schwere Militärkräder und als mögliches Ausgangsmodell für ein zukünftiges Gelände-Beiwagenkrad soll diese konzeptionelle Kongruenz Enduro/Military mit den nachstehenden technischen Daten der R 80 G/S belegt werden.

Da hier im Zusammenhang mit Militärkrädern immer wieder von den konzeptionell wichtigen Anschaffungskosten von Militärkrädern gesprochen wurde, soll ausnahmsweise zur Verdeutlichung der Preis dieser neuen schweren BMW Enduro/Military genannt werden: 8350 DM – und dieser Preis erfüllt die oben erhobenen Forderungen nach einer klaren preislichen Distanz zu einem leichten Geländewagen oder gar zu einem leichten gepanzerten Räderfahrzeug.

DAS GELÄNDE-BEIWAGENKRAD

Die militärischen Aufgaben:
Wie schon gesagt, müssen die gesamte Motorradentwicklung und die heute erreichte Motorrad-Marktsituation im Zusammenhang gesehen werden – so, wie das hier auf den vorhergehenden Seiten in zeitlicher und thematischer Raffung aus der Perspektive des Soldaten versucht

wurde. Auf dieser Basis stehend soll nun die Kernfrage dieser Betrachtung gestellt werden, die nach neuen schweren Beiwagenkrädern und darauf aufbauend am Ende des Buches die nach möglichen zukünftigen wiederaufzustellenden Kradschützenverbänden.

Es kann keinem Zweifel unterliegen, daß die Intensivierung der großen, komplexen, komplizierten und ständigen Kostenexplosionen unterliegenden Rüstungssysteme ihren Höhepunkt erreicht hat – eine weitere Leistungssteigerung und eine Ausweitung nach der Zahl ist nicht mehr unbegrenzt möglich, kein politisches System und keine noch so gut florierende Volkswirtschaft können die finanziellen Mittel dafür auf die Dauer noch unbegrenzt weiter steigern oder auch nur ohne Schaden für Staat, Gesellschaft und Wirtschaft dauernd aufbringen. Die Finanzierbarkeit moderner Streitkräfte wird immer mehr zu einer ihrer bestimmendsten Existenzfragen.

Über Entspannungs-, Friedens- und Abrüstungspolitik zu philosophieren, ist nicht Aufgabe dieses Buches. Eine militärische Aufgabe der Gegenwart und nächsten Zukunft ist aber die Prüfung der Fragen,

– welche extensiveren militärischen Mittel und Truppen in Zukunft in der Lage sein könnten, die großen und teuren Waffensysteme zumindest zunächst in Randbereichen militärischer Aufgaben zu ersetzen oder zu ergänzen;

– welche und wie ausgerüstete Truppen nach dem ersten – möglicherweise auch nuklearen – Schlagwechsel der ersten zwei oder drei Tage eines zukünftigen Konflikts bei ihren logistischen Ansprüchen überhaupt noch zum Kampf antreten können.

Man kann mit aller Behutsamkeit der Formulierung in der Gegenwart den Eindruck haben, daß die modernen Streitkräfte das erkannt haben, daß sie die Verhältnismäßigkeit der Mittel zur Lösung militärischer Aufgaben und die Kostenwirksamkeit der dafür eingesetzten Rüstung zu überprüfen begonnen haben, daß die alte Weisheit, mit Kanonen nicht auf Spatzen zu schießen, langsam in die Erinnerung zurückkehrt. Auf dieser Linie könnte und würde es liegen, auch eine Renaissance der Kradschützen zu prüfen. Sie wären nach wie vor die schnellste, wendigste und damit beweglichste und am universellsten mit infanteristischen Handwaffen beweglich ausgerüstete und die logistisch unabhängigste Truppe für Aufklärung, Voraus-, Nachhut- und Flanken-Aufgaben und für alle möglichen schnellen und handstreichartigen Unternehmungen. Zudem würden die kleinen Abmessungen, das leichte Gewicht, der leise Motor, die schnelle und wendige Beweglichkeit, der große Fahrbereich und die logistische Anspruchslosigkeit der Beiwagenkräder in der modernen schweren und logistikintensiven Heeresrüstung schon eine Waffe für sich sein!

Die Russen haben eigentlich erst im Zweiten Weltkrieg das Krad und das Beiwagenkrad von den deutschen ›Motorradburschen‹ kennengelernt, von den Kradschützen, die sie wegen ihrer Unberechenbarkeit und ihrem plötzlichen, nie vorhersehbarem Auftauchen und der Schnelligkeit ihres Handelns gar nicht mochten, weil diese Eigenarten weder slawischer Mentalität noch sowjetischer Auftragstaktik entsprachen. Die Russen haben jedenfalls die deutschen Beiwagenkräder nachgebaut – so sehr hatten sie ihnen offenbar doch imponiert –, bereits 1945 die M 72-Gespanne, später die Modelle Ural und Dnjepr M 10, dann 1977 mit dem Dnjepr M 12-Gespann sogar ein Beiwagenkrad mit Beiwagenantrieb und Rückwärtsgang. 1973 wollten die Sowjets sogar ein ganzes Werk für schwere

Motorräder im Westen kaufen und haben mit BMW, BSA und Moto Guzzi verhandelt, aber die Kontakte führten nicht zum Ziel.

Man schätzt, daß die Sowjets seit dem Ende des letzten Krieges weit über 600 000 Beiwagenkräder gebaut haben, die fast alle bei den sowjetischen Streitkräften und in den Aufbaujahren der Streitkräfte des Warschauer Paktes auch in die anderen Ostblockarmeen eingestellt worden sein dürften. Diese Beiwagenkräder wurden als billige, einfache und zweckerfüllende Fahrzeuge über die gesamten sowjetischen Streitkräfte verteilt – bis hinab zu den Zugführern und den sogenannten Regulierern, den Einweisern für marschierende Kolonnen und Organen für die militärische Verkehrsregelung.

Kradschützenverbände wurden damit zwar nicht aufgestellt, aber in den Aufklärungskompanien der sowjetischen Panzerregimenter und motorisierten Schützenregimenter ist nach wie vor ein Zug mit zehn Beiwagenkrädern enthalten, die vor allem zusammen mit Panzerspähwagen in Spähtrupps als leichte, schnelle und wendige Fahrzeuge für Melde-, Verbindungs- und Flankensicherungsaufgaben eingesetzt werden. Merkwürdig ist, daß alle russischen Gespanne in Straßenausführung gebaut sind, nicht einmal Motor und Auspuff sind hochgelegt worden, aber sie sind klobig, ungemein robust, auf harten Einsatz und lange Lebensdauer konzipiert – Ackergäule, aber keine nervösen Renner. – Außer in den sowjetischen Streitkräften stehen bis jetzt nirgendwo in der Welt Beiwagenkräder im militärischen Einsatz.

Beiwagenkräder wären nicht nur das Fahrzeug möglicher zukünftiger Kradschützen, sondern sie wären ebenso hervorragend geeignet als Funkfahrzeuge für Kradspähtrupps und Erkundungstrupps aller Waffengattungen, wobei die Funkgeräte in die Beiwagen eingebaut werden sollten. Sie wären ebenso gut geeignet zur wettergeschützten Beförderung von Kurieren und Ordonanz- und Verbindungsoffizieren mit ihren Unterlagen – vor allem bei taktisch notwendiger Funkstille, bei Ausfall von Fernmeldeverbindungen, bei Flugunfähigkeit von Hubschraubern durch Witterung oder feindliche Luftüberlegenheit.

Die Technik:

Beiwagenkräder sind als unsymmetrische Zweispurfahrzeuge sicherlich ein technisches Kuriosum und geben auch eine Reihe von Problemen auf, die mit dem Anschluß des Beiwagens am Rahmen des Motorrades und der gesamten Fahrwerksgeometrie zusammenhängen. Sie haben aber nun einmal einzigartige Fahreigenschaften (und sind äußerst reizvoll zu fahren – obwohl das hier kein Argument für sie sein darf!), unter denen ihre Schnelligkeit und ihre Wendigkeit mit Wendekreisen zwischen rund 3,50 m und 4,50 m (je nach Wendekurve um den Beiwagen herum oder gegen ihn) voranstehen. Die belgische Firma FN in Herstal hat in den ausgehenden dreißiger Jahren in konsequenter Weise aus dem schweren FN-Geländegespann M12 3×2 ein symmetrisches Dreirad entwickelt mit zwei angetriebenen Hinterrädern und der Vorderradgabel mit Lenker vorn an einem Fahrgestellrahmen angebaut. Das war dann ein echtes Dreirad und sicher eine technisch exakte Lösung und eine folgerichtige Weiterentwicklung – aber dieses Tricar genannte Fahrzeug hat sich nicht durchgesetzt, nur etwas über 300 Exemplare sind von ihm gebaut worden, mit den gleichen Baugruppen wie das schwere FN-Gespann. Dieses Gespann aber ging in eine größere Serienfertigung, diese im Vergleich zum Tricar unlogische Konstruktion wurde berühmt und ist noch heute bei Fachleuten bekannt – vom Tricar aber weiß heute selbst der motorradgeschichtlich Interessierte kaum noch etwas.

Die Zukunft würde und könnte auch nur wieder bei einem Gelände-Beiwagenkrad in der alten Ausführungsform liegen – das sollte damit gesagt werden. Ob ein solches Geländegespann unbedingt Beiwagenantrieb braucht, ist eine große Frage.

Obwohl bereits 1933 bei der damaligen sogenannten Winterfahrt BMW ein Gespann mit Beiwagenantrieb unter dem Fahrer Stelzer einsetzte und später auch Georg Dotterweich für Victoria in Nürnberg ein beiwagenangetriebenes Gespann im Motorradgeländesport fuhr und beide Gespanne vor allem bei weichen Fahrbodenzuständen und bei Steigungen durchaus erfolgreich waren (und übrigens auch die Engländer mit einem Beiwagenantrieb erfolgreich experimentiert hatten), setzte sich diese Konstruktion im zivilen Motorradbau nicht durch. Auch die Masse der militärischen Beiwagenkräder und auf ihnen die Kradschützentruppe waren bis zum Ende des letzten Weltkrieges normale hinterradangetriebene 3×1-Gespanne.

Mit allen Vorbehalten soll die Frage nach einem Antrieb des Beiwagenrades hier so beantwortet werden: Wenn 3×2-Gespanne in zivilen Serien gefertigt werden und aus ihnen preisgünstig Militärversionen entnommen werden können – ja! Wenn Military-Geländegespanne 3×2 erst mühsam entwickelt werden müssen und dann als zu teuere Spezialfahrzeuge nicht in verbilligenden Großserien für einen größeren Interessentenkreis gebaut werden können – nein!

Die Titel-Soldaten dieses Buches, die Kradschützen, sind schließlich während ihrer ganzen militärischen Existenz auf einradangetriebenen Gespannen eingesetzt gewesen, und die rund 35 000 zweiradangetriebenen Geländegespanne von BMW und Zündapp haben in der zweiten Kriegshälfte bei all ihren Fahrqualitäten ihnen im

Osten die angestrebte Wende zurück zu ihrer alten Beweglichkeit auch nicht bringen können. Mit militärischen Dauereinsätzen von Beiwagenkrädern unter extremen geographischen Bedingungen wäre im mitteleuropäischen Verteidigungsraum aber eben nicht zu rechnen. Das angetriebene Beiwagenrad sollte also nicht zu einer existenziellen Frage nach zukünftigen Beiwagenkrädern in der Truppe, auch nicht bei Geländegespannen, gemacht werden.

Es ist gar keine Frage, daß der Zweiradantrieb gerade bei einem Geländegespann imponierende Vorteile hat und daß er bei dem heutigen Stand der Motorradtechnik einwandfrei zu konstruieren und zu fahren sein würde, aber an seinem Fehlen sollte man das Geländegespann in militärischer Verwendung nicht scheitern lassen!

Mögliche Gelände-Beiwagenkräder der Zukunft könnten mit ihrer Krad-Komponente auf Maschinen wie den vorgestellten BMW-Geländekrädern GS 80 und R 80 G/S aufbauen. Dabei müßten natürlich zuerst für den Anschluß eines Beiwagens der Rahmen und die Aufhängungen von Vorderrad und Hinterrad verstärkt werden – ideal wäre ein stabiler geschraubter Rohrrahmen, der sich wie bei der BMW R 75 leicht durch Auswechseln von Teilen instandhalten läßt. Dann müßten die Getriebeabstufungen geändert und ein Rückwärtsgang eingebaut werden (schon für das Festfahren im Gelände) und vielleicht der Motor in seiner Leistungsabgabe noch etwas zurückgenommen werden, die Bremsen müßten verstärkt werden – und schließlich müßte die Möglichkeit geprüft werden, in das GS 80- oder wahrscheinlicher in das R 80 G/S-System den Kraftabtrieb für einen Beiwagenantrieb einzubauen. Damit sind nur die wesentlichsten konstruktiven Bereiche genannt, in denen eine Erweiterung der beiden neuen BMW-Gelände-

maschinen zu Gelände-Beiwagenkrädern ansetzen müßte.

Der Beiwagen sollte von vornherein als möglichst vielseitig variierbarer Mehrzweck-Beiwagen entwickelt werden, der vorn auf dem Beiwagenboot wieder einen Halteaufsatz für ein Maschinengewehr und seitlich am Bug einige Wurfbecher für Nebeltöpfe trägt. Das Beiwagenboot sollte in seinem Innenraum sowohl einen Soldaten aufnehmen können als auch an seiner Stelle ein schweres Maschinengewehr, einen leichten Granatwerfer, einige Panzerabwehr-Handwaffen (Panzerfaust), Lenkflugkörper-Starter, leichte Raketenwerfer (wie Rattlebox oder Firos), Funkgeräte und Munition, auf dem Heck wieder das Reserverad und auf ihm in einer Zeltplane das Sturmgepäck der Besatzung. Das trockene Leergewicht eines solchen Gespanns sollte – auch bei Antrieb des Beiwagenrades – zwischen 250 und 300 kg liegen, so daß die Besatzung wie früher das festgefahrene Gespann selbst wieder freimachen kann. Jedes Gespann sollte ein kleines Sender-/Empfänger-Funkgerät im Beiwagen geschützt mitführen, mit dem die Verbindung der Gespanne untereinander und zum Zug- und Kompanieführer über kürzere Entfernungen möglich ist. Ob man dem Gespann ein schnell aufblasbares Schlauchboot zum Übersetzen über Gewässer mitgeben kann, müßte geprüft werden.

Die Marktsituation:

Von den heute gebauten schweren Motorrädern sind nur sehr wenige von Hause aus beiwagenfest, das heißt, ohne größere Ergänzungen für den Anschluß eines Beiwagens im Rahmen und in den Radaufhängungen stark genug und in der Leistung von Motor, Getriebe und Bremsen ausreichend. Genau so zahlenmäßig gering sind die von kleineren Firmen gebauten Beiwagenmodelle. Für Gespann-Fanatiker bauen einige wenige

Werkstätten auf der Basis dafür geeigneter schwerer Solokräder und mit Anschluß der wenigen auf dem Markt befindlichen Beiwagenmodelle für fünfstellige Preise schnelle Straßengespanne zusammen. Hier ist also in der Gegenwart auf dem Motorradmarkt noch kein Ansatz für eine Entwicklung militärischer Beiwagenkräder vorhanden – erst recht nicht für Geländegespanne. Die beiden neuen BMW-Geländekräder – die sportliche GS 80 und die Enduro R 80 G/S – sind hier zur Zeit noch die nächstliegenden Ausgangspunkte.

Die Zukunft hat schon begonnen

Während die Geschichte der schweren Beiwagenkräder nach dem letzten Kriege nur in der Sowjetunion und seit einigen Jahren in der Volksrepublik China in größerem Umfange fortgesetzt wurde, begann in Westdeutschland die Entwicklung schwerer Sologeländemaschinen etwa ab 1970 mit den Umbauten des Wangener Geländespezialisten Herbert Schek von normalen BMW-Straßenmaschinen zu Geländesportmaschinen. Von 1970 stammt der oben abgebildete Umbau einer 750er BMW, der darunter abgebildete Umbau stammt etwa von 1976 – um nur zwei der motorradgeschichtlich so verdienstvollen Arbeiten von Schek festzuhalten.

Von den wenigen und sehr teueren Umbauten schwerer und schneller Straßenmaschinen zu modernen Gespannen ist dieser japanische Prototyp eines modern verkleideten und gestylten BMW-Gespannes eine der harmonischsten Lösungen. Als zukünftiges Kradschützengespann ist diese Maschine sicher nicht einsetzbar, schon eher aber als Kurier- oder Melderfahrzeug. Wegen ihrer meist fünfstelligen Preise scheiden derartige Sonderanfertigungen aber aus einer militärischen Betrachtung aus. Trotzdem sollte mit diesen Fotos einmal der allgemeine, sehr enge Entwicklungsstand moderner schwerer Gespanne bei uns markiert werden.

Nur einige wenige schwere Solomaschinen haben heute von Haus aus beiwagenfeste Rahmen und Radaufhängungen. Für den Motorradgeländesport bauen sich die Fahrer selber ihre Gespanne mit Verstärkung aller beiwagenwichtigen Teile und Änderung der Antriebsuntersetzungen. Ein solches, für Sportzwecke sehr karg ausgestattetes und auf geringes Gewicht gezüchtetes Geländegespann ist ebenfalls für militärische Einsätze nicht geeignet.

Seit etwa 1970 haben die schweren Geländemaschinen mit den verschiedenen Umbauten von Herbert Schek durchaus wieder ihre eigene Geschichtsfortsetzung, die man vielleicht eines Tages auch als die Vorgeschichte zu zukünftig möglichen schweren Geländegespannen ansehen kann. Nach über vier Jahrzehnten stellte BMW selbst im Frühjahr 1979 mit der BMW GS 80 wieder eine erste serienmäßig gebaute schwere Geländemaschine vor, die als Geländesportmotorrad seither Erfolge im internationalen Geländesport erringen konnte. Die als Sportfahrzeug ausgelegte Maschine wäre zwar in der hier abgebildeten Ausführung für militärische Einsätze weniger geeignet, ist aber als Ausgangsbasis für die gesamte zukünftige Entwicklung schwerer Geländemaschinen maßgebend, hochinteressant und unverzichtbar. Mit dieser GS 80 hat BMW ein Thema wieder aufgegriffen, dessen Tragweite auch für zukünftige Entwicklungen von Militär-Geländekrädern mit und ohne Beiwagen nur mit der ersten BMW R 32 von 1923 und ihrer späteren militärischen Typbedeutung zu vergleichen sein wird. Der Verfasser hat seine (möglicherweise heutigen militärischen und zivilen Motorrad-Propheten entgegenstehenden) Auffassungen über die Zukunft schwerer Sologeländekräder und schwerer 3 x 2-Geländegespanne im nebenstehenden Text erläutert.

Welche Möglichkeiten in modernen Geländekrädern allein im Fahrbereich stecken, beweist diese BMW GS 80 mit 38-Liter-Tank der Firma Heinrich, mit dem diese Maschine rund 800 km ohne Nachtanken zurücklegen kann. Den Wert derartiger Fahrbereiche in möglichen zukünftigen Konflikten kann man heute schwer erfassen.

1980 brachte BMW dann auf der Grundlage der Sportmaschine GS 80 die straßen- und geländetaugliche Enduro R 80G/S heraus, die in ihrer gesamten konstruktiven Auslegung als Dauergebrauchsmaschine zahmer, robuster, braver und faßbarer ist als die heißblütigere Geländesportmaschine. Ihre konzeptionelle und taktisch-technische Kongruenz mit einer heute wünschbaren schweren Militärmaschine gestattet ihre Bezeichnung als schwere Military. Mit ihrer Schnelligkeit, Wendigkeit, Leichtigkeit, kleinen Maßen/kleinem Ziel, Anzug und Durchzug, geringen Anschaffungs-, Instandhaltungs- und Betriebskosten ist eine solche Maschine jedem bisherigen Militärfahrzeug überlegen und absolut gesehen als Fahrzeug für Aufklärung und Erkundung (mit Soziusfunkgerät), Melder- und Kurierfahrten (mit Sozius) und für die Entwicklung eines Geländebeiwagenkrades für mögliche zukünftige Kradschützen unerreichbar. Im vorstehenden Text wird auf die Bedeutung dieser Konstruktion für zukünftige militärische Einsätze als ideale und extensive Lösungsmöglichkeit ausführlich eingegangen.

Der quergestellte Zweizylinder-Boxermotor der BMW R 80 G/S ist so hoch in den Fahrgestellrahmen eingebaut, daß seine seitlich herausragenden Zylinder die Maschine im bewachsenen und unebenen Gelände nicht behindern können – die Erfahrungen mit dem Geländesportmodell GS 80 und die Erprobungen mit der R 80 G/S (im Foto) haben das klar bewiesen. Das ist deshalb von besonderer Bedeutung, weil bei schweren Solo-Geländekrädern und schweren Bei-wagenkrädern quergestellte Boxermotoren einmalige Vorteile dadurch bieten, daß die seitlich in den kühlenden Fahrtwind ragenden Zylinder vor allem für das langsame, aber hochbelastende Fahren im Gelände eine sonst möglicherweise notwendige komplizierte und aufwendige Wasserkühlung erübrigen und darüber hinaus Unterschenkel und Füße des Fahrers bei Anstoßen und Sturz schützen und bei niedrigen Temperaturen etwas beheizen.

Im Vergleich mit Geländewagen hat man den Beiwagenkrädern immer ihre geringe Watfähigkeit bis zu höchstens 25 cm und damit ihre Unfähigkeit zum Durchfahren selbst seichter Gewässer vorgeworfen. Die neue BMW R 80 G/S hat ein Trockenplattenluftfilter im gut geschützten Bereich direkt unter dem Tank und hinter dem linken Knie des Fahrers in etwa 60 cm Höhe und das ist auch die Watfähigkeit der Maschine, denn das Auspuffrohr endet noch höher. Eine derartige Watfähigkeit wird selbst von modernen Geländewagen oft nicht erreicht; auch in dieser Hinsicht sind also schwere Militaries in Zukunft durchaus wettbewerbsfähig. Das Plattenluftfilter ist leicht zugänglich, filtert die Luft besser und dämpft das Geräusch der Maschine sehr wirksam – ein wichtiges taktisches Moment bei einer Military.

Die vorläufige Entwicklungsspitze der neuen schweren BMW-Geländekräder war bei Drucklegung dieses Buches diese BMW R 80 G/S-Maschine für die 10 000 km-Rallye Paris–Dakar im Januar 1981 mit 55 PS/40 kW-Motor, verstärkten Fahrwerksteilen, verlängerten Federwegen und 42-Liter-Tank (für rund 850 km Fahrbereich) mit integriertem Luftfilter am höchsten Punkt der Maschine über dem Tank – wie schon einmal bei der BMW R 75 von 1941. Nach rund 20 Tagen hatten drei der abgebildeten Maschine unter 100 teilnehmenden und 27 ins Ziel gekommenen Geländekrädern die Plätze 1 (mit drei Stunden Vorsprung im Ziel), 4 und 7 und damit den 1. Platz in der Mannschaftswertung und in der Motorradwertung erreicht. – Über die konstruktive Reife dieser Maschinen und über ihren militärischen Wert kann es keinen Zweifel geben, kein militärisches Landfahrzeug könnte derartige Leistungen erbringen.

TECHNISCHE DATEN BMW R 80G/S

Maße und Gewichte

Baulänge max. (mm)	2230
Breite max. (mm)	820
Sitzhöhe unbelastet (mm)	860
Leergewicht trocken (kg)	167
Leergewicht fahrfertig (kg)	186
zul. Gesamtgewicht (kg)	398
Tankinhalt (l)	19,5
Tankreserve (l)	2,0
Leistungsgewicht kg/kW fahrfertig (+ 75 kg Fahrer)	5,03 (7,05)

Motor

Bauart	Boxer
Zylinderanzahl	2
Arbeitsprinzip (Taktzahl)	4
Motorkühlung	Luft
Hubraum (cm³)	797,5
Bohrung (mm)	84,8
Hub (mm)	70,6
Anzahl der Ventile pro Zylinder	2
Ventilsteuerung	OHV
Nennleistung (kW/min.⁻¹)	37/6500
Drehmoment max. (Nm/min.⁻¹)	56,7/5000
Literleistung	41,2
Verdichtung (:1)	8,2
Gemischaufbereitung (Vergaser mit Anzahl)	2-Bing-Vergaser, V 64, Durchgang Ø 32 mm
Kraftstoffbedarf (ROZ)	91
Schalldämpferbauart	2 in 1 (2 Einzelrohre zusammengeführt im Vorschalldämpfer, 1 Hauptschalldämpfer)

Kraftübertragung

Kupplung	Neuentwickelte Einscheibentrockenkupplung klauengeschaltet
Getriebe	
Sekundärantrieb	Kardan
Anzahl der Gänge:	5
Übersetzung 1.Gang	4,4
Übersetzung 2. Gang	2,86
Übersetzung 3. Gang	2,07
Übersetzung 4. Gang	1,67
Übersetzung 5. Gang	1,50
Hinterachsübersetzung	3,36

Fahrwerk

Rahmen	Doppelschleifen-Rohrrahmen
Radaufhängung vorn	Teleskopgabel
Radaufhängung hinten	Monolever
Federung/Dämpfung vorn	progressive Feder, hydr. Dämpfung
Federung/Dämpfung hinten	progressive Feder, hydr. Dämpfung (Monoshock)
Federweg (mm) vorn	200
Federweg (mm) hinten	170
Bremsen vorn	Scheibe, 264 mm Ø
Bremsen hinten	Trommel, 200 mm Ø

Reifendimension/Rad Ø vorn (Zoll)	3,00 – 21
Reifendimension/Rad Ø hinten (Zoll)	4,00 – 18
Radbauart	Speichen mit gehärteter Felge
Radstand (mm)	1465
Bodenfreiheit (mm)	218
Nachlauf (mm)	117
Einschlagwinkel (Grad)	2 × 47 °
Lenkkopfwinkel (Grad)	61° 15'
Sitzbankart (aufklappbar, verschließbar)	Doppelsitzbank

Elektrik

Starter	Kickstarter; Elektr. Anlasser (Sonderausstattung)
Netzspannung (Volt)	12
Batteriekapazität (Ah)	9; 16 (Sonderausstattung)
Generatorleistung (Watt)	280
Halogen-Scheinwerfer (H)	H 4
Scheinwerfer-Ø (mm)	140
Zündanlage	kontaktlose Batteriezündung

Fahrleistung

Beschleunigung 0 – 100 km/h (sec.)	5,6
Beschleunigung 0 – 140 km/h (sec.)	10,6
Beschleunigung 0 – 400 m (sec.)	13,8
Beschleunigung 0 – 1000 m (sec.)	26,5
Höchstgeschwindigkeit liegend (km/h)	ca. 168
Höchstgeschwindigkeit sitzend (km/h)	ca. 165
Kraftstoffverbrauch DIN (l/100 km)	5,0
Reichweite (Tankinhalt/ Verbrauch)	390 km

Sonderausstattung ab Werk
- Schutzbügel mit integrierter Seitenstütze
- Elektro-Anlasser mit 16 Ah-Batterie
- Drehzahlmesser als Zusatzinstrument
- Zeituhr als Zusatzinstrument
- Gummiauflage für Fußraste
- Steckdose (nur in Verbindung mit 16 Ah-Batterie)
- Vollentstörung
- Gepäckträger
- Gepäckträger+Packtaschenhalter rechts
- Spritzschutz hinten

Sonderzubehör
- Hinterachsübersetzung 3,56
- Gasdruckdämpfer mit Zusatzbehälter
- Motokoffer rechts
- Erste Hilfe-Set
- Superwerkzeug

Preis
DM 8350,– empfohlener Inlandsverkaufspreis

Kradschützen der Zukunft?

Nach einem der ersten NATO-Manöver in den Anfangsjahren der Bundeswehr faßte der Militärschriftsteller Adelbert Weinstein seine Eindrücke in der Feststellung zusammen »Die Gewichtsanhäufung ist der Tod der Beweglichkeit!«

Den Verfasser hat dieses Wort nicht mehr losgelassen, und er bemühte sich seither publizistisch immer wieder, das Leichte, das Kleine, das Schnelle, das Wendige, das Bewegliche, das Einfache, das Robuste, das Anspruchslose in der Militärtechnik vorzustellen und zu verdeutlichen und alles ebenso Geartete aus dem zivilen Bereich den Soldaten zu zeigen und für ihre Aufgaben zu bewerten. Das brachte den Verfasser, selbst Panzermann des Zweiten Weltkrieges, unter anderem auch zur Beschäftigung mit den Kradschützen und auf Anregung des Motorbuch-Verlages dazu, alles aufzuzeichnen und damit festzuhalten, was über die Kradschützen noch zusammengetragen werden konnte – so unvollkommen und vielleicht auch stellenweise etwas falsch gesehen es jetzt am Ende der ersten Aufzeichnung auch in Wort und Bild auf dem Papier stehen mag.

Das Buch sollte nicht nur ein kleines Thema der großen Militärgeschichte sein, sondern auch die Grundlage zur gedanklichen Fortsetzung des Themas Kradschützen bis in die Gegenwart und Zukunft – ihrer Technik und ihrer Taktik und darauf aufbauend ihrer Eignung zu Aufgaben, die sie besser erfüllen können als andere Waffengattungen.

Am Ende des Buches sollen also die Möglichkeiten (oder vielleicht sogar Notwendigkeiten) für Kradschützen der Zukunft mit dem Leser überlegt werden – nicht als naive Empfehlungen eines mehr oder weniger Kompetenten, sondern als ein offen, ehrlich und bemüht gemeinter Beitrag aus einer intensiven Beschäftigung mit der Technik und Taktik der einstmals schnellsten Truppe des Heeres zu heutigen und morgigen militärischen Problemen.

Weinsteins festgestellte Gewichtsanhäufung ist nicht etwa geringer geworden, im Gegenteil: die Hauptkampfpanzer von damals sind noch um rund 20 t schwerer geworden, die Kampfschützenpanzer wiegen fast die Hälfte davon, gepanzerte Räderfahrzeuge der Kampfunterstützungstruppen stehen diesen Gewichten nicht nach – alle ungeheuer schwer, mit komplizierter Technik und quantitativ und qualitativ beängstigenden logistischen Ansprüchen.

Die allgemein als konservativ angesehenen Heere haben aber offenbar die Gefahren ihrer Situation zu erkennen begonnen und versuchen, sich davon zu befreien. Das Heer der Bundeswehr hat sich im ›System gepanzerte Truppen 90‹ eine neue Kampfwagen-Generation mit Schützen-Kampfwagen, Panzerabwehr-Kampfwagen, Kanonen-Kampfwagen, Mörser-Kampfwagen und Panzerjäger-Kampfwagen zum Ziel genommen; keines dieser zukünftigen gepanzerten Räderfahrzeuge soll über 20 t wiegen. Das beabsichtigte radikale Leichterwerden in der Panzerfahrzeug-Technik läßt auch auf Überlegungen zu leichten Truppen hoffen – hier würden moderne Kradschützen vorneanstehen.

Alle derartigen Planungen müssen im Sinne einer gesunden und notwendigen Kontrapunktik verstanden werden – als leichtes Gegengewicht und Ergänzung zur schweren Technik: niemand kann und will den Kampfpanzer radikal abschaffen, aber er kann und darf nicht länger als alleiniges entscheidendes Kampfmittel weiter und höher gezüchtet werden, ein weiterer möglicher, relativ geringer Zuwachs an Kampfkraft bei ihm würde in keinem vertretbaren Verhältnis zu den dabei auftretenden progressiven Kosten stehen; leichtere und einfachere Systeme sollen ihn nur teilweise ersetzen, in anderen Bereichen ergänzen. Etwas Gleichartiges müßte bei den Truppen geschehen: neben den mit den Panzern als ›schwere Schlachten-Infanterie‹ kooperierenden Panzergrenadieren auf Kampfschützenpanzern und den leichten Jägern auf Transportpanzern müßte eine extrem leichte, unabhängige und bewegliche Infanterie für Aufklärung, Voraus-, Nachhut- und Flankenaufgaben, für blitzschnelle Wegnahme entscheidender Punkte und Geländeräume, für Verbindung und Überwachung, für Nahtstellen und für schnellste Aktionen in taktischen Notsituationen geschaffen werden – wie die alten Kradschützen es waren. Ein Kradschützenbataillon in jeder Division und eine Kradschützenkompanie in jedem Panzeraufklärungsbataillon müßten als Spezialtruppe für derartige Aufgaben zur Verfügung stehen.

So anspruchslos wie die alten Kradschützen waren, so anspruchslos würden moderne Kradschützen wieder sein. Ihre wichtigste Waffe, das Beiwagenkrad, müßte geschaffen werden – als Solokrad und Entwicklungsgrundlage ist es zu 75% vorhanden, das Passendmachen zum Beiwagen und dieser selbst wären die restlichen 25% –, es wurde in diesem Buch viel Platz darauf verwendet, diese Voraussetzungen abzuleiten und darzustellen.

Alles andere ist vorhanden, die Ausrüstung der Kradschützen und ihre Handwaffen. Allenfalls müßte man sich nach einem ohrenfreien Stahlhelm umsehen, unter dem man besser hören könnte und dessen Rand den Fahrtwind nicht so alles andere übertönend rauschen läßt, und den alten Kradmantel mit dem zwischen den Knien durchknöpfbaren Zwickel sollte man kultivieren (ABC-Schutz, Brandschutz), es hat seit ihm letzten Endes nichts Besseres auf dem Krad und um das Krad gegeben; mit Unterziehkleidung konnte man bei ihm immer variieren – gegen Kälte, gegen Nässe, gegen Hitze. Es gibt keine Truppe und es ist keine andere denkbar, die bei einem Optimum an spezieller Wirksamkeit ein derartiges Minimum an Aufwendungen für Aufstellung und Unterhaltung erfordern würde wie zukünftige Kradschützen.

Die Gliederungen der Kompanien und Bataillone der Kradschützen haben sich bewährt und könnten zunächst bis zu aktuellen und besseren Erkenntnissen beibehalten werden. Ob, wie und in welchem Ausmaß neben den früheren Maschinengewehren, schweren Maschinengewehren und leichten Granatwerfern die vielen neuen, sehr wirksamen infanteristischen Handwaffen zur Panzerabwehr (früher Panzerfaust) und zur Tieffliegerabwehr (z. B. Redeye), die Lenkflugkörper und die neuen leichten Mehrfach-Raketenwerfer mit eigenen Trupps in die Gliederungen eingebaut werden könnten und sollten, müßten Erprobungen ergeben. Die Panzerspähkompanie sollte mit leichten Mehrzweckpanzerwagen wie dem neuen israelischen Ram-V1 ausgerüstet werden (ein leichter Spähwagen ist im Heer ohnehin in der konzeptionellen Vorbereitung).

Die schwere Kompanie müßte im Vergleich zu früher schneller und beweglicher werden und sich damit dem Tempo der Kradschützenkompanien anpassen können. Ihr Charakterfahrzeug könnte der neue Transportpanzer 1 (TPz 1) werden: er ist leicht gepanzert, schnell, ausdauernd, geländegängig und sogar amphibisch – mit ihm könnte die schwere Kompanie den Kradschützenkompanien leicht über Gewässer folgen. Die früheren angehängten leichten Infanteriegeschütze und Panzerabwehrkanonen der schweren Kompanie sind nicht mehr zeitgemäß, sie müßten heute auf dem TPz 1 installiert werden; das Kaliber des leichten Infanteriegeschützes sollte auf 105 mm gesteigert werden, das der Pak auf 90/105 mm, und moderne Lenkflugkörperwaffen sollten in den Panzerjägerzug neu eingeführt werden. Der Pionierzug sollte geschlossen auf TPz 1 aufsitzen, mit geeigneten Übersetzmitteln für Gewässer ausgestattet werden und zusätzlich für die Pioniererkundung, vor allem für die Gewässererkundung (auch für die nachfolgenden anderen Truppen) das neue amphibische Pionier-Erkundungsfahrzeug (APE – erst als Prototyp vorhanden) bekommen. Ein Flak-Zug müßte in Anbetracht der erheblich gestiegenen Bedrohung durch Tiefflieger neu in die schwere Kompanie eingegliedert werden; ein Fahrzeug, welches in etwa dafür geeignet wäre, ist der Entwurf eines Anti-Aircraft-Armored-Truck (AAAT), ein Flakpanzerwagen auf TPz 1-Basis mit einer 35 mm-Zwillingsflak. Wahrscheinlich werden die Überlegungen über

Kampffahrzeuge für die schwere Kompanie schon durch die Kampfwagen aus dem System gepanzerte Truppen 90 eingeholt werden, die für diese Kompanie der Kradschützenbataillone ohne weiteres geeignet sein dürften. Neu müßte in die schwere Kompanie auch ein starker ABC-Abwehrtrupp aufgenommen werden, der bei den vielen Vorausaufgaben der Kradschützen – aber auch wieder für nachfolgende andere Truppen – die ABC-Erkundung vom fahrenden Fahrzeug aus durchführen könnte; für diese Aufgabe ist bereits eine Version des TPz 1 entwickelt worden.

Die Kradschützenkompanien sollten mit je zwei bis drei Anhängern mit Spurschienen ausgestattet werden, wie sie seit Jahren im zivilen Bereich zum Transport von Wettbewerbs-Motorrädern benutzt werden; derartige Anhänger könnten an jeden Jeep angehängt werden und auf ihnen könnten nicht mehr fahrbereite Beiwagenkräder in Sicherheit und zur Instandsetzung gebracht werden – eine einfache, aber sehr kostenwirksame Ausstattung!

Ob man jede Gruppe oder jeden Zug der Kradschützenkompanien noch mit einfachen Übersetzmitteln für Gewässer ausstatten sollte – etwa mit Floßsäcken oder Schlauchbooten – müßte geprüft werden.

In dieser Art könnte man noch manche Überlegungen anstellen, mit welchen weiterentwickelten alten und mit welchen neuen Mitteln zukünftigen Kradschützen ihre Eigenart – die Schnelligkeit und die Wendigkeit – in zeitgemäßer, möglichst noch gesteigerter Form erhalten werden könnte. Diese Beweglichkeit wäre übrigens nicht nur für Konflikte das größte Positivum der Kradschützen, sondern auch für die Ausbildung in Friedenszeiten. Während die schweren Bataillone mit ihren gepanzerten Vollkettenfahrzeugen höchstens zwei- bis dreimal im Jahr auf

Die Bergung von liegengebliebenen oder aus irgendwelchen Gründen ausgefallenen Beiwagenkrädern könnte in Zukunft mit derartigen von Motorsportlern für die Fahrten zu den Wettbewerben entwickelten Trailern durchgeführt werden; mit einer Einheitskupplung könnten sie an jedes zum Schleppen geeignete Militärfahrzeug angehängt werden. Manches Gespann hätte im letzten Kriege mit einem solchen einfachen Anhänger gerettet und erhalten werden können.

Der obere Krad-Trailer CG 9 der Firma Bauer & Flach hat L/B/H/G von 3,45 m/2,10 m/80 cm/200 kg und kann 715 kg aufnehmen, die Breite der Auffahrschienen ist zwischen 85 und 160 mm wählbar, die Bereifung des Trailers ist 155 x 12 oder 6.00 x 12 6PR. Der nicht benutzte Trailer kann an einer Wand hochgestellt werden.

Der untere Anhänger ist von Westfalia und zum Transport von Pkw entwickelt worden, er könnte wohl sogar zwei ausgefallene Gespanne hintereinander aufnehmen.

die wenigen Übungsplätze transportiert werden und nur hin und wieder an einem Manöver teilnehmen, könnten die leichten Kradschützen täglich aus dem Kasernentor zu ihrer Ausbildung fahren – dieser Vorteil leichter Räderfahrzeug-Bataillone wird allgemein viel zu wenig bewertet.

Mit diesen Gedanken über mögliche zukünftige Kradschützen soll dieses Buch abgeschlossen

werden. Der Verfasser tut dies in der Hoffnung, daß bis zu einer Neuauflage von den Lesern noch viele Ergänzungen und Hinweise zum Thema Kradschützen gegeben werden.

Das Pferd hat dem Soldaten Jahrtausende treu gedient, es mußte der modernen Technik in den Armeen weichen. Die moderne Technik hat dafür das technische Pferd, das Krad, geschaffen, und alle Armeen haben es eingeführt. Wenn uns heute auf Landstraßen und Autobahnen die modernen schweren Motorräder mit ihrer spürbaren Wucht und mit beeindruckenden Geschwindigkeiten überholen, dann sollten sie uns damit die Überzeugung geben, daß die Zeiten des Motorrades in einem höheren, gesteigerten Sinne erst beginnen, und daß auch die Soldaten in einer enger gewordenen Welt auf diese kleinen, aber so ungemein leistungsfähigen Fahrzeuge in Zukunft nicht werden verzichten können und diese modernen Motorräder ihnen auch die Möglichkeit geben, mit ihrer erweiterten Form des Beiwagenkrades in einer Welt und in Streitkräften, in denen alles auf Schnelligkeit ankommt, die schnellste Truppe des Heeres wieder aufzustellen – die Kradschützen!

LITERATUR:

Entwürfe ehemalige H.Dv.299/4b Ausbildungsvorschrift für die Schnellen Truppen, Heft 4b Ausbildung und Einsatz der Kraftradschützenkompanie, Verlag Offene Worte, Berlin 1941; und ehemalige H.Dv.299/11b Nur für den Dienstgebrauch, Ausbildungsvorschrift für die Schnellen Truppen, Heft 11b Führung und Kampf des Kraftradschützenbataillons, Reichsdruckerei, Berlin 1941

Meyer, Kurt ›Grenadiere‹, Schild-Verlag, München, 1957/1978

Munzel, Oskar ›Die deutschen gepanzerten Truppen bis 1945‹, Maximilian-Verlag, Herford und Bonn 1965

Nehring, Walther K. ›Die Geschichte der deutschen Panzerwaffe 1916 – 1945‹, Motorbuch Verlag, Stuttgart 1974

Oswald, Werner ›Kraftfahrzeuge und Panzer der Reichswehr, Wehrmacht und Bundeswehr‹, Motorbuch Verlag, Stuttgart 1970 bis 1973 (mehrere Auflagen)

Piekalkiewicz, Janusz ›Die BMW Kräder R12/R75 im Zweiten Weltkrieg‹, Motorbuch Verlag, Stuttgart 1977

Rauch, Siegfried und Sengfelder, Günter ›Zündapp KS 750‹, Motorbuch Verlag, Stuttgart 1978

Tessin, Georg ›

macht und W

Bände)

In diesem Buch wurden ein Beitrag des Verfassers über ›Kradschützen‹ in der Zeitschrift ›Soldat und Technik‹, Hefte 1 und 2/1977 und manche anderen von ihm über das moderne Militärkrad niedergelegte Gedanken verwendet.

Die persönlichen Ansichten des Verfassers über mögliche zukünftige Aufgaben für moderne Militärkräder und über mögliche zukünftige Kradschützen müssen sich nicht mit denen der Bundeswehr decken.

211

WEITERE WICHTIGE
ZEITGESCHICHTE-DOKUMENTATIONEN

Die Nachrichtentruppe 1914 bis heute

Entstehung und Einsatz
Heer · Luftwaffe · Marine

Der Überblick über den Einsatz der deutschen Nachrichtentruppen auf allen Kriegsschauplätzen. **336 Seiten, 112 Abbildungen, gebunden, DM 36,–**

Die Geschichte der deutschen Kavallerie 1919-45

Von Klaus Richter

In Wort und Bild die systematische Darstellung der deutschen Kavallerie vom Ende des I. bis Ende des II. Weltkrieges. Diese Dokumentation stellt die Kavallerie in der letzten Epoche ihrer langen Geschichte dar.

366 Seiten, 263 Abb., gebunden DM 36,–

Spähtrupp bleibt am Feind

Die Geschichte der deutschen Panzer-Aufklärungstruppe

Von H. G. Tolmein

Dies ist die Geschichte der deutschen Panzer-Aufklärungstruppe: ›Vom Husarenpferd zum Spähpanzer!‹

232 Seiten, 250 Abb., gebunden, DM 29,80

Deutsche Gebirgsjäger im Zweiten Weltkrieg

Hier wird ausführlich und systematisch über die deutschen Gebirgsjäger im Zweiten Weltkrieg berichtet.

352 Seiten, 154 Abbildungen, gebunden, DM 38,–

Die Geschichte der deutschen Panzerwaffe 1916 bis 1945

Von Walther K. Nehring

Das erste Auftauchen von Tanks im Ersten Weltkrieg, Revolutionierung der Strategie durch Panzer, Theorie des operativen Panzereinsatzes, Panzerschlachten in Polen, Frankreich und der Sowjetunion.

400 Seiten, 13 Karten und Abb., gebunden, DM 32,–

Selbstverständlich aus dem Motorbuch Verlag

MOTORBUCH VERLAG · POSTFACH 1370 · D-7000 STUTTGART 1